청소년을 위한

조선왕조사

* 이 책에 있는 'KBS 도전! 골든벨 문제' 는 김문정 작가님과 한국방송출판의 허락을 받아 수록하였습니다.

청소년을 위한

조선왕조사

이병권 지음

평 단

책을 펴내며

영국의 유명한 역사학자 카E. H. Carr는 역사란 '과거와 현재의 끊임없는 대화'라고 했다. 과거와 현재는 서로의 거울이 되어 현재가 과거에, 과거가 현재에 비추어 볼 때 비로소 이해될 수 있다는 것이다. 이러한 관점에서 지금까지 한국사의 보편성과 특수성을 찾는 작업이 지속되었다.

그러나 우리가 흔히 알고 있는 역사는 '지배자의 역사'로서 집필자의 여건과 이해 관계 등에 의해 많이 좌우되었다. 또한 기존의 통사적인 역사 서술은 주로 제도사적인 관점에서 서술되어 정사正史와 대응되는 일화, 야담, 야사는 역사 밖으로 밀려나게 되었다.

최근에는 역사를 보는 독자의 시각이 많이 달라졌다. 많은 사람들이 역사 속의 인간과 그들의 다양한 삶에 대해 관심을 갖게 되면서 그동안 권력자나 지배자의 행적만을 서술하던 역사서로는 독자들의 다양한 관심을 충족시켜 주지 못하게 된 것이다. 이러한 변화에 따라 최근 들어 미시사, 생활사, 문화사, 여성사 등 다양한 분야에 대한 역사 연구가 확대되고 있다.

이 책은 그동안 조선 역사에서 상대적으로 조명되지 못한 다양한 이야기들에 중점을 두고 있다. 물론 조선 사회가 왕조 중심이기에 조선 역사의 중심축은 왕들이다. 그러나 이러한 내용을 기존의 딱딱한 서술에서 벗어나 역사 속에서 살아 숨쉬는 인물들과 그들을 둘러싼 생생한 이야기에 중점을 두어 서술하고자 했다. 이는 청소년들에게 색다른 느낌으로 다가올 것이다. 이것을 바탕으로 과거 조선의 역사를 거울삼아 우리의 장단점을 냉철하게 분석하고 통찰력을 기른다면 미래지향적인 역사 의식을 기르는 데 도움이 될 것이다.

이 책은 청소년의 눈높이에서 서술되었다. 그래서 되도록 평이하게 이야기하려고 했으며, 인명이나 중요한 단어에는 한자를 병기하여 함께 익히도록 했다. 요즘 한자를 멀리 하는 그릇된 풍토에서 조금이나마 한자 학습에 도움이 되었으면 하는 바람이 있기 때문이다. 또한 본문에서 다루지 못하는 중요한 내용이나 역사적인 상식이 필요한 사항들은 본문 옆에 탑Tip을 만들어 최대한 깊은 정보를 주고자 했다. 이런 점을 고려하여 글을 썼지만 그래도 부족함이 있다.

끝으로 이 책을 출간하기까지 물심양면으로 도와준 평단문화사에 감사의 말씀을 드린다. 그리고 집필 중 자료를 간추려 주고 동기를 부여해 준 한국외주경영연구소 소장 이계우 벗의 노고를 결코 잊지 않을 것이다.

2006년 초여름, 춘천 화광암에서
저자 이병권

| 차 례 |

고려 말의 혼란

조선의 아침이 밝아 오다

이성계는 우왕이 자신의 주장을 받아들여 군대를 후퇴시키라는 명이 내려올 것
으로 믿었다. 이성계와 조민수는 어명을 받고 논의했다. 왕의 명령에 따라 요동
땅으로 향하는 것은 군사를 모두 죽이는 행위요, 군대를 돌리는 것은 군신 관계
를 저버리고 어명을 거역하는 행위였다. 그러나 고민은 오래 가지 않았다. 마침
내 이성계는 회군回軍을 결행했다.

1388   1389   1391   1392

위화도   공양왕   과전법   정몽주 피살
회군   즉위   제정   고려 멸망
창왕 즉위

고려 땅을 되찾은 무인, 이자춘

고려는 남에서는 왜침이, 북에서는 북방 민족의 침입이 잦아 크고 작은 전쟁을 수없이 벌였다. 게다가 주변 국가들의 정세가 하루가 다르게 변함에 따라 평온한 날이 없었다. 그렇다 보니 국가의 흥망이 국방력 증가와 국토 확장에 걸려 있어 막강한 군대를 양성하는 데 주력하고, 자연스럽게 문인보다는 무인들을 우대하게 되었다. 그런 가운데 여기저기에서 세력을 떨치던 무인들이 성장하기 시작했다.

이자춘李子春 역시 함경도에서 세력을 떨치던 무인으로 대대로 화주(영흥)에서 살았다. 그런데 원元이 이곳을 점령하여 쌍성총관부雙城摠管府를 설치하고 오랫동안 통치했기 때문에 고려 사람들은 자신의 뜻과는 상관없이 원의 백성이 되었다. 그러나 원은 세력을 떨치고 있던 무인 이자춘을 무시할 수 없어 그에게 쌍성총관부 천호千戶 벼슬을 주어 구슬렸다.

그러던 차에 원이 점차 쇠약해지기 시작했

▪ 쌍성총관부
고려 후기에 원나라가 고려의 화주(영흥) 이북을 직접 통치하기 위해 설치한 관부
▪ 천호
고려 후기에 원의 영향을 받아 설치한 무관직
▪ 여진족
말갈족, 만주족이라고도 한다. 12세기에 금을 세웠으나 몽고족에 의해 멸망하였고, 17세기에 명의 국력이 약해진 틈을 타 후금을 세워 국호를 청으로 바꾸었다.
▪ 개경
개성開城
▪ 밀직부사
고려시대 왕명의 출납(전달), 궁중의 숙위(궁중을 지키고 왕을 호위함), 군사 기밀을 담당한 밀직사密直司의 정3품 관직
▪ 대중대부사복경
종4품의 관직

다. 그 틈을 타서 만주 지역에서는 여진족女眞族 의 세력이 커지고, 명明의 세력이 팽창하게 되었다. 이자춘은 자신이 지키고 있는 땅을 고려의 영토로 만들 절호의 기회라고 생각하여 공민왕恭愍王이 있는 개경開京 으로 향했다. 공민왕도 빼앗긴 고려 땅을 어떻게 하면 되찾을 수 있을까 하는 생각에 골몰하고 있던 터에 뜻밖의 소식을 듣고 흔쾌히 그를 맞이했다.

공민왕은 그를 후하게 대접하고 고려의 무인이자 신하로서 충성을 다해 달라고 부탁했다. 그리고 짧은 시일 안에 밀직부사密直副使 유인우柳仁雨 장군을 앞세워 쌍성총관부를 칠 테니 돌아가 기다리다가 그에게 적극 협조하라고 말했다. 예전부터 화주 일대에는 고려인들이 많이 살고 있었는데, 그동안 원은 고려인에게 심한 차별 정책을 펴왔다. 고려인들은 평소에 원에 불만이 많았고 공민왕은 이 점을 누구보다 잘 알고 있었다. 이자춘도 이같은 고려인들의 불만을 최대한 이용하려고 했고, 자신이 이끄는 군대를 다시금 정비했다. 그리고 주변에 흩어져 살던 고려인들을 일일이 만나 유사시에 협조할 것을 거듭 당부했다.

마침내 공민왕의 명에 따라 고려군이 진군하기 시작했다. 유인우가 이끄는 부대는 동북면의 쌍성총관부를 공격하기 위해 함경도로 들어섰다. 이자춘의 군대도 고려군을 기다렸다. 유인우의 군대는 이자춘과 합세하여 원의 군대를 모조리 소탕했다. 동북면 일대의 구석구석까지 지리에 밝았고, 원의 중요 시설물과 요새까지 정확히 파악하고 있던 이자춘 덕분이었다. 원에 고려 땅을 빼앗긴 지 100여 년 만에 고려의 옛 땅을 되찾는 순간이었다.

공민왕은 이자춘의 공로를 인정하여 대중대부사복경大中大夫司僕卿 벼슬을 내렸다. 또한 수도 개경에 거주토록 집을 하사했다. 그 후 이자춘은 삭방도朔方道 만호萬戶 겸 병마사兵馬使로 승진하여 함경도로 돌아가 그 일대를 다스렸다. 고려의 무인으로서 고려를 위해 함경도 땅을 지키던 이자춘은 그곳에서 숨을 거두었다.

홍건적과 나하추를 격퇴하다

이자춘이 죽기 1년 전, 고려 변방에서는 빈번히 홍건적紅巾賊이 침입해 백성들을 괴롭혔다. 이들은 붉은 수건을 머리에 두르고 전쟁터에 나왔기 때문에 '홍건적'이라는 이름이 붙었다. 만주 쪽으로 진출하려던 홍건적은 원의 군대에 쫓기다가 퇴로를 이용하여 1359년에는 4만여 명의 군사를 이끌고 압록강을 건너 의주부사義州府使를 죽이고 주민 1,000여 명을 학살한 것은 물론, 재물까지 약탈해간 일도 있었다. 이후 홍건적은 정주·인주 등을 차례로 점령했다. 그러나 홍건적은 고려군의 맹렬한 반격으로 압록강을

• 삭방도 만호
삭방도(고려시대 강원도)를 지배한 무관직
• 병마사
고려시대 양계의 행정·군사적 기능을 담당한 지방관
• 부사
고려·조선시대에 각 부付에 파견된 지방관(수령)

건너 달아났다.

마침내 1361년에 원의 요양성遼陽省을 점령한 홍건적은 그 여세를 몰아 10만 대군을 이끌고 다시 고려에 침입했다. 홍건적은 안주까지 내려왔고 고려군은 연달아 패했다. 공민왕은 백성들을 모두 성 밖으로 피난시키고 필사적으로 대항했지만 개경마저 함락당하고 말았다. 사태가 급박해지자 공민왕과 모든 관리들은 충주로 피난했다가 안동으로 옮겼다. 공민왕은 정세운鄭世雲을 총병관摠兵官으로 임명하고 총력전을 펼친 끝에 홍건적을 물리쳤다.

홍건적이 물러나자 이번에는 원나라 군대가 들이닥쳤다. 힘 한 번 못 쓰고 빼앗긴 쌍성총관부를 되찾겠다는 것이었다. 여진족 장수 나하추納哈出를 앞세워 고려에 침입한 원나라 군대는 함경도 북청과 홍원으로 나누어 고려를 공격했다. 공민왕은 정휘鄭暉 장군을 동북면 도지휘사都指揮使로 임명하여 원나라 군대를 격퇴하도록 했으나 크게 패하고 말았다. 고려군은 부대를 재정비하여 전투를 벌였지만 거듭 패하기만 했다. 이에 공민왕은 이자춘의 아들 이성계李成桂를 동북면 병마사로 임명했다.

이성계는 즉시 1,000여 명의 군대를 이끌고 원나라의 주력 부대부터 공격하기 시작했다. 당시 고려군과의 전투에서 매번 승리를 거듭한 원나라 군의 사기는 하늘을 찌를 듯이 높았다. 그뿐만 아니라 본토에서 추가 파병된 병력까지 더해져 그 기세는 꺾일 줄을 몰랐다. 원나라 군대는 수적으로나 병력 면에서 월등히 이성계 부대를 압도했다. 고려군을 맞은 원나라군은 병력을 총동원하여 전력을 낭비할 필요가 없다고 생각하고, 3,000여 명만을 출동시켰다.

　이때 이성계는 야간을 틈타 원나라군의 중심부를 기습하여 지휘부를 혼비백산시킨 다음 일부 군대를 외곽에 매복시켰다가 뿔뿔이 흩어진 적을 소탕하려는 전략을 세웠다. 고려군을 얕잡아본 나하추는 초저녁부터 잠에 취해 있었고 정문에는 경계병 수십 명만이 서성거렸다. 마침내 고려군은 기습 공격을 감행했다. 날벼락을 맞은 원나라군은 아무리 숫자가 많아도 허수아비와 같았고, 삽시간에 원의 진영에는 시체가 산더미처럼 쌓였다. 고려군은 밤새도록 원나라 부대를 완전히 소탕했다. 날이 밝았지만 창과 방패를 든 원나라 군사는 어디에도 없었다.

실패로 돌아간 덕흥군 옹립 사건

　홍건적과 원나라군을 몰아냈지만 전쟁은 고려에도 만만찮은 피해를 남겼다. 고향으로 돌아가지 못한 백성들도 많았고, 국내 정세는 어수선해질 대로 어수선해졌다. 그런 와중에 고려의 무

▪ 평장사
고려시대 중서문하성 소속의 정2품 관직
▪ 덕흥군
고려 제26대 충선왕의 셋째 아들

인들 사이에서 권력 다툼이 벌어졌다. 평장사平章事 김용金鏞이 안우安祐와 김득배金得培를 포섭하여 총병관 정세운을 살해했다. 원나라군을 물리친 뒤, 그 공로가 정세운에게만 돌아간 것에 불만을 품은 것이다. 말 그대로 하극상이었다. 김용은 사건을 저질러 놓고 이것이 탄로날 것이 두려워 안우와 김득배를 제거했다.

이 무렵, 군대를 재정비하여 고려에 보복할 기회만 엿보던 원 황제는 공민왕 대신으로 덕흥군德興君을 왕으로 세울 계획을 세웠다. 당시 공민왕이 반원 개혁을 전개하면서 기철奇轍, 노책盧頙, 권겸權謙 등을 죽인 사건이 일어났다. 원나라 기황후奇皇后의 오빠였던 기철은 원의 세력을 등에 업고 권력을 남용하다가 제거된 것이다. 기황후는 이를 원망하여 공민왕을 폐하고 덕흥군을 고려 국왕으로 세우려고 한 것이다.

원나라 황제는 기황후의 심복 최유崔濡를 이용하기로 했다. 황제는 총병관 정세운을 살해한 김용이 최유와 친분이 두터운 것을 알고 계략을 꾸몄다. 원나라 황제는 군사 1만 명을 긴급 동원하여 두 사람에게 나누어 주고 즉시 개경으로 쳐들어 가도록 했다. 그러나 때마침 공민왕은 김용의 이적 행위와 원나라군이 침략해 오리라는 정보를 미리 알아냈다.

공민왕은 원나라 황제에게 친히 서신을 보내어 가능하면 전쟁을 하지 않고 평화적으로 타협하여 위기를 넘기려고 했다. 그런데 황제에게 보낸 공민왕의 서신은 끝내 전해지지 못했다. 그것은 덕흥군을 왕위에 앉혀 고려를 좌지우지 하려는 기황후의 계략이 있었기 때문이다. 고려 사신은 원 황제의 부하에게 붙잡혀 살해되었다.

이로써 원나라군과 고려군의 충돌은 불가피해졌다. 최유와 김용을 앞세운 원나라군은 거침없이 고려의 변방을 짓밟았다. 공민왕에게 남은 것은 군대를 총동원하여 무력으로 막는 길뿐이었다. 원나라군과 고려군의 전투는 의주에서 시작되었다. 고려의 무신 안우경安遇慶은 모든 전력을 동원하여 원나라군을 막았지만 역부족이었다. 의주는 곧 함락되었다. 지원군조차 전혀 없는 고려군은 개경까지 후퇴했다.

공민왕은 또다시 이성계를 불렀다. 그에게 군사 1,000여 명을 내주고, 최영崔瑩과 함께 원나라군을 쳐내어 의주를 회복하라고 명했다. 이성계와 최영은 군대를 이끌고 전쟁터로 향했다. 이성계의 전략이 또 한 번 빛나는 순간이었다. 자신은 중앙의 적장을 향해 돌진하고 최영은 외곽의 적을 소탕하기로 했다. 그의 뒤를 따르는 군사들의 사기 역시 높았다.

무서운 기세로 몰려드는 이성계 부대 앞에 원나라 군사들은 대항해 보려는 엄두도 내지 못했다. 적을 정면에서 치고 들어간 이성계 부대는 닥치는 대로 적들의 목을 벴다. 최영 부대는 외곽에서 진을 치고 있다가 달아나는 적군을 모조리 사살했다. 원의 군대는 고려군의 전술에 휘말려 거의 섬멸되었다.

김용과 최유는 죽을힘을 다해 도망쳤다. 최유는 원으로 도망친 후에도 계속 고려를 헐뜯고 다시 침략할 기회를 노려 공민왕을 제거하려고 했다. 그런데 원나라의 황제는 자신의 권력이 거의 소멸된 것을 깨닫고 중대한 결심을 했다. 엎친 데 겹친 격으로 원나라는 수년 동안 기근과 홍수 때문에 민심이 흉흉해졌다. 원의 국정이 해이해지기 시작하더니 이에 편승하듯 지방 곳곳에서 크고 작은 폭동이 일어났고 중앙에서는 권신權臣들의 정쟁이 끊이지 않았다. 폭동은 확대되어 국력이 급격히 약해져 갔다.

공민왕도 더는 원나라에 대한 적대감을 가질 필요성을 느끼지 못했다. 먼저 괴롭히지만 않는다면 원나라 황제를 제거할 생각도 없었다. 원나라 황제도 공민왕의 이 같은 의중을 잘 알고 있었다. 이에 원나라 황제는 최유를 잡아 공민왕에게 보내고 덕흥군은 귀양보냈다. 공민왕은 이성계에게 원나라 황제가 보낸 최유를 처형하도록 함으로써 김용과 최유를 앞세워 덕흥군을 고려의 왕으로 세우려던 계획은 물거품이 되고 말았다.

그 후 공민왕은 옛 고구려 영토인 만주 지역을 회복하고자 동녕부東寧府 공격을 감행했다. 태조 왕건 때부터 고려 왕들의 숙원은 고구려의 옛 땅을 되찾아 민족의 자존심을 회복하는 것이었다. 공민왕은 원 세력이 약해지고 명 세력이 더 커지기 전에 북진 정책을 일관되게 펼치면 요동遼東을 비롯한 고구려의 옛 영토를 되찾는 것은 어렵지 않다고 생각했다. 원나라의 잔류 세력이 동녕부 일대에 남아 수시로 고려의 북방을 괴

● 동녕부
고려 충렬왕 때 원나라가 고려 서경에 설치한 통치 기관이다. 1290년에 고려의 끈질긴 요구를 받아들여 이 지역을 고려에 돌려 주고 동녕부를 요동으로 옮겼다.

롭혀 이 기회에 완전히 꺾어 버리려는 것이었다. 1369년 공민왕은 이성계에게 동녕부 정벌을 명했다.

신돈과 그의 나라

공민왕에게는 신돈辛旽이 있었다. 훗날 안정복의 《동사강목東史綱目》을 보면 공민왕의 심중을 잘 이해할 수 있다.

"공민왕이 세상을 떠나 속세에 홀로 서 있는 사람을 만나면 그와 함께 만연된 부패를 과감히 개혁하려고 할 때이다. 이때 신돈을 만났는데, '그는 도를 닦아 욕심이 적으며 또 미천한 출신으로 친척이 없으므로 한 번 일을 맡기면 마음대로 누구의 눈치를 살피거나 꺼리는 것이 없으리라'고 생각했다."

신돈은 계성桂城의 영산靈山 옥천사玉川寺 노비의 몸에서 태어났다. 절간 노비에게서 태어난 몸이므로 그의 아비가 누구라는 것은 아무도 알지 못했다. 그러다가 중이 되어 '편조遍照'라는

• 동사강목
고조선~고려 말의 역사를 정리한 책이다. 중국 중심의 역사관에서 벗어나 우리나라 역사의 정통성과 독자성을 내세워 훗날 민족 사관의 형성에 기여하였다.

• 노국대장공주 (?~1365)
원나라 종실 위왕魏王의 딸로 1349년 공민왕과 혼인했는데, 공민왕 14년에 아이를 낳다 사망했다. 왕은 공주의 죽음을 매우 슬퍼했다고 한다.

법명까지 받았다. 그러나 출신과 신분이 워낙 비천하고 배움이 없어 다른 중들의 틈에 끼지도 못했다. 이곳저곳의 산방山房을 떠돌면서 중들의 심부름이나 하는 정도였다.

당시 고려의 중은 특수 상류층의 신분이었다. 입문하기도 까다롭고 어려웠을 뿐만 아니라 모든 중생들에게 존경을 받았다. 그들도 존경의 대상이 될 만큼 공부를 많이 했고 언행과 몸가짐이 모범이 될 만큼 조신했다. 그런데 신돈이 상류층 대접을 받는 불교에 들어간 것이다. 겉으로는 중이었지만 개경에 오면 한량들과 어울려 술을 마시는 등 방탕한 생활을 일삼았다.

그러다가 우연히 김원명金元命을 만나 깊이 사귀게 되었다. 그는 홍건적 침입 당시 공민왕을 안동까지 호위하고 개경을 수복하는 데 공을 세운 인물이었다. 신돈은 그에게 옥천사에서 오랫동안 공부하여 도를 깨우쳤다고 항상 큰소리를 쳤다. 그러나 이것은 계산된 것이었다. 김원명이 공민왕과 친분이 두텁다는 걸 미리부터 알고 있었던 것이다. 또한 왕이 불교에 관심이 많고 스님을 존경한다는 것까지 파악하고 있었다.

그즈음 공민왕의 비 노국대장공주魯國大長公主가 세상을 떠났다. 공민왕은 왕비를 지극히 사랑했다. 그는 장례를 치르고 나서도 직접 왕비의 얼굴을 그려 벽에 걸어놓기도 했다. 그리고 밤낮으로 그것을 바라보고 애통해했다. 술과 고기 음식을 피하고, 한밤중에도 혼자 중얼거리면서 왕비를 생각했다. 누구 하나 국왕의 이 같은 행동에 말 한마디 하는 사람이 없었다.

김원명은 공민왕의 마음을 다소나마 풀어줄 생각으로 신돈을 소개했다. 신돈은 왕비의 혼령을 위해 정성껏 불공을 드리겠다고 하면서 공민왕의 환심을 사기 위해 노력했다. 그때부터 공민왕은 신돈을 궁궐로 자주 부르고 가까이 했다. 공민왕은 신돈에게 청한거사淸閑居士라는 호를 붙여 주고 사부師傅의 직함까지 내려 국정에 참여시켰다.

신돈은 국정의 중심부에서 막강한 권력을 행사하게 되었다. 전민변정도감田民辨正都監을 두어 권문세족들이 강제로 빼앗은 토지를 되돌려 주었다. 그리고 노비를 본래의 소유주에게 돌려주거나 양인으로 해방시켰다. 이는 천민들에게는 일시적으로 호평을 받았지만 상류층의 반발을 불러일으켰다. 공민왕의 총애를 받는 신돈을 하루 빨리 없애야 한다고 생각하는 사람이 많았다.

그러나 공민왕이 신돈을 내치지 않고 가까이 한 데는 나름의 이유가 있었다. 공민왕은 처음부터 개혁 정치를 지속해 왔고 문인 중심의 통치보다 무인 중심의 정치로 국정을 폈다. 그러나 문인 관료를 무시할 수 없었으므로 문무를 균형 있게 조정하는 인사 관리가 필요했다. 그런데 문인들이 국정에 참여하면 자신의 후임이나 중요한

▪ 전민변정도감
고려 후기에 권문세족들이 토지와 노비를 늘려 국가 기반이 크게 약화되자 이를 시정하기 위해 설치한 특별 기구이다.
▪ 진평후
국가의 최고 공신으로 우대하는 작위, 즉 왕의 대리인
▪ 사심관
고려시대 중앙의 고위 관료들에게 출신 지방을 다스리도록 주었던 특수 관직

관직에는 반드시 학맥이나 족벌을 내세웠다. 문인 관료 세력들은 왕의 정당한 개혁 정치도 자신들의 권력 유지에 걸림돌이 된다고 생각되면 적극적으로 반대했다. 나라와 백성보다는 자신들의 세력을 우선시했다. 서로 야합하여 자신들의 각본대로 국정이 움직여지지 않으면 반대 세력을 적으로 간주했다.

이와 같은 상황에서 공민왕은 바탕이 비천하고 배운 것이 없는 신돈이야말로 파벌이나 조직을 만들지 않고, 오직 일만 열심히 한다고 생각했다. 그래서 문무대신文武大臣들이 신돈을 탄핵해도 공민왕은 줄곧 그를 두둔한 것이다. 공민왕은 신돈에 대한 불신의 목소리를 잠재우기 위해 진평후眞平侯라는 작위까지 내렸다.

신돈은 풍수지리설을 내세워 도읍을 충주로 옮기고 5도의 사심관事審官이 되려고 했다. 그리고 나서 공민왕만 제거하면 우禑가 왕위에 오를 것은 분명하다는 판단으로 무서운 흉계를 꾸몄다. 도읍을 옮겨놓고 왕을 감쪽같이 죽여 없애기로 한 것이다. 그런데 신돈의 계략을 공민왕이 먼저 눈치챘다. 천하에 부러울 것 없이 호의호식하고 권력까지 움켜쥔 신돈은 공민왕을 해치려다 꼬리가 잡힌 것이다. 공민왕은 즉시 신돈을 수원으로 유배시켰다가 사형에 처하고 국법으로 받들던 불교를 금지시켰다. 국가에서 주관하던 불교 행사를 모두 폐지하고 이를 어기는 자는 가족까지 멸족시킨다는 명을 내렸다. 그리고 중들이 아무 곳에나 활보하고 다니던 것을 금지하여 통행까지 제한하고 이를 어기는 자는 잡아들이도록 했다.

이성계의 승전보

10세에 갑자기 공민왕의 후임으로 왕위에 오른 우왕禑王은 명덕태후明德太后의 섭정攝政에 따라 유능한 학자들을 우대하고 자신도 학문을 가까이 했다. 그동안 혼란스러운 분위기를 털어내어 백성들에게도 칭송을 받았다. 정국도 조용해지는 듯했다. 하지만 왜구의 노략질이 끊이질 않았다. 남해안에서 그 기세가 커지는가 싶더니 규모가 점점 커졌다. 1376년, 우왕 2년에 왜구가 서해안에 들어와 충청도에서 노략질을 하고 개경을 향하여 올라오는 것을 이성계가 군사를 동원하여 물리치기도 했다.

조정에서는 정몽주鄭夢周를 조전원수助戰元帥로, 이성계를 삼남三南 병마도통사兵馬都統使로 임명하여 왜구 퇴치에 나섰다. 승전을 거듭하던 이성계가 어느덧 세력을 키워 최일선에 나선 것이다. 이성계의 군사와 왜장 부대가 정면으로 만난 것은 지리산 밑에 있는 운봉雲峰에서였다. 그곳은 사방이 산자락으로 둘러싸여 있었다. 이성

▪ 섭정
왕이 어려서 즉위하거나 그밖의 사정이 생겼을 때 대리해서 통치권을 맡아 국가를 다스리는 일이나 그 사람을 말한다.
▪ 조전원수
고려 말, 전쟁 때 군대를 통솔하던 임시 무관직
▪ 삼남
영남, 호남, 충청 지방을 이르는 말이다.

계는 남원 쪽에서 치고 들어가 정면으로 공격하는 전술을 택했다. 이때 고려군에서는 최무선崔茂宣이 개발한 화약을 이용하여 화통을 응용한 화포를 처음으로 선보였다. 활과 소총으로만 전투를 하던 고려 군대가 이번에는 천지를 진동시키는 화포를 앞세운 것이다. 그리고 왜적의 진지를 향하여 수십 발의 화포를 쏘아댔다. 난데없이 날벼락을 맞은 왜적들은 혼비백산하여 흩어지기 시작했다.

고려군은 적들이 도망칠 만한 퇴로는 미리 차단하고 공격했기 때문에 모조리 소탕할 수 있었다. 왜구들이 사용하던 무기와 말은 쓸 만한 것을 추려내고, 그들이 노략질한 곡식과 물품은 거두어 들였다. 전라도와 경상도를 비롯하여 충청도까지 이어진 왜구의 노략질은 사라졌다. 이것이 이성계가 대승한 '황산대첩荒山大捷'이다. 이 전투로 왜구의 기세가 쇠퇴하였다.

왜구를 격퇴하여 얼마 동안 조용해지는가 싶더니 이번에는 북쪽 동북면 일대로 여진족이 쳐들어와 노략질을 시작했다. 이성계가 동북면 병마사로 있을 때에는 얼씬도 하지 못하던 여진족이었다. 이성계는 동북면 도지휘사로 임명되어 다시 북방으로 올라가 그들과 전투를 벌였다. 여진족들은 대항할 생각은 엄두도 내지 못한 채 죽을힘을 다해 도망쳤다. 전국을 무대로 승전을 거듭한 이성계는 큰 전투에 출전할 때마다 직위가 한 단계씩 올라가 입지를 굳혔다.

그러나 이성계가 지키는 변방과 달리 고려 조정은 전쟁터가 따로 없었다. 우왕이 왕위에 오르도록 도운 최고의 공로자 이인임李仁任이 정권을 장악한 것이다. 이인임에 대한 우왕의 신임은 두터웠다. 한동안 정국을 성실하게 잘 돌보던 우왕은 명덕태후가 죽자 이인임에게 정치를 맡기다시피 했다. 그러나 얼마 지나지 않아 백성들의 생활은 피폐해졌다. 이인임은 권력을 남용하고 독재를 일삼았다. 친인척과 그의 추종 세력을 실력이나 능력에 관계없이 중요한 관직에 앉혔고 드러내 놓고 부정부패를 저질렀다.

이 사실을 알게 된 이성계는 이인임을 제거하기 위해 무인들끼리 의견을 일치시키고 최영을 찾아갔다. 두 사람은 힘으로 하지 않고 목표를 조용히 달성할 수만 있으면 그것이 최상의 방법이지만, 뜻대로 되지 않을 때는 군사를 동원해서라도 이인임을 제거해야 한다는 데에 합의했다. 이성계와 최영은 그를 권좌權座에서 밀어내고 유배시키지 않으면 물러설 수 없다는 단호한 자세로 왕을 설득했다. 선택의 여지가 없었던 우왕은 그들의 요구대로 이인임을 유배시켰다. 그러다가 얼마 후 사형시킴으로써 고려 조정에서는 최영 · 정몽주 · 이성계 등이 실질적인 최고 권력자이자 주목받는 인물이 되었다.

▪ 위화도
압록강 하류 의주군 위화면에 있는 섬이다. 이성계가 회군하여 조선시대를 여는 계기를 이룩한 곳이다.

위화도˙에서 회군하다

　어지러운 고려의 정세와 달리 원나라를 무너뜨린 명나라는 빠르게 새 왕조의 기틀을 다졌다. 명나라는 고려에 철령鐵嶺 이북 땅에 대한 소유권을 다시 주장하고 나섰다. 본래 원나라의 쌍성총관부는 동녕부에 속해 있었으므로 원을 몰아낸 명의 땅이라는 것이었다. 급기야 철령위鐵嶺衛 설치를 정식으로 통고해 오는가 하면 고려에 곡물을 요구하며 고려를 지배하겠다는 야심을 내비쳤다.

　무인 최고 실권자인 최영이 발끈했다. 최영은 본래부터 친원파親元派로 명나라와는 인연이 없었으므로 그가 먼저 반발하고 나선 것이다. 최영은 고려에서 군사를 먼저 동원하여 명나라 요동을 정벌하자고 주장했다. 우왕이 최영의 주장을 적극적으로 지지했다. 하지만 본래 친명파親明派이고 민심을 헤아릴 줄 알았던 이성계는 반대하고 나섰다. 백성들의 생활이 악화될 대로 악화되어 있는 이때 군대를 동원한다는 것은 그들의 분노를 일으킬 것이 뻔했다. 그러나 우왕과 최영은 이성계의 주장을 받아들이지 않았다. 그리고 전국에서 장병을 모집하여 많은 군대를 동원했다. 이때가 음력 2월로 농번기가 다가올 무렵이었다.

　최영은 팔도도통사八道都統使에 임명되고, 이성계는 우군右軍도통사, 조민수曺敏修가 좌군左軍도통사로 임명되었다. 이성계와 조민수가 최전방 지휘관으로 압록강을 향해 북진을 하고 최영은 후방에서 지원을 하며 총지휘를 맡았다. 이성계와 조민수는 군사 5만여 명을 인솔하고 명나라로 향했다. 우왕은 왕족을 모두 한양漢陽으로 피신시키고 개경은 우현보禹玄寶에게 지키도록 한 다음 요동 정벌을 위한 본격적인 작업에 착수했다. 이성계와 조민수 군대가 위화도威化島에 도착한 것은 5월 중순이었다.

이성계는 군사들을 하룻밤 휴식시키고 나서 압록강을 건너 요동성을 공격하려고 했다. 그런데 간밤에 갑자기 큰 비가 내려 강물이 넘치고 흙탕물이 병사들의 야전 막사까지 스며들었다. 강을 건너갈 수 없는 것은 물론 당장 먹을 물과 식량을 준비하는 것도 어려웠다. 군사들의 안전을 위해 요동 정벌을 포기하고 돌아가자는 목소리가 나왔다. 이성계는 고민에 빠졌고 상소를 올리기로 결심했다. 조민수도 이성계의 뜻에 동조했다. 그들은 무리한 정벌을 원하지 않았고, '사불가론四不可論'을 내세워 상소문을 올렸다.

첫째, 작은 나라가 큰 나라를 거스르는 일은 옳지 않으며,

둘째, 농번기인 여름철에 군사를 동원하는 일은 부적당하고,

셋째, 북쪽으로 군대를 총동원하는 일은 왜구에 대한 염려를 일으키며,

넷째, 무덥고 비가 많이 오는 시기로 활의 아교가 녹아 쓸 수 없으며, 병사들의 전염병이 염려되므로 모든 행동을 자제하는 것이 좋다.

우왕은 이성계가 보낸 상소문을 읽고 최영을 불러 의견을 물었다. 팔도 도통사인 최영에게 일차적인 결정권이 있고 최종 결정권은 왕에게 있었다. 이에 최영은 다음의 세 가지 이유를 들어 뜻을 굽히지 않았다.

첫째, 명나라가 대국이긴 하지만 북원과의 전쟁으로 요동 방비는 허술하며,

둘째, 지금 요동의 기름진 땅은 경작도 할 수 있어 가을에 충분한 군량을 얻

　　　을 수 있으며,

셋째, 명나라 군사는 본래 장마철에 싸우기 좋아하지 않는다.

이에 우왕은 이성계에게 명을 내렸다. 좀더 기다렸다가 날씨가 좋아지면 요동을 정벌하라는 것이었다. 이성계는 우왕이 자신의 주장을 받아들여 군대를 후퇴시키라는 명이 내려올 것으로 믿었다. 이성계와 조민수는 어명을 받고 논의했다. 왕의 명령에 따라 요동 땅으로 향하는 것은 군사를 모두 죽이는 행위요, 군대를 돌리는 것은 군신 관계를 저버리고 어명을 거역하는 행위였다. 그러나 고민은 오래 가지 않았다. 마침내 이성계는 회군回軍을 결행했다. 이것이 '위화도 회군'이다.

이성계가 군대를 돌려 개경으로 향하고 있다는 소식을 들은 최영은 지원 부대로 남겨 두었던 병사를 총동원했다. 최영은 급히 군사를 인솔하여 개경으로 향했다. 그러나 이성계 군대의 회군 소식을 접한 최영의 군사들은 개경으로 가는 도중에 뿔뿔이 흩어지기 시작했다. 최영을 따르던 군사들은 대부분 도망치고 몇 십 명만 따라왔다. 백성들은 회군하는 이성계 부대를 오히려 환영하는 분위기였다.

이성계 부대가 황주黃州에 도착했을 때 그의 다섯째 아들 이방원李芳遠이 마중을 나왔다. 개경의 분위기를 아버지에게 미리 알려 주기 위해 급히 달려온 것이다. 이방원은 아버지를 만나자마자 최영을 먼저 제거해야만 살

아남는다고 했다. 이성계는 개경으로 들어가 최영 군대와 싸워 승리하고, 최영을 고봉현으로 귀양 보냈으며 이후 수원으로 옮겼다가 처형했다. 그리고 우왕을 폐위하여 강화도로 유배시켰다.

신씨를 폐하고 왕씨를 세우다

이성계가 위화도에서 회군하고 우왕을 폐위한 일은 고려의 수구 세력을 신진 세력이 밀어내는 역사적인 사건이었다. 이방원이 그들을 포섭하여 아버지를 도운 것은 물론이고, 이성계는 고려 신진 세력의 우두머리로 실권을 장악하게 되었다. 우시중右侍中 자리에 오른 이성계는 우선 명나라 연호年號인 홍무洪武를 사용하되 원나라 호복은 모두 벗고 명의 복장으로 갈아입게 했다. 그런 다음에 차기 왕을 세우기 위해 신진 세력들과 의논에 들어갔다. 위화도 회군 당시 이성계와 뜻을 같이한 좌시중左侍中 조민수는 우왕의 아들 창昌을 세우자고 했다. 그러나 이성계는 반대했다. 우왕의 아들 역시 공민왕 종실宗室의 왕씨 중

• 국새
왕조시대의 상징이자, 나라의 중요한 문서에 찍는 도장을 말한다.
• 이색(1328~1396)
고려 말의 문신ㆍ학자이다. 조민수와 함께 창왕을 즉위시켰으나 이성계 일파가 권력을 잡자 유배되었다. 후세 사람들은 이색의 학문의 깊이, 권력에 대한 무욕, 나라를 위한 절개를 높이 평가했다.
• 교지
국왕이 관원에게 내린 각종 문서

에서 세우자고 했다.

이때 조민수는 국새國璽를 가지고 있던 이색李穡과 이 문제를 논의했다. 그러자 이색은 공민왕의 비妃인 정비定妃 안씨安氏에게 국새를 넘겼다. 그러자 이성계는 왕족인 정비 안씨의 결정에 따를 수밖에 없었다. 그러나 안씨도 실권을 장악한 이성계의 의견을 완전히 무시할 수는 없었다. 정비 안씨는 이성계의 의견대로 왕족인 왕씨 중에서 왕위에 오를 만한 자를 물색해 보았다. 하지만 마땅한 인물이 없었다. 결국 조민수의 의견대로 우왕의 아들 창을 왕위에 오르도록 교지敎旨를 내렸다.

이성계는 창왕을 앞에 두고 심한 고민과 갈등에 휩싸였다. 창왕 역시 왕씨王氏가 아닌 신씨辛氏였으니 왕위에서 폐위시켜야 마땅하다는 생각을 지울 수가 없었다. 이성계는 정몽주를 찾아갔다. 왕을 폐위시킬 명분은 이른바 '폐가입진론廢假立眞論'이었다. 즉 "가짜인 신씨辛氏를 폐하고 진짜인 왕씨王氏를 세워야 한다"는 것이었다.

이 일은 신속하게 진행되었다. 조정은 창왕을 폐위하고 서민으로 강등시켜 강화도로 유배시켰다. 그리고 고려 제20대 신종神宗의 7세손인 정창군定昌君 요瑤를 왕으로 세우기에 이른다. 그가 고려의 마지막 왕인 공양왕恭讓王이다. 공양왕은 즉위하자마자 우왕과 창왕부터 죽였다. 음모를 꾀했다는 이성계의 주장에 따른 것이다. 창왕이 처형되자 우왕과 창왕의 즉위를 일관되게 주장하던 조민수 역시 무사할 수 없었다. 이성계는 조민수의 벼슬을 박탈하고 고향으로 추방했다가 얼마 후 죽였다. 정적 조민수마저 제거하자 무인 가운데 이성계를 위협할 자는 없게 되었다.

선죽교의 피

이성계와 뜻을 함께 한 신진 세력 가운데 조준趙浚과 정도전鄭道傳이 앞장서서 그를 왕으로 세우려고 했다. 그러나 정몽주는 단호히 반대했다. 이성계와 추종 세력들이 왕권에 욕심을 품고, 그 밑에서 조준과 정도전이 적극적으로 나서는 것이 못마땅했던 것이다. 이성계도 공양왕을 폐위시킬 명분이 없었다. 게다가 고려의 왕씨가 왕위에 올라 있는 이상 고려를 지키기 위해서도 공양왕을 잘 받들고 충성하는 것이 옳았다.

그 무렵, 이성계는 몇 명의 심복과 병사를 데리고 명나라에 있던 세자 석奭을 마중하기 위하여 황주에 갔다. 그곳에서 그는 사냥을 하다가 말에서 떨어져 큰 부상을 입었다. 정몽주는 이번 기회에 이성계 일파를 숙청하여 고려의 정통적인 왕권을 회복시키려고 했다. 대간臺諫으로 있던 김진양金震陽을 동원하여 이성계의 지지자인 정도전 · 조준 · 이색 · 윤소중을 탄핵하여 지방으로 좌천시켰다. 정몽주가 먼저 이성계의 심복

■ 조준 (1346~1405)
고려 말~조선 초의 문신이다. 위화도 회군 후에 공양왕을 폐하고 이성계를 추대할 때 앞장섰다. 그는 고려 말 전제 개혁안과 조선 초 토지 제도에 관한 정책을 내놓을 정도로 경제관이 밝아 《경제육전》을 편찬하였다.

■ 정도전(1342~1398)
고려 말~조선 초의 정치가 · 학자이다. 조준과 함께 이성계를 추대하여 조선왕조 개창의 주역을 담당했다. 전제 개혁을 간행하여 과전법을 실시하고 《조선경국전》, 《불씨잡변》 등의 책을 저술하여 조선왕조의 정치 · 경제 · 사상적 토대를 마련하였다.

■ 대간
관료를 감찰 · 탄핵하는 임무를 가진 대관臺官과 국왕에 대한 간언을 담당한 간관諫官을 합쳐 부른 말이다.

들에게 권력으로 억압함으로써 이성계 일파와의 충돌을 피할 수 없게 되었다. 그는 신진세력의 우두머리인 이성계만큼은 직접 죽여야 고려의 왕권이 확립될 것으로 판단했다.

정몽주는 이성계의 동태를 직접 살피고 하루라도 빨리 제거하려고 문병을 구실로 찾아갔다. 정몽주를 영접한 이방원은 정몽주를 먼저 죽이지 않는다면 자신들은 몰살될 수밖에 없다고 판단했다. 그렇다고 당대 최고의 학자이자 백성들이 가장 존경하는 인물인 그에게 함부로 무력을 사용할 수도 없는 노릇이었다. 술과 음식을 정성껏 차려 정중하게 대접한 이방원은 정몽주를 설득하여 자신들의 뜻에 동조해 달라고 하소연했다. 그리고 다음과 같은 시 한 수를 읊었다.

이런들 어떠하며 저런들 어떠하리
만수산 드렁칡이 얽혀진들 어떠하리
우리도 이같이 얽혀져 백 년까지 누리리라

이 시는 고려의 공양왕을 폐위하고 이성계를 왕으로 세우려는 이방원이 읊은 〈하여가何如歌〉이다. 이미 허물어진 고려를 향한 정몽주의 절개를 바꾸는 것이 어떻겠느냐는 것이다. 그러자 정몽주는 다음과 같은 시로 답했다.

이 몸이 죽고 죽어 일백 번 고쳐 죽어
백골이 진토 되어 넋이라도 있고 없고

이 시가 바로 유명한 정몽주의 〈단심가丹心歌〉이다. 이방원은 정몽주의 답시를 듣고 나서 그를 도저히 설득할 자신이 없었다. 그리고 정몽주를 죽이는 방법밖에 묘안이 없다고 생각했다. 이방원은 술자리에서 살며시 빠져나와 이지란李之蘭을 불러 정몽주를 죽여 없애라는 명을 내렸다. 그러나 이지란은 정몽주를 죽인다는 것은 하늘의 명을 거스르는 짓이므로 명령을 따를 수 없다고 말했다. 이방원은 조영규趙英珪를 불러 똑같은 명령을 내렸다. 당장 무기 창고에 들어가 철퇴(쇠몽둥이)를 준비해 선죽교에 미리 나가 숨어 있다가 정몽주가 귀가할 때 때려죽이고 나서 결과를 보고하라고 했다.

조영규는 즉시 선죽교에 숨었다. 정몽주가 집으로 돌아가기 위하여 선죽교 가까이 들어섰다. 정몽주와 함께 동행한 사람은 녹사錄事 김경조金敬祖로, 그는 공민왕 때 시중侍中을 지낸 바 있고 평소에도 정몽주를 존경하여 직접 모시는 것을 큰 영광으로 생각하는 사내였다. 그들이 선

- 이지란(1331~1402)
여진족 사람으로 최초의 귀화인이다. 고려에 귀화하여 이성계의 휘하로 들어와 성과 이름을 받고 이성계가 조선을 건국할 때 적극적으로 동참했다.
- 선죽교
개성에 있는 고려시대의 돌다리이다. 원래 이름은 선지교善地橋였으나 정몽주가 피살되던 밤, 다리 옆에 대나무가 났기 때문에 선죽교로 고쳤다는 기록이 있다.
- 녹사
고려시대 정5품의 무관 벼슬
- 시중
고려시대의 최고 정치 기관인 중서문하성의 종1품 관직

죽교에 들어서는 순간 건장한 사내가 철퇴로 정몽주의 뒤통수를 후려쳤고, 철퇴는 정몽주의 머리를 빗겨 나가 김경조의 뒤통수를 맞혔다. 그는 피를 흘리며 쓰러졌다. 이어 정몽주의 머리를 후려치자 그는 말에서 떨어져 숨을 거두었다. 고려 왕실의 기둥이었던 충신 정몽주는 끝내 절개를 굽히지 않다가 세상을 떠났다.

조영규는 이 사실을 이방원에게 보고했고 이방원은 아버지에게 알렸다. 이성계는 아들의 말을 듣고 불같이 호령을 쳤다. 아까운 재상을 죽인 것은 망측한 일이자 아버지에게 불효한 거라고 이방원을 나무랐다. 그만큼 그는 정몽주를 마음속으로 존경했다. 그는 항상 정몽주를 국가의 큰 고비를 함께 넘어온 동지라고 여겼다. 그러나 이방원은 조금도 동요하지 않았다. 정몽주를 죽이지 않으면 자신들이 먼저 죽기 때문에 선수를 쳤을 뿐이라고 생각했다.

196회 기출 문제

고려의 충신이었던 정몽주의 〈단심가丹心歌〉는 이방원의 이 시조에 대한 답가로 지은 것입니다. 조선이 개국하기 전, 이방원이 정몽주를 회유하기 위해 읊은 이 시조는 무엇일까요?

정답: 하여가

역사의 한 페이지
고려 말 친원파와 친명파의 대립

고려의 공민왕과 우왕이 지배하던 시기는 국내외 정세가 복잡하고 변화가 많았다. 몽고와 30여 년 동안 전쟁을 치러 화친을 맺고 있었지만, 왕실은 원의 세력에 의존하고 있었다. 원나라는 동북면에 쌍성총관부, 서북면에 동녕부를 설치하고 고려를 관리하고 있었다. 게다가 고려의 권신들도 부정부패를 일삼았으니 국가의 앞날은 암담하기 이를 데 없었다. 왜구와 홍건적의 침입은 고려의 혼란을 더욱 가중시켰다.

이때 대륙에서는 원·명의 교체가 이루어졌다. 이에 반원 정책을 추진하던 공민왕은 명에 사신을 보내고 명의 연호를 사용하여 친명 정책을 유지하였다. 그러나 국내에서는 아직도 친원 세력이 남아 있어 친원파와 친명파의 대립이 나타나게 되었다. 이러한 시기에 공민왕이 친원파에 의해 살해되고 이인임의 추대로 우왕이 즉위하게 되었다. 이때부터 고려는 원과 명에 양면 외교를 펼쳤다. 즉, 이인임 등은 우왕이 즉위하자 명에 사신을 보내 왕위를 인정받는 한편 원에 사신을 파견하여 국교를 회복한 것이다.

그러나 우왕 때 명의 철령위 설치 문제가 대두되었다. 그렇지 않아도 명은 고려가 원과 교류하는 것을 비난하고 무리한 공물을 요구하며 사신을 유배시키는 등 강압적인 태도를 취하여 고려를 분개하게 하였다. 그런데 명이 원의 쌍성

ㅣ 쌍성총관부와 철령위 관할 지역

총관부 관할에 있던 철령 이북의 땅을 명의 직속령으로 삼겠다고 통고해온 것이다. 이때 정권을 잡고 있던 최영은 크게 분개하여 도리어 이 기회에 명이 차지한 요동 지방까지 회복하려고 하였다.

마침내 고려는 우왕 14년에 최영이 팔도도통사가 되고 조민수를 좌군도통사, 이성계를 우군도통사로 삼아 요동 정벌에 나서게 되었다. 그러나 이성계는 처음부터 국내외의 정세로 보아 요동 정벌이 현실적으로 불가능하다고 판단하여 출병을 반대하였고, 사불가론을 들어 위화도에서 회군하여 개경으로 돌아왔다. 그리하여 이성계 일파는 반대파인 최영 등을 제거하고 우왕을 축출하여 정치적 실권을 장악하였으니, 이것이 이성계가 고려를 무너뜨리고 조선을 건국하는 결정적인 계기가 되었다.

제1대 **태조**太祖

조선의 아침을 열다

1392

조선 건국
태조 즉위

1393

국호를 조선으로 결정

1394

한양 천도

태조(1335~1408)는 함경도 회령부에서 이자춘과 최씨 사이에서 태어났다. 이름은 성계成桂이고, 자는 중결仲潔이었으나 즉위 후 이름을 단旦, 자를 군진 君晉으로 고쳤다. 3명의 부인에게서 13명의 자녀를 두었는데, 첫째 부인 신의 왕후神懿王后 한씨에게서는 6남 2녀를 얻었고, 둘째 부인 신덕왕후神德王后 강씨에게서는 2남 1녀를 얻었다. 그리고 다른 후궁에게서 딸 둘을 얻었다.

제1차 왕자의 난
(태조, 정종에게 왕위 물려줌)

이성계의 나라, 조선

공양왕은 정몽주가 살해되었다는 소식을 듣고 마치 하늘이 갈라진 듯 비통한 마음을 금할 수 없었다. 식음을 전폐하고 잠도 제대로 자지 못했다. 이성계는 정몽주에 의해 지방으로 좌천된 조준 · 정도전 · 이색부터 불러들였다. 조준과 정도전이 직접 공양왕을 찾아가 정몽주가 먼저 자신들을 제거하려고 했기 때문에 살해한 것이라고 했다.

왕은 이들의 말을 믿지 않았지만, 모든 권력과 군사력이 이들의 손아귀에 있어 달리 방법이 없었다. 공양왕은 정몽주의 추종 세력을 모두 유배시키고 이성계의 심복으로 정치판을 새롭게 편성했다. 고려 조정의 권력 구조가 이성계의 심복 일색으로 채워지자 공양왕은 허수아비나 다름없었다.

이로부터 4개월 뒤에 시중 배극렴裵克廉이 공양왕의 무기력함을 들고 나와 폐위해야 한다고 정비 안씨에게 주장했고, 정도전 · 조준 · 이색 · 이방원 등 신진 세력 50여 명이 공양왕을 폐위하고 이성계를 세워야 나라가 바로 설 수 있다고 했다. 이렇게 되자 이성계를 왕으로 세우려는 신진 세력들의 움직임은 더욱 거세어졌다.

이성계는 몇 번이고 사양했지만, 이것은 왕위에 오르기 위한 하나의 수순에 불과했다. 그는 공식적인 왕위 계승 절차를 밟고 싶었고, 반대 세력에게 명분을 내주지 않기 위해서였다. 모든 준비가 되자 이성계는 공양왕을 공양군恭讓君으로 강등시키고 강원도 원주로 유배를 보냈다. 그리고 이성계는 수창궁壽昌宮˚에서 왕위에 올랐고, 이로써 고려 왕실은 막을 내리게 되었다.

　그러나 이성계가 왕위에 오르기까지 이렇듯 시간을 들인 데는 그만한 이유가 있었다. 실권을 잡기는 했지만 언제 어느 때 반대 세력이 나타날지 모를 일이었기 때문이다. 공양왕을 폐위시킨 후로도 이성계는 고려 왕족은 물론 그들의 추종 세력을 방치해두고 새로운 정치를 할 수 없다고 판단했다. 또 한편으로는 매우 불안했다.

　그들이 언제 세력을 구축하여 보복할지 마음이 놓이지 않았다. 공양왕이 살아 있다는 것이 마음이 편할 리 없었다. 그리하여 이성계가 왕위에 오른 지 2년 뒤에 강원도 삼척 쪽에서 떠돌아 다니던 공양왕은 이성계의 명에 따라 처형되었다. 그리고 왕씨 성을 가진 자는 모조리 처형하여 어디에서도 발을 붙이지 못하도록 했다.

　이성계 일파의 잔인한 인간성과 음모를 미리 눈치챈 일부 왕씨들은 왕씨 성으로 살다가는 언제 억울한 죽임을 당할지 몰라 도망치거나 성을 바꾸었다. 그들이 살아남기 위해 바꾼 성은 전田씨, 전全씨, 옥玉씨, 용龍씨 등이다. 한편《태조실

* 수창궁
고려 때의 궁궐로 공민왕 때 홍건적의 침입으로 연경궁이 불에 타자 수창궁이 궁궐로 사용되었다.

록太祖實錄》에서는 이성계가 고려 왕씨 후손들에게 아버지 성인 왕씨를 따르지 말고 어머니 성을 따르도록 했다고 적고 있다. 이것으로 보아도 이성계가 전국에 산발적으로 남아 있던 왕씨를 모두 없애려는 정책을 펴왔다는 것을 알 수 있다.

이성계는 즉위 초 고려의 국호를 그대로 사용했으며, 의장儀章과 법제 또한 고려의 것을 따르도록 했다. 그러나 고려 왕족이 아닌 자신의 기틀을 마련하기 위해서는 새로운 체제가 필요했다. 자연스럽게 고려의 체제는 바뀌어 갔다. 우선 대외 정책에서 사대事大 정책을 펼칠 것을 천명했다. 특히 명나라와의 관계가 중요했다.

이미 새 왕조의 기틀을 다진 명나라에 비해 '이성계의 나라'는 여러모로 보나 약소국이었다. 그 때문에 사사건건 명나라와 정면으로 대결하는 대신 약소국으로서 일정한 예의를 갖추면서 전쟁을 피하는 것이 중요하다고 판단했다. 그것은 곧 왕실과 나라를 보존하고 백성들의 생명과 재산을 보호하는 정책이었다.

새 왕조의 기틀을 마련하려면 우선 국호부터 바꾸어야 했다. 그러나 명나라에 대한 최대한의 예우를 갖추어야 했다. 그뿐만 아니라 태조는 불교를 배척하고 유교를 숭상한다는 배불숭유排佛崇儒 사상을 정치 이념으로 내세웠다. 그리고 정도전과 조준의 보좌를 받아 정치 기틀을 마련하고 도읍을 한양으로 옮기기로 결정했다. 도읍지를 결정하기 위하여 여러 곳을 물색하고 태조가 직접 현지 답사까지 했는데, 결국 하륜河崙과 무학대사無學大師의 의견에 따라 한양을 새 도읍지로 결정했다.

왕자들 사이의 권력 다툼

이성계가 왕위에 오르기 전에 첫째 부인 한씨는 이미 세상을 떠났고, 나이 50세가 지나면서 둘째 부인 강씨에게 많은 것을 의존했다. 강씨는 조준·정도전을 비롯하여 조정 관료와 개국공신들과도 친밀한 관계를 유지했다. 그러나 이방원을 비롯한 한씨 자녀들과의 사이는 원만하지 못했다. 태조를 중심으로 왕실과 조정 관료들은 사실상 두 파로 갈라졌다. 개국공신 여부를 떠나 왕세자 책봉을 위한 권력 투쟁이 일찍부터 표면화한 것이다.

모든 결정권은 태조에게 있었지만 태조의 마음을 자유롭게 움직일 수 있는 사람은 부인 강씨뿐이었다. 강씨는 태조가 가장 신임하는 정도전과 조준을 앞세워 자신의 친아들이 세자에 책봉될 수 있도록 태조를 설득하는 데 나섰다. 조준과 정도전은 개국공신으로서 명분뿐만 아니라 국정 관리 능력에서도 탁월한 영향력을 행사했다. 정도전은 한씨의 장성한 아들 중에서

• 무학대사(1327~1405)
고려 말~조선 초기의 승려이다. 18세에 수선사로 출가하여 자초自超라는 법명을 받았다. 무학대사는 태조 이성계와 오랜 친구로서, 조선 건국의 기틀을 다지는 데 협력하였다. 이성계는 왕궁 건립과 새 도읍을 정하는 문제 등 어려운 고비마다 무학대사에게 의존했다. 또한 무학대사는 이성계의 꿈을 풀이하여 왕이 될 것을 예언하고, 도읍을 한양으로 옮기는 데 찬성했다는 이야기가 유명하다.

왕위를 이어받을 경우 힘의 중심이 새 왕 쪽으로 이동될 것으로 판단했다.

반면에 어린 강씨 아들이 왕위에 오르면 자신들의 권력은 그대로 유지될 수 있을 것으로 생각했다. 그러므로 강씨와 더욱 친밀했고, 개국의 핵심 무장 세력부터 제거하는 작업에 착수했다. 이것은 뒤에 자신의 정치 생명을 단축시키는 결과를 나았고, 종묘宗廟에 공신으로 배양되지 못한 원인이 되었다.

정도전은 조선의 개국 과정에서 태조보다 오히려 자신이 더 활약한 주역이라고까지 말했다. 그의 일관된 역성혁명론易姓革命論이 바로 이것을 대변한다. 즉, 국왕이 백성을 다스릴 만한 힘을 상실했을 때는 물리적으로라도 국왕을 교체해야 한다는 것이다. 역성혁명론에는 신권臣權, 즉 왕보다는 신하를 중심으로 국정을 운영한다는 정치 이념이 강하게 내포되어 있었다. 이것은 개국에 온몸을 던진 이방원을 비롯한 왕자들과 이씨 왕족들에게는 몹시 불쾌하고 위협적인 것이었다.

강씨와 정도전, 조준의 강한 주장에 의해 태조는 1392년 8월, 강씨의 둘째 아들 이방석李芳

- 종묘
조선의 역대 왕과 왕비, 사후에 추존된 왕과 왕비의 신주를 모신 사당이다.

- 역성혁명론
성을 바꾸는 혁명이라는 뜻으로, 왕씨의 고려왕조를 뒤엎고 이씨의 조선왕조를 개창해야 한다는 것이다.

- 이방석(1382~1398)
태조의 여덟째 아들로 신덕왕후 강씨의 아들이다. 태조를 비롯하여 어머니인 신덕왕후와 정도전ㆍ조준ㆍ이색 등의 개국공신들이 적극적으로 옹호했기 때문에 장성한 형들을 제치고 세자에 책봉되었다. 그런데 신덕왕후가 일찍 죽고 태조가 투병 중에 있으면서 추종 세력의 입지가 좁아지더니 '왕자의 난'이 일어나 살해되었다.

- 이방우(1354~1393)
태조와 신의왕후 한씨의 장남이다. 조선이 개국되던 해에 진안대군으로 책봉되었으나 이듬해 사망했다. 그가 사망함에 따라 조선의 제2대 왕은 둘째 방과芳果가 이어받게 되었다.

- 이방번(1381~1398)
태조의 일곱째 아들로, 신덕왕후 강씨의 소생이다. 1398년 제1차 왕자의 난 때 18세의 나이로 방석과 함께 살해되었다.

碩을 왕세자로 책봉했다. 이로써 이방원과 한씨 소생들은 정치 일선에서 모두 밀려났다. 특히 이방원은 개국공신에도 끼지 못하는 신세가 되었다. 한씨 소생들의 불평과 불만이 점점 커지더니 폭발 직전에 이르렀다. 태조가 왕세자를 책봉할 당시에 이방석의 나이는 겨우 11세였지만 한씨 소생의 장남 이방우李芳雨는 39세였고, 정안군靖安君 이방원은 26세의 혈기 왕성한 청년이었다. 한씨 소생들은 태조에게 한 목소리로 왕세자를 바꾸어야 한다고 주장했지만, 거절당하고 어린 동생 이방석이 세자가 된 것이다.

이것은 둘째 부인 강씨와 정도전의 힘이 가장 크게 작용한 결과였다. 태조는 처음에 강씨의 큰아들 이방번李芳蕃을 세자로 책봉하려고 했고, 조준과 배극렴은 공로가 가장 많은 다섯째 이방원을 왕세자로 책봉하는 것이 이후 조정도 순탄하고 조용해질 것이라고 했다. 그러나 결국 강씨와 정도전의 계획대로 이방석이 세자로 책봉되고, 정도전은 세자의 스승이 되었다. 이것이 조선왕조 초기 왕자들의 피비린내 나는 살육전을 스스로 불러들인 원인이었다.

이방원과 하륜이 난을 일으키다

이방원은 자신의 정치 이념과 뜻을 항상 함께해온 하륜에게 부왕父王과 강씨의 부당한 처사를 털어놓았다. 하륜은 학문을 많이 하여 박학다식한데다 사람의 관상까지 잘 보기로 유명했고 군사와 정책에 대한 능력이 뛰어났다. 그리고 이방원보다는 나이도 20세 정도 많아 경험이 풍부했고, 장인 민제閔霽와도 가까운 사이였다. 그러므로 하륜은 누가 무슨 말을 해도 흔들림 없이 이방원을 두둔해 왔고, 장차 그가 국왕이 될 것이라고 확신했다.

1396년 강씨가 세상을 떠나자 이방원은 사병私兵 양성에 더욱 주력했고, 수단과 방법을 가리지 않고 정계 복귀를 노렸다. 한편 정도전은 권력은 독점했지만 왕자들이 사적으로 거느린 군대가 위협적이고 불안했다. 이에 다음 해에 중앙의 군사 훈련 강화를 주장했다. 즉, 군대 지휘권을 조정에서 통제하고 효율적으로 군대를 운영하려면 왕족들이 거느리고 있는 군대를 즉각 해체하여 정규군에 합류시켜야 한다는 것이었다. 이방원은 정도전의 이와 같은 정책으로 자신의 군대까지 빼앗길 경우 모든 것이 끝장이고 생명까지 위협받을 것이라고 생각했다.

한씨 소생의 왕자들은 이방원의 생각과 같았고 위기 의식을 느꼈다. 이방원과 이방의李芳毅, 이방간李芳幹 왕자들의 군대가 주축이 되어 정도전이 지휘하는 조정 군대와의 결전은 불가피해졌다. 한씨 소생들은 정도전·유만수柳曼殊·이색·심효생沈孝生 등이 한씨 소생의 왕자들을 제거하고, 병사를 정규군에 합류시킨다는 과장된 소문을 퍼뜨렸다. 그들은 정도전 일파를 먼저 제거해야 한다는 명분을 만들기 위해서였다.

그때 마침 하륜이 충청도 도관찰사都觀察使 벼슬을 받고 임지로 떠나려는 중이었다. 그는 부임지로 떠나기 직전에 이방원을 비롯한 한씨 소생의 왕자들을 제거하기 위한 정도전의 모의가 한참 진행 중이라는 정보를 들었다. 하륜의 집에서는 간단한 송별 축하 잔치가 있었고, 이 자리에는 정도전을 추종하는 관료들도 많이 모였다. 하륜은 이방원을 한 번 만나보고 나서 떠나려고 하는데 마침 이방원이 그의 집을 찾아왔다.

이방원과 하륜은 양 옆에 여러 사람이 있어 술잔만 주고받아 마실 뿐 깊은 말을 나눌 수가 없었다. 그런데 하륜은 이방원이 술 한 잔을 따르고 권할 때 그것을 받아 마시는 척하다가 이방원의 바지 자락에 고의로 엎질렀다. 이방원은 버럭 화를 내고 밖으로 뛰쳐나갔다. 아무도 하륜이 일부러 저지른 것을 눈치채지 못했다. 주위의 모든 시선은 두 사람에게 집중되었다가 잠시 조용해졌다.

하륜이 자리에서 일어나더니, 자신은 술 몇 잔만 마시면 손이 떨리는 증상이 가끔 있어 대군 大君의 바지에 술을 엎지른 실수를 범했기 때문에 나가서 정중히 사과드리고 다시 들어오겠다는 말을 하고 밖으로 나갔다. 이방원은 화를 참지 못하고 나와 곧장 집으로 향했다. 하륜이 급히 그 뒤를 따라가 이방원의 집 앞에 이르렀다. 그는 화가 머리끝까지 치솟아 있는 이방원을 불렀다. 이방원은 곱지 않은 눈초리로 뒤를 돌아보았다.

"사실은 급히 알려 드릴 중대한 일 때문에 일

- 이방의(?~1404)
태조의 셋째 아들로, 1398년 제1차 왕자의 난 때 동생 방원을 적극 도와 일등 정사공신定社功臣이 되었다. 이후 제2차 왕자의 난이 일어나자 관직을 내놓고 방원을 간접적으로 지원했다. 여러 형제 중 가장 야심이 적고 중립적인 인물이었다고 한다.

- 이방간(1364~1421)
태조의 넷째 아들로, 제1차 왕자의 난 때 정도전 일파를 제거한 공을 세웠다. 이방원이 자신을 죽이려 한다는 박포의 농간을 그대로 믿고 군대를 동원하여 제2차 왕자의 난을 일으켰지만, 이방원 군대에 패배해 죽을 때까지 유배지를 전전하였다.

- 대군
조선시대에 왕비가 낳은 아들

부러 술잔을 엎지르고 밖으로 나오시도록 했습니다."

그때서야 하륜의 본심을 알고 이방원의 마음은 풀어졌다. 그는 다시 하륜의 말에 귀를 기울였다.

"정도전 일파가 대군의 친형제들을 제거한다는 역적逆賊 모의에 관한 소문을 들었습니다."

하륜은 이방원에게 즉시 심복 부하인 안산安山 군수郡守 이숙번李叔蕃에게 연락하여 군대를 이끌고 오도록 하고, 별초군別抄軍을 동원해야 한다고 주장했다. 그리고 이방원의 직속 군대에는 비상령을 내리도록 했다. 이방원은 하륜의 지략대로 실천에 옮겼다. 이숙번에게 먼저 연락을 하고 군대를 자신의 집 주위에 동원시켰다. 이후 정도전·이색·유만수 등을 그 자리에서 살해하고, 세자 이방석과 이방번을 멀리 귀양 보내는 도중에 살해했다. 이 사건을 '제1차 왕자의 난'이라고 한다.

이방원은 이 일을 끝낸 다음 병중에 누워 있는 태조에게 모두 아뢰었다. 이번 사건의 책임은 정도전을 비롯한 세자에게 있다고 했다. 그러나

▪ 별초군
조선시대에 특수한 지역을 수비하기 위해 그 부근의 장정들을 모아 편제한 군사
▪ 정사공신
조선 초기에 제1차 왕자의 난을 평정하여 종사宗社를 보존한 18명의 공신을 말한다.

태조는 세자와 이방번까지 무자비하게 죽인 이방원의 말을 더는 귀담아 듣지 않았다. 태조의 분노는 이만저만이 아니었다. 그는 이방원에게 짐승만도 못한 놈이라고 소리치고, 죽은 아들에 대한 연민의 정을 울컥 쏟아냈다.

그러나 이방원은 조금도 동요하지 않았다. 이번 일은 나라의 장래와 왕권의 안정을 위해 불가피한 조치였다고 강조했다. 태조는 병중이었으므로 왕위 자리를 즉각 내놓겠다는 뜻을 밝혔다. 이에 하륜과 이거이李居易 등이 나서서 이방원을 세자로 책봉해야 한다고 주장했다. 그런데 의외로 이방원 자신은 왕위에 오르지 않겠다고 끝까지 사양했다. 당시 한씨 소생의 큰아들 이방우는 태조가 등극한 다음 해에 사망했으므로, 둘째 이방과가 세자에 책봉되어야 한다는 의견이었다.

그리하여 1398년 9월, 방과가 조선 제2대 왕으로 등극했다. 정종이 왕위에 오르자 이방원은 정사공신定社功臣에 서훈敍勳되어 정치적인 실권을 장악했다. 이방원은 즉시 군대 강화를 위한 병권 집중 정책과 중앙 집권 체제를 위한 제도 개혁을 추진했다.

260회 제44대 골든벨 문제

지금 보고 있는 지도는 조선시대에 만들어
진 천문 지도입니다. 태조가 1395년 권근 등
의 학자들에게 명하여 만들게 한 지도로, 고
구려 이후 조선 초기까지 우리 조상들이 파
악한 1464개에 이르는 별들의 위치를 표시
했습니다. 이 천문도에는 황도와 적도가 원
으로 표시되어 있고 은하수는 하얀 띠로 표
시되어 있습니다. 우리 조상들의 우주관을
엿볼 수 있는 귀중한 자료로 평가되는 이 천
문도는 무엇일까요?

답 : 천상열차분야지도(天象列次分野之圖)

백운봉에 올라 북방 정벌을 계획한 이성계

담쟁이덩굴 잡고 푸른 봉우리에 오르니 引手攀蘿上碧峰

암자 하나 높다랗게 백운 속에 누워 있네 一庵高臥白雲中

눈 안에 드는 땅이 모두 내 것이라면 若將眼界爲吾土

중국의 강남 땅도 어찌 내 것이 안 되랴 楚越江南豈不容

〈백운봉에 올라 登白雲峰〉

　　이성계가 왕위에 오르기 전에 삼각산 백운대白雲臺에 올라 지은 시다. 여기에는 이성계가 한반도나 만주뿐만 아니라 중국까지도 기꺼이 차지하겠다는 놀랍고도 호방한 야심과 포부가 담겨 있음을 알 수 있다. 생각해보면 바로 이러한 이성계의 북벌 의지가 있었기에 조선 초기의 북벌 정책은 꾸준하게 추진될 수 있었다. 태조 때 추진된 정도전의 요동 정벌 계획, 세종 때 최윤덕·김종서의 평안도와 함경도 확보는 바로 이러한 조선 왕조의 북벌 의지를 분명하게 보여주는 사례이다.

　　그리고 세조 때에 와서도 이러한 북방 정책은 계승되는데 바로 신숙주를 사령관으로 한 여진 정벌이 그것이다. 마찬가지로 세종 때 이종무의 쓰시마 섬 정벌 역시 이러한 맥락에서 이해해야 할 것이다. 종합해보면 조선 초기까지만 해도 북방 정책은 활발하게 전개되었음을 알 수 있다.

제2대 **정종** 定宗

이름뿐인 왕좌

정종(1357~1419)은 태조와 신의왕후 한씨 사이에서 태어났다. 처음 이름은 방과芳果인데 즉위한 뒤에 경曔으로 고쳤으며, 자는 광원光遠이다. 1398년 8월에 왕세자가 되고, 9월에 왕위에 올랐다. 월성부원군月城府院君 김천서金天瑞의 딸인 정안왕후定安王后를 정비로 맞이했고 많은 후궁과 자녀를 두었다.

이방원의 그늘에 가린 정종의 치세

태조는 와병 중에 제1차 왕자의 난으로 세자 방석이 죽었다는 소식을 듣고 크게 상심했다. 개국공신인 정도전뿐만 아니라 평소 아끼던 신하들을 살해한 이방원에게 화가 치밀었고 앞일이 더욱 불안하고 허탈하기만 했다. 세자 책봉을 두고 벌어진 왕자들 간의 권력 다툼에 환멸을 느낀 태조는 더는 왕위에 욕심이 없었다. 그리하여 1398년 9월, 둘째 아들 방과에게 왕위를 넘겨주고 상왕上王으로 물러났다.

그러나 태조가 왕위에서 물러나게 된 것은 사실상 자의보다 타의에 의한 면이 강했다. 당시 조정은 왕자의 난을 성공적으로 이끈 이방원과 그의 세력이 실권을 장악한 상태였고, 태조는 부인 강씨가 세상을 떠난 후 와병 중이어서 어쩔 도리가 없었다. 그의 나이로 보나 성격으로도 선뜻 왕위를 넘겨주고 떠날 뜻은 없었다. 태조는 국새는 넘겨주지 않고 이지란 등 심복과 수백 명의 문무대신을 거느리고 함흥의 별궁으로 향했다.

정종은 본래부터 왕위에는 전혀 욕심이 없었다. 제1차 왕자의 난 이후 세자 책봉 문제가 새롭게 공론화되었을 때에도 개국에 공로가 많은 동생 방원이 세자가 되어야 한다며 완강히 거절했다. 그러나 뜻밖에도 이방원이 끝까지 사양하면서 자신에게 권유하여 왕위에 오른 것이다. 정종이 왕좌에 오르기는 했지만 국정 운영에 대한 실질적인 권력은 이방원에게 있었다. 그리고 정종은 국새도 물려받지 못했기 때문에 왕으로서 권위를 확보하지 못한 상태였다.

그러므로 새로 즉위한 정종의 심기는 불편하기만 했다. 그에게 경복궁은 들어가 살고 싶은 집이 아니라 흉가凶家였다. 때마침 그러한 기운을 암시하는 기이한 일들도 벌어졌다. 밤이 되면 경복궁 뒤편 숲 속에서 부엉이가 구슬프게 울어댔고, 낮에는 까마귀들이 까악까악 소리치며 궁궐 위를 날아다녔다. 한때 정종은 경복궁이 싫어 궁궐 밖에 나가 거처한 적도 있었다. 결국 그는 개경으로 다시 돌아갈 결심을 하게 된다.

다음해인 1399년 3월, 정종은 한양에서 개경으로 수도를 옮겼다. 이 발표가 있기 전부터 그러한 소문이 돌았다. 그러자 사람들이 기뻐하며 짐을 이고 떠나는 행렬이 마치 전쟁 때 피난 행렬을 연상케 했다. 이 지경이 되자 관원들이 황급히 성문을 걸어 잠그고 민심을 안정시키려 애썼지만, 큰 효과가 없었다. 이는 새 왕조 초기에 일어난 끔찍한 정치적 사건들이 민심의 동요를 불러올 정도로 심각했다는 것을 반증한다.

정종은 집현전集賢殿을 설치하여 장서와 경적經籍의 강론을 담당하도록 했고, 태조 때 이미 완성한 《향약제생집성방鄕藥濟生集成方》을 간행

■ 상왕
임금이 생존하여 있으면서 왕위를 다음 임금에게 물려주었을 때 물러난 임금을 가리키는 말

■ 경적
사서오경 등 유교의 가르침을 적은 서적

■ 향약제생집성방
이 책은 1398년 조선 초기의 명신이며 의학자인 김희선金希善 등이 종래의 의료 경험과 의서늘을 참고하거나 채집·보완하여 편찬한 의학서이다. 이 책은 세종 때 간행된 《향약집성방》의 기초가 되었고, 특히 한국에서 자생하는 약초로 우리의 풍토와 체질에 맞는 향약을 개발하여 적용했다는 의의가 있다.

했다. 그러나 중대한 국정 실무는 실세인 이방원과 그의 일파에 의해 관장되었다. 이것은 이방원이 왕자의 난 이후에 무조건 왕위에 오를 수 있었음에도 거절하여 허수아비 정종을 왕위에 세워 놓고, 자신의 정치적인 입지를 강화하려고 한 목적을 드러낸 셈이다.

이방원은 서서히 차기 왕위 승계를 위한 작업을 착수했다. 먼저 이방원 일파를 정사공신에 서훈시켰고, 이들 세력과 함께 중앙 집권 체제 강화를 위한 본격적인 제도 개혁에 나섰다. 1399년 9월에는 분경금지법奔競禁止法을 제정, 공포했다. 이는 귀족들의 권력을 약화시키기 위한 방법의 일환으로 관리들이 왕족이나 외척外戚에게 의존하여 업무를 처리하지 못하도록 한 것이다.

이후 이방원은 제2차 왕자의 난을 진압하고 왕족과 권력자들이 사적으로 운영하던 군대를 해산시켜 조정 소속의 의흥삼군부義興三軍府로 편입시켰다. 또한 도평의사사都評議使司를 의정부議政府로, 중추원中樞院은 삼군부三軍府로 명칭을 바꾸었다. 삼군부 소속의 군대는 어떤 경우라도 의정부에 예속시키지 못하도록 했는데, 이것

▪ 분경금지법
하급 관리가 상급 관리의 집을 방문하지 못하도록 규정한 법
▪ 의흥삼군부
이성계가 병권을 장악하기 위해 설치한 삼군총제부三軍摠制府를 조선 개국 후 의흥삼군부로 개칭한 것이다. 이후 왕권과 수도를 방위하는 최고의 군부가 되었으며, 이로써 강력한 최초의 중앙 군사 체제를 갖추게 되었다.
▪ 도평의사사
고려 후기 최고의 정무 기관
▪ 의정부
조선시대에 국정을 총괄한 최고 행정 기관이다. 3정승(영의정, 좌의정, 우의정)의 합의에 의해 나라의 중요한 정책을 결정하였다.
▪ 중추원
고려시대에 군사 기밀과 왕명의 출납을 담당한 기관

은 일반 업무와 군사에 관한 업무를 완전히 분리시키기 위한 것이었다. 이와 같은 왕권 강화를 위한 제도 개혁은 모두 이방원의 주장에 따라 이루어졌다.

이방간과 박포가 난을 일으키다

이름뿐인 왕좌에 정종을 세워 놓고 이방원은 민생을 위한 제도 개혁과 왕권 강화를 위한 군사 제도를 새롭게 다듬어 나갔다. 군사 면에서는 이전에 정도전이 추진하던 병권 집중 운동을 이어받아 왕족과 권력자들의 사병을 해산시킬 제도적 장치를 마련하고 있었다. 당시에는 왕족인 이방원의 형제들이 사병을 거느리고 있었는데, 이 세력이 이방원에게는 만만치 않는 위협 요소였기 때문이다.

이때 이방원의 넷째 형 방간은 황해도 서북면에서 군대를 장악하고 변방을 지키고 있었다. 그는 성격이 쾌활하고 의리를 중요시하는 인물로 조선 개국과 제1차 왕자의 난에도 적지 않은 공을 세웠다. 그러나 그가 왕위를 넘보기에는 다소 불리한 위치였다. 우선 그의 형 방의가 건재했고, 제1차 왕자의 난 이후 왕위 계승에 대한 조정의 여론이 이방원에게 흐르고 있었기 때문이다.

이방원과 이방간의 관계는 협력 관계에서 왕위를 둘러싼 경쟁 관계로 바뀌어 갔다. 이방원의 위치와 세력이 엄청나게 견고해져 이들에게 정치적으로 밀리고 있는 상황이 방간의 초조함을 심화시켰다. 게다가 이방원이 자신이 거느리고 있던 군대마저 해산시키려 한다는 소문까지 들리는 터였다. 이에 따라 방간의 불만은 점차 커져 갔고 왕권에 대한 욕심을 노골적으로 드러내기 시작했다. 이 즈음 방간의 의중을 꿰뚫어 보고 있던 박포朴苞가 직접 그를 찾아왔다.

무인 박포는 제1차 왕자의 난 때 이방원을 도와 난을 성사시키는 데 공헌한 인물이었다. 그런데 지중추知中樞라는 벼슬에 머물러 있어 다른 공신들에 비해 낮은 벼슬이 만족스럽지 못하다고 생각했다. 또 이런 불평을 사람들에게 말하다가 이방원의 귀에 들어가 귀양까지 다녀온 터라 그의 불만은 이만저만이 아니었다. 그는 수단과 방법을 가리지 않고 방간과 손잡고 이방원 세력을 꺾으려고 결심했다. 그리하여 그들의 거사를 위한 모의가 이루어진 것이다.

박포는 이방간의 불 같은 성격에 불을 지르고 군대를 동원시키도록 부추겼다. 박포는 이방원이 대군을 죽이고 군대를 해산시키려는 소문이 돌고 있으니 먼저 그를 제거해야 한다고 말했다.

• 박포(?~1400)
조선 건국에 공이 있어 개국공신 2등에 책봉되었다. 제1차 왕자의 난 평정에 공을 세웠으나 논공論功에 불만을 품고 불평하여 이방원의 미움을 사서 유배되었다. 이에 앙심을 품던 중 방간을 충동질하여 제2차 왕자의 난을 일으켰다. 방간이 패하자 그는 방간을 꾀어 난을 일으킨 죄목으로 사형당했다.

그래야만 대군의 목숨을 유지할 수 있다고 했다. 그렇지 않아도 권력 욕심이 많은 이방간은 동생 이방원의 독재와 권력 횡포에 불안감이 쌓인 터였다. 그래서 그는 박포의 말의 진위를 확인도 하지 않고, 즉각 행동에 옮겼다.

이방간은 변방을 지키던 군대를 총동원하여 이방원을 치기 위해 개경 쪽으로 진격했다. 이때 이방원은 형이 군대를 동원시켜 쳐들어온다는 정보를 입수하고 즉각 이에 대응했다. 그리하여 두 형제의 유혈극이 벌어졌다. 이 사건을 '제2차 왕자의 난'이라고 한다. 개경 한복판에서 벌어진 형제 간의 치열한 전투는 이방원의 승리로 끝났다. 이방원의 치밀한 전략과 적극적인 방어로 이방간의 군대 일부는 투항하고 나머지는 달아났으며 방간은 생포되었다. 싸움에서 패한 방간은 즉시 유배됐으며, 박포는 붙잡혀 사형을 당하는 것으로 제2차 왕자의 난은 막을 내렸다.

역사의 한 페이지
인사 청탁은 절대로 없다

'분경'이란 인사 청탁을 위해 권세가의 집에 드나드는 것을 말하는 것으로, 분경금지법은 사람들이 관직을 얻기 위해 연줄을 찾아 청탁하는 것을 막기 위한 법이다. 1399년(정종 1년)에 정종은 하급 관리가 상급 관리를 방문하지 못하도록 명령을 내렸다. 3, 4촌 이내의 가까운 친척의 출입은 허락하는 것이 원칙이었으나 재판의 판결을 담당하는 관리의 집은 비록 3, 4촌 이내의 가까운 집안 사람이라 하더라도 문병과 조문 이외에는 출입을 금지했다. 또한 만약 억울한 일이 있으면 소속 관서에 고하되, 비밀리에 만나 남을 모함하지 말도록 했다. 그렇게 하지 않고 이것을 위반할 시에는 귀양을 보내거나 죽을 때까지 관직에 나가지 못하게 한다고 이르렀다.

태종도 1401년 삼군부에 명하여 무신의 집에 분경하는 것을 금했다. 사헌부에서는 관원의 집에 분경하는 것을 금하고, 삼군부와 사헌부에서는 관리들에게 그 집을 지키게 하여 방문자는 누구를 막론하고 이유도 묻지 않고 가두었다. 당시 인사 청탁을 한 죄인은 곤장 30~80대에 그쳤으나 분경을 한 죄인들은 인사 청탁을 한 죄인들보다 훨씬 무거운 처벌을 받았다. 성종 때 반포된 《경국대전》에는 상급 관리의 집을 방문하여 인사 청탁을 하는 자는 곤장 100대의 형을 가하여 3,000리 밖으로 유배보냈다고 한다.

그러나 세조 이후에는 분경 금지를 완화했던 것으로 보인다. 세조는 "분경 금지는 본시 야간에 구걸하는 자를 막기 위해서 만든 것인데, 지금 법이 너무 엄해서 친구·친척·이웃간에 경조사를 챙기거나 마중 나가고 배웅하는 것을 일체 금지한다. 이는 사람의 도리를 끊는 것이므로 이후로는 재상집에 오는 행색이 수상한 사람 이외에는 금하지 않는 것이 옳을 것이다"고 하였다.

분경금지법은 이후 예종 때 다시 강화되었다. 그러나 법은 엄격했지만 실제로는 관원들이 표면에 드러내지 않고 몰래 청탁하는 일이 끊이지 않았다. 이러한 이유로 유명무실해졌다가 1688년(숙종 14년) 그 규정을 강화했다.

제3대 태종 太宗

조선의 기틀을 확립하다

태종(1367~1422)은 태조와 신의왕후 한씨 사이에서 태어났다. 이름은 방원芳遠이고, 자는 유덕遺德이다. 정종과는 친형제 사이다. 민제의 딸 원경왕후元敬王后와 후궁을 합쳐 10명의 아내와 29명의 자녀를 두었다.

1416	1417	1418
도첩제 실시	《향약구급방》 간행	태종, 왕위 물러남

혈난으로 이룬 왕위

제2차 왕자의 난을 승리로 마감한 이방원은 1400년 11월 정종에게서 왕위를 넘겨받고 조선의 제3대 왕으로 등극했다. 이때 태종의 나이는 34세였다. 그동안 이방원은 왕위에 오르기 위해 조선을 들썩이게 한 사건들을 많이 만들어냈다. 어릴 때부터 이방원은 이성계의 특별한 총애를 받았다. 이성계는 총명한 재능을 가진 이방원에게 큰 기대를 걸고 문인으로 키우기 위해 과거 공부를 하도록 했다. 이성계의 가문은 대대로 무인 집안으로 변변한 문인이 없었다. 이것이 중앙 정계 진출에 뜻을 품은 그에게 약점이었기 때문이다.

이방원은 이런 아버지의 기대를 저버리지 않았다. 그는 열심히 공부하여 15세 때 진사시進士試[*]에 합격하고 이듬해에는 대과에 합격하는 영광을 안았다. 이때 누구보다 기뻐한 사람은 아버지 이성계였다. 문관 벼슬의 임명장을 읽고 또 읽고, 찾아오는 손님마다 방원을 불러내 자랑하

* 진사시
조선시대의 과거 제도에서 문과의 예비 시험인 소과小科의 한 분야로, 시문이나 글을 짓는 능력으로 관리를 선발한 제도이다.

기도 했다. 문과에 합격한 이방원은 신진 세력들과 자주 어울리며 고려의 현실을 이해해 나가기 시작했다.

당시는 원과 명의 교체기여서 국내외 정세가 불안했다. 이 즈음, 아버지 이성계가 위화도 회군으로 고려의 실권을 장악하게 됐다. 자연스럽게 이들 부자는 신진 세력의 중심으로 급부상했다. 이런 현실을 바탕으로 이방원은 고려 말의 정세를 비판하는 신진 세력들과 의견을 나누며 점차 역성혁명의 꿈을 키워나가기 시작한 것이다.

이런 이방원의 야심은 조선 창업 시에 유감없이 발휘되었다. 그는 자신의 앞길을 가로막는 자는 모조리 제거해 나갔다. 조선 역사상 가장 카리스마가 강한 군주를 태종이라고 하는 것도 이런 기질 때문이다. 그리하여 최영, 조민수, 정도전, 정몽주 등 반대 세력을 제거하고 조선 창업에 결정적인 공을 세운다. 이후에도 이방원의 혈투는 계속 이어졌다. 개국 초기 왕위 계승을 둘러싼 권력의 암투가 벌어진 것이다.

태조 집권 이후 제1차 · 제2차 왕자의 난이 일어났는데, 그 중심에는 항상 이방원이 있었다. 결국 이방원은 그가 그토록 원하던 왕위에 오르게 된다. 하지만 그가 고려 말에 태어나 조선 3대 왕에 등극할 때까지 그의 손에서 죽어 나간 인물은 한둘이 아니었다. 또한 그러한 피바람의 현장은 조선 역사에 빼놓을 수 없는 중대한 사건이기도 했다.

정몽주를 살해하도록 지시했고, 제1차 왕자의 난을 일으켜 개국공신 정도전을 제거했다. 세자 방석과 이복 동생 방번마저 죽였고, 최영을 유배시켰다가 죽이는 데에도 앞장섰다. 또한 태조가 한양을 등지고 함흥으로 떠날 수밖에 없도록 만든 장본인이기도 했다. 이처럼 이방원은 수많은 혈난血亂을 통해 그 자리에 오를 수 있었다. 그 혈난의 주범인 이방원을 단순히 왕위 찬탈을 위한 살육자로 본다면 극악무도한 인물로 여길 수밖에 없을 것이다. 그러나 새 왕조의 안정을 위해 어쩔 수 없는 선택이었다고 본다면, 태종은 왕조의 새 아침을 열기 위한 시대의 악역이었다고 볼 수도 있을 것이다.

태종은 왕위에 오른 뒤에도 왕권 안정을 위한 살상을 이어갔다. 그는 원경왕후元敬王后 민씨* 등의 외척 세력이 득세하는 것이 눈에 거슬렸다. 세자 양녕대군讓寧大君*을 둘러싸고 민무구閔無咎 형제 등이 세력을 키우자 태종은 그들을 제거했다. 또한 태종은 상왕으로 있으면서도 세종의 처가인 심씨들이 권력을 침범할까 염려하여 이들 집안을 다 없애다시피 했다.

한양으로 돌아온 태조

태종이 왕위에 오르자 태조는 한양을 떠나

■ 원경왕후 민씨(1365 ~1420)
여흥부원군驪興府院君 민제의 딸로 태어난 원경왕후는 고려 우왕 8년 18세의 나이에 16세의 이방원과 결혼했다. 원경왕후는 지략이 뛰어나 태종이 위험하고 어려운 고비에 처할 때마다 능력을 발휘했으나, 민무구 형제의 옥사를 계기로 태종과의 관계가 악화되었다.

■ 양녕대군(1394~1462)
태종의 장남으로 11세 때인 1404년에 왕세자에 책봉되었는데, 성격이 유별나게 활달한 나머지 사냥과 풍류에 빠져 학문에는 별 관심이 없었다. 결국 1418년에 세자에서 폐위되었고, 뒷날 세종이 된 충녕대군이 왕세자로 책봉되었다. 그 후 양녕을 탄핵하는 목소리가 세종에게 빗발치게 올라왔으나 세종은 형 양녕을 단 한 번도 처벌하지 않았다.

■ 차사
중요한 임무를 위해 파견한 임시 관리

함흥의 별궁으로 거처를 옮겨 지냈다. 부인 강씨를 여의고, 연이은 왕자들의 혈육전을 보고 크게 상심한 태조는 마음 편히 쉴 만한 곳이 필요했다. 그곳에서도 심복 신하들을 통해 태조는 조정과 태종의 소식을 모두 듣고 있었다. 그러나 태종에 대한 격한 감정은 조금도 가라앉지 않았다. 죽을 때까지 태종의 얼굴은 한 번도 보기 싫다고까지 했다. 이에 태종은 아버지 태조의 마음을 돌리고 싶어했다. 민심의 안정과 자신의 왕위 계승의 정당성을 확립하고 정치적인 안정을 찾기 위해서라도 반드시 태조를 환궁시켜야 했기 때문이다.

그리하여 그는 몇 차례나 태조를 환궁시키기 위하여 차사差使를 보냈다. 그러나 태종의 명을 받고 태조를 모시기 위하여 함흥으로 떠난 차사는 아무도 돌아오지 않았다. 그리하여 생긴 말이 '함흥차사咸興差使'이다. 이 때문에 태종은 차사를 계속 보낼 수 없었을 뿐만 아니라 보낸다 하더라도 중도에서 도망치는 경우도 생겼다. 그러던 어느 날이었다. 스스로 함흥차사를 자원하는 이가 있었다. 그는 당시 태종 밑에서 재상으로 있던 성석린成石璘이었다. 그는 자신을 차사로 보내주면 기필코 태조를 모시고 환궁하겠다고 장담했다.

그는 함흥으로 향했다. 별궁까지는 도착했지만 대문 안으로 들어갈 용기가 나지 않았다. 그는 우선 대문 건너편 바위 밑으로 자리를 옮겨 준비해 온 음식으로 허기진 배부터 채웠다. 아무리 생각해도 별궁으로 들어가 태조가 자신의 요구를 들어준다면 성공이지만 거절할 경우 목숨이 달아날 판이었다.

그날 저물녘, 태조는 정원에 나와 산책을 하고 있었다. 그런데 건너편 바위 아래에 한 사람이 앉아 있는 것을 보았다. 자세히 살펴보니 성여완成汝完의 아들 석린이 분명했다. 성여완은 고려 때 정승으로 태조와 매우 친했다. 아비의 젊었을 때 모습을 그대로 닮아 한눈에 그를 알아볼 수 있었다. 성석린은 그렇기 때문에 태조가 자신의 목을 베지 않을 것이라고 확신했다. 태조는 그를 불러들이도록 했다. 석린은 망설일 여유도 없이 별궁으로 들어가 태조 앞에 앉았다. 하지만 쉽게 입이 떨어지지 않았다. 한참 동안 여러 이야기를 주고 받다가 석린이 태조에게 심중을 털어놓았다.

"부자 간이란 인륜을 초월한 천륜이므로 도저히 끊어지지 않는 것이옵니다."

태조는 그의 말을 들으려고 하지 않았다.

"야, 네 이놈! 네놈은 이방원의 명을 받고 나를 설득하여 데려가려는 것 아니냐?"

태조는 벌떡 일어나 싸움터에서 차고 다니던 칼을 뽑아 석린의 목을 내려치려고 했다. 그러다가 칼을 다시 칼집에 넣었다.

"네 아비와의 옛정을 생각해 너의 목을 치지 않겠으니 두 번 다시 네 임금의 명으로 이런 일을 되풀이하지 마라."

석린은 비록 태조를 모시고 가지는 못했지만 그와 함께 하룻밤을 지내고 살아 돌아온 유일한 차사였다. 이후에도 태종은 태조를 한양으로 모셔 오기 위하여 백방으로 노력했다. 하지만 그때마다 실패하고 많은 신하들이 목숨을 잃었다. 그러나 태종은 포기하지 않았다. 여러 가지 방법을 생각하던 끝에 떠오르는 사람이 있었다. 아무리 태조의 고집이 세더라도 그 사람의 말에는 거절하지 못할 것으로 판단했다. 그는 바로 태조의 스승이자 조선 건국에 크게 공헌한 무학대사였다.

　무학대사는 일찍부터 태조 이성계에게 왕의 기상을 지니고 있음을 알려 주었고, 어려운 고비마다 조언을 아끼지 않은 인물이었다. 태종은 무학대사에게 태조의 환궁을 위해 지금까지 실패한 일을 설명하고 간곡하게 부탁했다. 그리하여 무학은 태종의 부탁을 받고 함흥으로 떠났다. 무학은 석왕사釋王寺에 머물다가 소문을 듣고 태조를 찾아온 것처럼 위장할 생각이었다. 무학이 함흥의 별궁에 도착하여 두 사람은 오랜만에 얼굴을 마주했다. 태조는 무학의 말이라면 조금도 의심하지 않았고 며칠을 함께 보냈다. 그러다가 무학이 먼저 말문을 열었다.

　"임금의 마음이 불안하면 그 여파가 백성에게 미치는 것이니 만백성을 위해서라도 어른이 먼저 마음의 문을 열어 주시지요. 더구나 임금의 자리는 아무에게나 우연히 굴러가는 것이 아니라 하늘이 맡긴 것이니, 과거의 서운함은 너그럽게 용서하시고 조선왕조의 영원한 발전과 보전을 위해 이만 노여움을 풀어야 합니다."

　태조는 무학대사의 말을 듣고 그때서야 얼음처럼 차갑던 얼굴에 미소를 띠었다. 무학은 수년 동안 이곳에 있던 태조를 모시고 한양으로 향했다. 그러나 태조는 무학의 설득으로 한양으로 향하긴 했지만 마음속에서는 아직도 분노가 가시지 않았다. 마침내 태조가 한양에 가까이 오자 태종은 교외까지 나아가 태조를 맞이하려 했다. 그러나 하륜이 "태상왕의 노여움이 아직 가라앉지 않았을 것이오니 만일의 경우에 대비하여 차일과 장막을 받치는 기둥을 굵은 나무로 세우소서"라고 조언했다. 태종은 그렇게 하라 일렀고, 하륜은 큰 나무를 베어다가 기둥으로 삼았다.

그런데 아니나 다를까 곤룡포를 입고 기다리는 아들 태종의 모습을 본 태조는 갑자기 분노가 치솟아 활을 힘껏 당겨 화살을 쏘았다. 태종은 급히 기둥 뒤로 숨었는데 화살은 탁 소리를 내며 기둥에 꽂혔다. 간발의 차이였다. 이것을 본 태조는 껄껄 웃으면서 "이는 하늘의 뜻이로다. 네가 바라던 것이 이거지" 하면서 옥새玉璽를 내놓았다. 태종은 눈물을 흘리면서 세 번 사양하는 척하다가 옥새를 물려받았다.

왕권 강화의 기틀을 마련하다

태종은 왕권 강화를 위한 제도 정비에 박차를 가했다. 정부 조직 개편으로 의정부의 국정 기능을 대폭 축소하는 대신 육조六曹 대신들의 직위를 정3품에서 정2품 판서로 격상시켰다. 사평부司平府에서 관장하던 재정 업무는 호조戶曹

▪ 옥새
임금의 도장
▪ 이조전랑
이조吏曹의 정랑正郎(정5품), 좌랑佐郎(정6품)을 말한다. 관원의 등용과 심사 등 거의 모든 인사권을 좌우하여 낮은 품계에 비해 중요한 관직이었다.
▪ 호패법
'호패'는 16세 이상의 남자들이 가지고 다녔던 신분 증명패로, 오늘날의 주민등록증과 같은 것이었다. 호패법은 인구의 동태를 파악하여 조세를 징수하고 군역을 부과하기 위한 것이었다.

로 이관하고, 승추부承樞付의 군사 업무는 병조兵曹로 편입시켜 두 부서를 폐지했다. 그리고 이조전랑吏曹銓郎의 직무를 보강하고 부정부패의 소지를 차단했다. 좌정승과 우정승이 관장하던 문관과 무관의 인사권을 이조와 병조로 넘겼다. 독립적인 관아 100여 곳 중에서 의정부를 비롯하여 사헌부司憲府 · 사간원司諫院 · 승정원承政院 · 한성부漢城府만 그대로 두고 나머지 관아는 기능별로 분류하여 육조에 이관했다.

새로운 정부 조직은 국왕을 정점으로 하여 세 명의 정승이 장악하고 그것이 기능에 따라 육조로 하달되는 구조였다. 아래에서 위로 보고할 때에는 반대 방향으로 상달되었다. 그러다가 1414년부터는 국왕과 육조가 직결된 구조로 바꾸었다. 국왕과 육조의 중간에 있던 의정부를 거치지 않고 왕명은 육조로 직접 내려가도록 했다. 왕의 권한을 한층 강화시키고 중앙집권 체제를 더욱 견고히 하여 왕조의 안정을 이룩하려는 태종의 의지가 담긴 시책이었다.

이러한 태종의 왕권 강화를 위한 제도 정비는 무엇보다도 국가의 안정을 도모하기 위함이었다. 그동안 국정뿐만 아니라 백성들의 삶 역시 어수선해진 것을 태종은 잘 알고 있었기에 왕권부터 강화하고자 한 것이다.

백성을 위한 그의 정치는 단연 돋보이기까지 했다. 신문고를 설치하여 백성들의 억울한 사연을 직접 듣고, 호패법을 신설하여 호구 수를 정확히 파악한 다음 백성들의 편의를 위한 각종 제도를 정비했다. 수리 사업을 본격화하여 가뭄에도 농민의 피해를 줄이도록 했고, 주자소를 설치하여 학문 장려를 위한 도서 출판에도 힘을 기울였다. 흉년에는 태종이 먼저 스스로 금주를 하기도 했다. 왕권을 쟁탈하기 위해 피바람을 몰고 다녔지만, 백성을 위한 선정善政은 많은 사람들을 놀라게 했다.

태종은 교육과 과거 제도의 확립에도 힘을 쏟았다. 개국 초기 능력 있는 학자들은 대부분 정치 일선에서 물러나거나 사망했기 때문에 쓸 만한 인재가 턱없이 부족했다. 따라서 유학과 경학에 뛰어난 권근權近을 총책임자로 하여 교육 제도 개혁부터 착수했다. 귀족 중심의 관리 등용 제도를 폐지하고 과거 시험을 통해 실력과 능력 위주로 관료를 등용시킬 수 있는 구조를 구축했다.

또한 군대를 양성하여 변방 방위에 주력하고 왜구의 침략을 차단했다. 그리하여 백성들의 삶에 안정을 찾아주었다. 특히 왜구의 행패를 근본적으로 뿌리 뽑기 위해 왜인범죄논결법倭人犯罪論決法을 만들었다. 이것으로 왜구의 움직임을 파악하는 한편, 부산포釜山浦와 제포薺浦에 선착장을 두어 양국의 무역 업무를 양성화시켰다.

태종 집권 5년째에는 강력한 왕권 강화 정책의 틀이 잡혔다. 왜구의 침입도 뜸해져서 백성들은 안전하게 생업에 전념할 수 있었다. 그러나

▪ 왜인범죄논결법
1414년에 정한 법으로 왜인의 범죄 행위를 다스렸다.

▪ 도첩제
도첩은 승려의 신분증명서로서 승려가 죽거나 환속還俗하게 되면 국가에 반납하였다. 이 제도는 납세의무를 버리는 일과 장정이 함부로 승려가 되는 것을 막아 군정軍丁을 비롯한 인적 자원을 확보하기 위해 실시했다. 고려시대부터 시행하였으며, 조선시대에는 불교 억제 정책으로 더욱 강화되었다.

과도한 지출로 국가 재정이 바닥난 상태였는데, 나라를 운영하고 공신에게 나누어줄 재정마저도 부족한 상황이었다. 그래서 백성들의 세금에 의존하지 않는 대신 이것을 보충하기 위해 태종이 칼을 뽑아든 곳은 다름 아닌 불교계였다.

당시 불교계는 국가에서 받은 토지와 노비를 그대로 가지고 있었다. 그런데 전국 토지의 1/8을 차지하고 있는 사찰은 세금을 내지도 않았고, 일부 승려들은 넘치는 부를 주체 못하여 향락을 일삼고 있을 정도였다. 태종이 가만히 있을 리 만무했고, 대대적인 불교 개혁 작업에 착수했다. 1406년 3월, 사찰에 소속된 토지와 노비를 국고國庫로 환수했다. 동시에 12개 종파를 7개로 축소시켰다. 그 결과 사찰의 토지와 노비는 1/10로 줄었다. 또한 전국에 공인 사찰을 정하고 그 이외의 것은 없앴다. 상주할 승려의 정원 수를 정하여 그에 따라 토지가 책정되었다. 이 결과 조세원을 확보할 수 있었고 환속당한 승려들과 사원의 노비들은 양인이 되어 부역과 조세의 부담을 지도록 했다. 이것은 국가의 경제적 기반을 단단히 하는 데 획기적인 몫을 담당했다.

이 밖에도 승려 자격증인 도첩제度牒制의 발급 기준을 강화시키고, 승려들의 도성 출입을 단속했다. 반면에 유교를 장려하기 위한 정책을 내놓았다. 또한 문묘제도文廟制度를 재정비하여 강화시키고 조정과 관리, 백성들에게 묘례 · 장례 · 혼례 · 조관복제를 새롭게 정했다. 예부터 백성들에게 이어오던 단군 신앙 등은 국가적인 공식 신앙으로 전환시켜 순수 민족 신앙의 개념으로 바꾸어 유교 사상에 흡수시키기도 했다.

역사의 한 페이지
왕권을 넘보는 자는 죽음을 면치 못할 것이다

태종의 비 원경왕후의 동생이자 개국공신인 민제의 맏아들인 민무구는 1398년 중군총제中軍摠制로서 제1차 왕자의 난 때 공을 세워 공신으로 인정받았다. 그러나 아버지 부원군과 원경왕후의 권세를 믿은 민무구 형제들은 교만하게 행동했다. 1406년 8월 태종이 세자 양녕대군에게 왕위를 물려줄 뜻을 밝히자 민무구 형제는 어린 세자 틈에 끼어 정권을 착취하고자 했다. 게다가 태종이 등극 후 첩들만 가까이 하자 원경왕후와 불화도 심해졌다. 결국 민무구를 비롯한 4형제는 1407년 권세와 부귀를 심하게 탐하고, 권모술수에 능하며, 궁중에서 종친宗親(임금의 부계 친척)들에게 무례하다는 혐의로 개국공신, 정사공신, 좌명공신佐命功臣 등의 3공신에게서 탄핵을 받게 되었다.

이 사건이 일어난 지 이틀 뒤 민무구와 민무질은 연안延安에 방치되었고, 4개월 후 관직 증서를 빼앗겼으며 여흥에 유배되었다. 태종은 목숨은 살려주려고 하였으나 유배 중에도 탄핵받을 행동을 사주하여 결국은 사사賜死(임금이 독약을 내려 자결하게 함)하였다.

그 뒤 원경왕후가 병으로 눕자 민무휼閔無恤과 민무회閔無悔가 문안을 왔다가 양녕대군을 만났는데 이때 두 형의 억울한 죽음을 호소하였다. 이 이야기가 전해져 민무휼 등이 잡혀와 고문을 당한 뒤 유배되었으며 결국 사사되었다. 4형제가 모두 죽은 뒤에 그들의 처자는 먼 지방으로 유배되었다.

　이 사건은 왕권을 위협할 요소가 있는 권문세족들과 외척을 제거한 사건으로, 태종이 전개한 왕권 강화책의 하나였다. 그 후 태종은 세종에게 왕위를 물려준 뒤에도 세종의 장인인 심온沈溫을 제거하는 등 왕권을 위협할 요소를 과감히 제거하였다. 이러한 외척 제거에 대해 후세에 이익李瀷은 《성호사설星湖僿說》에서 "민씨와 심씨 두 집안이 함께 흉칙한 재앙을 당하게 되었으니, 이는 먼 장래를 생각함이 매우 깊었던 것이다"며 긍정적으로 평가했다.

제4대 세종 世宗

조선의 번영을 이끌다

세종(1397~1450)은 태종과 원경왕후 민씨 사이에서 태어났다. 이름은 도陶
이고, 자는 원정元正이다. 1418년 세자에 책봉되고, 같은 해 8월에 왕위에 올
랐다. 부인은 소헌왕후昭憲王后 심씨를 비롯하여 6명을 두었고 자녀는 22명
인데, 아들이 18명이나 된다.

양녕을 대신한 충녕의 등극

태종은 1404년에 양녕대군을 세자로 책봉했는데, 2년 뒤에 건강 악화를 이유로 세자에게 왕위를 선위禪位 하겠다는 의사를 표명했다. 태종의 선위는 왕권을 더욱 강화시켜 신하들의 충성심을 고취시키는 것이 목적이었다. 그러자 조정이 발칵 뒤집혔다. 선위 불가를 외치는 신하들의 상소가 빗발쳤고 온 조정이 정상적인 국정 업무는 뒤로 하고 태종의 진의를 파악하느라 분주했다.

왕위에 오른 태종은 후궁에 둘러싸여 점차 정비 원경왕후 민씨를 멀리하여 둘 사이는 갈라서기 직전이었고 분쟁이 그칠 날이 없었다. 왕후는 태종이 왕위에 오르기까지 결정적인 고비 때마다 위기를 모면하게끔 해준 인물이었다. 그러나 즉위 후 왕후 자신을 멀리하는 것에 불만을 가진 터였다.

왕후는 친동생인 민무구 형제를 조정의 청요직淸要職 에 등용시켰다. 그들은 태종의 여성 문제에 대하여 지나치게 제동을 걸었고, 국정과 인

▪ 선위
왕이 살아서 다음 임금에게 왕위를 물려주는 것이다.

▪ 청요직
청직淸職과 요직要職으로 의정부, 사헌부, 사간원, 홍문관, 예문관, 이조, 승정원 등의 관직을 말한다. 문과 급제자로서 학문적인 역량이 뛰어나고 가문에 흠이 없어야 등용되었다.

사 관리에도 깊이 관여했다. 태종에게 이들은 눈엣가시일 수밖에 없었다. 그리고 강력한 왕권의 확립을 추구하던 태종에게 외척은 왕권을 위협하는 위험스러운 존재로 보였다. 그리하여 이들 외척과 추종 세력을 동시에 제거하기 위한 방법으로 태종이 생각해낸 것이 선위 파동이었다.

선위 표명이 있은 후, 대부분 신하들은 이에 반대하고 어명을 철회해줄 것을 강력히 요구했다. 결국 태종은 신하들의 충성에 대한 약속을 듣고 선위 표명을 번복하게 된다. 이때 이화李和를 비롯하여 여러 신하들은 놀라운 상소를 올렸다. 민씨 형제들은 선위 표명이 있은 후 기뻐하다가 철회되자 실망과 원망하는 기색을 띠었다는 것이다. 이는 태종에게 역심을 품은 대역죄나 다를 바 없었다.

이는 태종이 의도한 바이기도 했다. 그들은 태종이 교묘하게 쳐놓은 그물에 걸려든 것이었다. 민씨 형제들은 세자 양녕을 하루라도 빨리 왕위에 오르게 하고 정권을 흔들고 싶었다. 그러나 그들은 1409년 제주도로 유배됐다가 그곳에서 스스로 목숨을 끊었다. 이후에도 태종의 선위 파동은 세번이나 계속되었는데, 이때마다 조정이 술렁거렸다. 그의 선위 표명은 갑작스러운 죽음에 대비한 측면도 있지만, 분명한 것은 왕권을 순조롭게 승계하려는 의지가 내포된 것이었다. 후계자가 마음 놓고 뜻을 펼칠 수 있도록 탄탄한 길을 닦아놓겠다는 의지가 담긴 것이었다.

태종에게 선위 파동은 강한 국가 건설과 성군聖君을 내놓겠다는 꿈과 현실이 너무 달랐기 때문에 간단한 문제가 아니었다. 게다가 파행만을 일삼는 세자 양녕대군에 대한 실망은 점점 커지고 세자를 등에 업은 외척의 득세를 크게 우려했다. 양녕대군은 세자에 책봉된 후 무수한 기행奇行으로 물의를 일으켰다. 착실히 공부하면서 왕위를 이어받을 준비에 전념하기를 기대하는 아버지와 신하들의 바람과는 정반대로 행동했다.

가장 친밀한 관계를 유지하던 민무구 형제들이 죽고 나서 양녕의 파행은 더욱 심해졌다. 결국에는 태종이 근신하라는 명령을 내렸지만, 양녕은 그것을 따르지 않았다. 이에 태종은 참지 못했다. 그리하여 1418년 6월, 양녕을 세자에서 폐위했다. 당시 양녕이 24세 때이므로 세자로 책봉된 지 14년 만의 일이었다. 그리고 나서 충녕대군忠寧大君을 세자로 책봉하고 두 달 뒤 경복궁 근정전에서 왕위를 물려주었다.

세종의 놀라운 지도력

세종은 22세의 나이로 왕위에 올랐고 태종은 세종 즉위 후 4년을 더 생존했는데, 이 기간 동안 군 통솔권과 인사권을 태종이 장악하고 있었다. 태종은 세종이 아직 나이가 어리다는 이유로, 또한 왕권의 안정과 분쟁을 사전에 예방하기 위해서 불가피하다는 이유로 모든 권력을 물려주지 않았다.

세종 집권 초기의 일이다. 세종의 정비는 소헌왕후 심씨이고 장인 심온은 영의정에 있었다. 심온이 명나라에 사은사謝恩使로 갔다가 귀국하던 중에 심온의 아우 심정沈泟이 그만 태종에게 불만을 털어놓은 것이 화근이 되었다. 그는 장성한 세종에게 왕위까지 물려주었으니 군대 통솔권도 마땅히 넘겨야 한다고 상왕에게 주장했다. 그는 세종에게 좀더 강력한 왕권을 행사할 수 있도록 하기 위한 순수한 생각이었지만, 태종은 왕권에 대한 도전으로 보고 그를 처형시켰다.

이 같은 국내 사정을 모르고 귀국한 심온에게도 날벼락이 떨어졌다. 평소 심온의 반대 세력들이 그를 모함하여 상왕에게 고한 것이었다. 결국 태종은 심온까지 잡아들여 사건의 우두머리로 지목하여 사사했다. 그때 세종은 엄연히 왕위에 있었지만 장인 심온이 억울하게 죽어가는 광경을 보고만 있을 수밖에 없었다. 세종과 소헌왕후는 상왕에게 용서와 선처를 바라고 몇 차례 사정해 보았지만 아무 소용이 없었다.

이 사건 역시 민무구 형제 사건과 마찬가지로 외척 세력을 견제하려는 태종의 의지가 깔려 있다고 하겠다. 외척의 권력 남용 사례는 고려 때부터 내려와 조선까지 이어져 왔다. 그러나 강력한 왕권 확립을 추구하던 태종은 후대로 이어나갈 왕위의 안정까지 생각하고 있었던 것이다. 이러한 왕권 강화를 위한 태종의 의지와 노력은 아들 세종 대에 그 효과를 발휘하게 된다. 결국

▪ 소헌왕후 심씨(1395~1446)
14세에 충녕대군과 혼인했고 충녕대군이 왕위에 오르자 왕후로 책봉되었다. 한때 태종이 아버지 심온을 사형에 처하고 왕후를 폐비廢妃하려고 했지만 세종에 대한 내조의 공이 지극하여 면죄되었다.
▪ 사은사
명나라와 청나라에 보냈던 답례 사신使臣

세종 대에 꽃피웠던 찬란한 문화는 태종이라는 냉혹한 선왕이 있었기에 가능했다고 볼 수도 있다.

1442년 태종이 죽자, 세종은 명실상부한 국왕으로서 자신의 시대를 열어 가기 시작했다. 그는 어릴 때부터 글 읽기와 학문 탐구로 유학에 정통해 있었다. 이를 바탕으로 유학자들로 구성된 신하들을 청요직에 배치하고 정치를 주도해 나갔다.

태종 때의 쓸만한 원로 대신들은 고위층에, 자신이 선택한 신진 학자들은 하위층에 배치하여 신구 세력의 조화를 이루는 이상적인 정치를 펼쳤다. 여기에 중국의 문물들을 연구하여 이를 조선의 실정에 맞게 재창조하여 이용했다. 세종 스스로 학문을 좋아했고, 간신과 충신, 실학자를 구별할 줄 아는 안목이 충분했기 때문에 세종 대의 문화적 융성은 가능했다.

이와 같이 세종은 뛰어난 신진 학자들의 학문과 능력을 수용하여 조정에 등용시키고 이들의 공로와 과오를 제대로 인정해 주었다. 그리하여 1421년, 세종은 집현전을 확대 개편하여 젊고 학식 있는 관원을 집현전의 학사로 임명했다. 그리고 이들에게 연구에만 전념할 수 있도록 배려해 주었다.

집현전 학사와 관원들은 시관試官 · 사관史官 · 서연관書筵官 · 경연관經筵官 등의 직책을 겸직하도록 하여 승진과 사회적인 신분까지 보장했다. 세종은 그들의 관직을 바꿀 경우에는 일방적으로 인사 발령을 내리지 않고 본인의 의사를 최대한 존중하여 그동안 연구해온 학문과 관련을 맺도록 했다.

그리고 이들에게는 전문 서적 편찬을 위한 연구와 원고 집필에 주력하도록 하여 《농사직설農事直說》을 비롯한 법률 · 문학 · 역사 · 지리 · 어학 ·

유학·천문·역학 등 다양한 서적을 출간하도록 했다. 이를 효과적으로 결실을 맺기 위해 서운관書雲觀'을 설치하여 천문학과 과학 기술 분야까지 주관하도록 했는데, 여기에도 집현전 관원들이 주축이 되었다. 그 결과 혼천의를 만들어 우주 천체를 직접 관측했고, 해시계·물시계·측우기를 발명하여 백성들의 농사일에 적극 활용하도록 했다.

집현전은 본래 단순한 학문 연구 기관으로 출발했으나 국가 정책을 창안하고 새로운 문화와 과학 등을 창달하는 데 중심적인 역할을 수행해 나갔다. 그러므로 세종 때의 집현전은 유교 학자의 인재 양성뿐만 아니라 이들에게 찬란한 문화의 꽃도 피우게 한 것이었다.

세종이 우수한 신진 학자를 조정에 등용하여 역사에 유래가 없는 업적을 남길 수 있었던 것은 그의 박학다식함과 지도력 때문인 것만은 사실이나. 국왕의 능력만으로는 불가능하다. 반면에 군왕君王의 자질이 부족한데 뛰어난 신하들이 많다고 하여 정치가 뜻대로 성공하는 것도 아니다. 결국 세종 스스로 성군의 지혜를 충분히 갖추었

▪ 사관
역사 기록을 담당한 관원으로, 국왕과 관료들의 모든 것을 역사 기록으로 남겨 후세에 평가를 받도록 하였다. 전임 사관의 사초史草와 겸임 사관의 정무 문서를 바탕으로 국왕이 죽은 뒤에 실록을 편찬했고, 사초는 국왕을 비롯하여 관료들도 볼 수 없도록 비밀을 유지했다.

▪ 서운관
하늘과 땅의 변화를 관측하여 기록하고, 역서를 편찬하며, 절기와 날씨를 측정하고 시간을 관장하던 곳

고, 또한 이를 보필하는 훌륭한 신하들이 곁에 있었기에 업적을 이룰 수 있었다.

세종의 지도력과 신하들의 보필은 문화뿐만 아니라 국토 방위에도 빛을 발하기 시작했다. 이 무렵, 한반도 북방에는 여진족의 침입이 빈번해 이에 대한 대책이 시급할 때였다. 1432년 북방에 세운 건주위建州衛*의 침입이 가장 위협적이었다. 이때 세종은 최윤덕崔潤德을 평안도 도절제사都節制使로 삼고 황해·평안도에 주둔해 있던 군사 1만 5천여 명을 보내 이 지역을 정벌케 했다. 세종은 또 한 차례 여진족이 공격해올 때 격퇴시키고 비로소 4군四郡* 설치를 완성했다.

또한 세종은 3년 뒤에 김종서金宗瑞를 함길도 도절제사에 임명하여 여진 정벌의 책임을 맡겼다. 세종이 김종서에게 내린 명은 조정 대신들도 불가능하다고 했는데, 그는 6진六鎭* 개척에 성공했다. 이로써 세종은 압록강과 두만강을 경계로 한 조선의 영토를 확실히 군히게 되었다.

세종은 북쪽의 국경을 튼튼히 군히면서도 남쪽 왜구의 노략질을 소탕하는 데도 소홀하지 않았다. 이종무李從茂를 시켜 왜구의 오랜 본거지인 쓰시마 섬을 공격하게 하고, 무력 행사보다는 필요에 따라서는 대화로 회유하여 설득하는 외교에도 성공했다. 조선은 삼포`를 왜구에 개방하여 제한된 무역을 하도록 하여 양국의 실질적인 이익을 증진시키기도 하였다. 이 밖에도 세종은 화력 무기 개발, 병선 개량, 특수 군사 훈련, 성곽 구축, 병법책 출간 등 유사시 국난에 대비했다.

1443년 12월에는 훈민정음訓民正音`이 창제되었다. 이는 통치의 편의를 위해서도 가장 시급한 일이었다. 조선 초기에는 군현제 개편으로 왕명이 전국의 집집마다 도달할 수 있었다. 하지만 일반 백성들은 한문으로 된 공문을 읽을 수 없었다. 이두吏頭가 있었으나 이것을 가르치는 자가 없었고, 거의 사용하지도 않았다. 그러므로 한문을 모르는 백성들을 위해서도 필요했다. 이렇게 해서 국가의 명령을 백성들에게도 전할 수 있는 수단이 만들어졌다. 이에 따라《소학小學》과《삼강행실도三綱行實圖》등의 유교 윤리서가 간행되기 시작했다. 그 밖에 달력을 처음 만들어 백성들이 사용하도록 한 것도 이때부터이다.《경제육전經濟六典》`을 반포하는가 하면, 전국에 숨어 있는 인재를 골고루 등용시켜 국정에 참여시켰다.

세종의 뛰어난 정치력으로 역사상 최고의 태평성대太平聖代를 이루었는데, 다만 아쉬운 점은 자신과 가족의 건강 관리에는 소홀했다는 점이다. 세종이 48세 때는 다섯째 아들 광평대군廣平大君이 먼저 세상을 떠났고, 이듬해에는 일곱째 평원대군平原大君이 세상을 떠나 슬픔이 더했다. 자신의 건강도 좋지 않아 이러한 일이 건강을 악화시키는 요인이 되었다. 그런데 그 이듬해에 소헌왕후 심씨마저 갑자기 세상을 떠났다.

세종은 충격과 슬픔으로 마음을 다스리기에
는 심신이 너무 지쳐 유교 학자와 대신들이 반대
하던 불교에 깊이 빠졌다. 그는 궁궐 안에 내불
당內佛堂을 건립하여 불공을 드리면서 나랏일에
전념했다. 그러나 배불숭유 사상을 조선 건국 이
념으로 내세운 유교 국가에서 궁궐에 내불당까
지 건립하여 국왕이 직접 불공을 드린다는 것은
지나친 일이라고 할 수 있다. 세종의 형 효령대
군孝寧大君이 출가하여 불교 중흥에 앞장선 것도
세종의 묵인과 배려 때문에 가능한 일이었다.

위임 통치의 전개

세종 초기 정치 구조의 골격은 태종이 왕권
강화의 목적으로 만들어 놓은 육조직계제六曹直
啓制 중심이었다. 이것은 어명이 육조인 이조·
예조·형조·호조·병조·공조로 직접 내려가
업무가 집행되도록 한 제도였다. 세종은 이 제도
의 장단점을 보완하여 18년 동안이나 유지했다.
그러나 육조직계제는 국왕에게 지나친 업무

▪ 효령대군(1396~1486)
태종의 둘째 아들이다. 효성이 지
극하고 동생 세종과 우애가 깊었
다. 불교를 숭상하고 많은 불사를
주관하였기 때문에 유학자들의 비
판을 받았지만, 불교의 보호와 진
흥에 공헌한 바가 크다.

량을 요구하고 육조의 장에게도 업무상 큰 부담을 주었다. 세종은 20대 초반부터 건강이 좋지 않은데다가 나랏일과 학문에 의욕이 넘치고 업무량이 많아 건강은 더욱 악화되었다. 더구나 육식을 지나치게 좋아하여 고기가 없으면 식사를 하지 않을 정도였다. 적당한 운동이나 휴식도 없이 나랏일에만 전념하여 체중은 점점 불었다. 소갈증消渴症(당뇨병)으로 목이 타 물을 수없이 마셔야 하는 증세가 점점 더 심해졌다.

그로서는 왕권의 틀과 방향만 잘 잡아놓고 왕위를 세자에게 넘긴 다음 건강 관리에 주력하고 싶었다. 그러나 세종을 존경하는 신하들이 반대하여 그렇게 할 수도 없었다. 누워서 정치를 하더라도 왕위는 유지해야 한다는 것이 백성들과 신하들의 뜻이었다. 세종은 여러 가지 방법을 구상하다가 결국 1437년 세종 19년에 정치 체제를 전면적으로 개편했다. 투병 중에 나랏일을 보아야 했기 때문에 우선 자신의 업무량부터 줄이고 세자에게 일찍부터 군왕君王이 되기 위한 학문을 가르치기 위해서였다. 사실상 세자에게 위임 통치委任統治를 명한 것이다.

세종은 육조직계제를 의정부서사제議政府敍事制의 정치 구조로 변혁했다. 육조의 장이 세종에게 직접 보고하여 결재하던 것을 바꾸어 의정부, 즉 영의정·우의정·좌의정에게 올렸다. 세 정승이 함께 심사하여 결재 여부를 가린 다음에 세자에게 올리고 최종적으로 세종에게 보고하는 형식이었다.

의정부서사제는 세종이 직접 보고를 받아 결정할 때보다는 업무 진행이 느리고 비능률적인 것만은 사실이었다. 그러나 세 정승과 세자의 사려 깊은 참여가 국왕을 대신하는 정치 구조이므로 세심하고 치밀하다는 면에서는 장점도 있었다. 세종 혼자서 미처 발견하지 못한 문제점을 세 사람 중에서 밝힐 수 있었기 때문이다.

이렇게 국정 업무를 의정부에 넘기고 세자가 왕실의 업무를 대리청정代理聽政 하여 재결하도록 한 뒤의 정치는 한층 유연해졌다. 또한 언관言官과 언론에 대한 세종의 간섭도 한층 부드러워졌다. 언관의 강도 높은 여론이나 증거가 없는 풍문과 탄핵이 드러나도 고의성만 없다면 그들을 용서했다. 이와 같은 정치적 분위기가 변혁과 성공을 거둘 수 있었던 것은 그동안 세종이 꾸준하게 집현전을 통해 젊고 유능한 유학자들을 계속 배출하여 유교적 정치 기반을 안정시켰기 때문이다.

세종이 정치 구조를 과감히 변경할 수 있도록 자신감을 실어준 것은 황희黃喜와 맹사성孟思誠 같은 훌륭한 재상이 옆에 있었기 때문이다. 자질과 품성이 뛰어난 국왕이라도 헌신적으로 보필해주는 능력 있는 신하가 없으면 정치를 제대로 할 수 없다. 세종이 역사상 가장 훌륭한 군

■ 대리청정
왕이 국정 운영을 할 수 없을 때 세자가 대신하여 정치를 맡는 것이다.
■ 언관
사헌부, 사간원, 홍문관 즉, 3사의 관리들을 말한다.
■ 황희(1363~1452)
고려 말~조선 초의 문신이다. 그는 학문을 좋아해 세종을 만나 자신의 학문과 재능을 충분히 발휘할 수 있었고, 조선 역사상 가장 영화로운 시대를 이끈 주역이었다. 또한 가장 오랜 기간 영의정에 머물러 있었을 뿐만 아니라 1452년에 90세로 세상을 떠나기 전까지 나라에서 큰일을 논의할 때는 언제나 참석했다.
■ 맹사성(1360~1438)
맹사성은 태조 이성계와 특별한 관계를 유지해오다가 조선 건국과 동시에 예조禮曹의 장직을 그대로 제수받았다. 어질고 부드러운 성품이었으며, 매사에 섬세하고 치밀하여 유연성이 필요한 업무에 능했다. 그는 소탈하고 조용하여 벼슬이 낮은 사람이 방문해도 친절하게 대문 밖까지 나가 배웅했다. 그리고 효심이 지극하여 노모가 병중에 있을 때는 세종에게 관직을 내놓고 물러나려고 했지만, 세종은 한 번도 그의 사직을 허락하지 않았다.

왕에 오른 것도 두 재상의 풍부한 경험과 뛰어난 정치력과 청렴, 선비 정신이 뒷받침되었기에 가능했다. 세종에게 이들은 신하지만 개인적으로는 부모처럼 존경했다. 그러나 나라와 백성을 위한 정치력을 발휘해야 할 때에는 군신 관계로 사정없이 몰아쳐 국정을 이끌고 당대에 문화의 융성까지 이루었다.

249회 기출 문제

얼마 전부터 중국에서 책자 등을 통해 이것이 자기들의 것이라고 주장하고 있습니다. 여기서 이것은 조선 세종대왕 때 만들어진 것으로, 비가 내린 양을 재는 데 쓰던 기구입니다. 이것이 발명된 이후, 500여 년 동안 각 지역의 강우량을 측정하였고, 그 중 100년 이상의 기록이 《조선왕조실록》에 남아 있습니다. 그렇다면 이것은 무엇일까요?

정답 : 측우기

농업은 천하의 사람들이 살아가는 큰 근본이다

조선시대에 백성들의 경제생활 기반은 농업이었다. 농업 생산성이 백성의 소득을 좌우했고 이것으로 삶의 질을 가늠했다. 국가 경제의 발전과 국정 과제는 농업 기술을 향상시켜 농촌 소득을 높이는 데 있었다. 가뭄이나 홍수 같은 천재지변을 슬기롭게 다루어야 했고, 농업 기술 개발과 보급이 절실했다. 그 당시 농사를 지을 때에는 중국의 농서農書에만 의존하였는데, 우리나라의 농사법과 다른 부분이 많았다. 이에 세종은 집현전 학자인 정초鄭招를 발탁하여 농업에 관한 실용 서적을 집필하도록 했다.

어명을 받은 정초는 오랜 연구 끝에 《농사직설》을 편찬했다. 《농사직설》은 종자와 토양 다루기, 각종 작물의 재배법 등 농산물 재배에 필요한 전반적인 문제를 국내 실정에 맞게 다룬 책이다. 그는 이 책을 쓰기 위하여 농촌을 답사하고 각 도 농부들의 성공 사례를 직접 확인하기도 했다. 세종은 그의 《농사직설》을 읽고 조정의 정2품 이상과 각 도의 감사들에게도 탐독하도록 했다. 이 《농사직설》은 일본에까지 건너가 일본의 농업 정책에 크게 기여했다.

《농사직설》이 발간되자 농민들은 과거보다 훨씬 발달된 농업 기술로 농사를 지을 수 있게 되었다. 특히, 지역과 토질에 따라 알맞은 농법을 쓰게 되었고, 벼 농사의 기술이 향상되어 북부 지방에서 쌀 생산량이 크게 증가하게 되었다. 《농

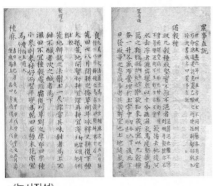
| 《농사직설》

사직설》은 그 뒤로 속속 간행된 《농가집성農家集成》, 《산림경제山林經濟》, 《임원경제지林園經濟志》 등 여러 가지 농서 출현의 계기를 마련하였다.

한편, 세종은 농업 정책과 함께 수리 시설 정비 사업에도 착수했다. 한양을 서출동유西出東流하는 청계천 정비는 엄청난 국책 사업이었다. 태종 때 시작했으나 워낙 많은 인력이 필요한 사업으로 마무리하지 못한 것을 다시 착수하여 완료했다. 이때 동원된 인원이 5만 명이라고 한다. 당시 한양 인구가 총 8만 명이었으므로 얼마나 큰 사업이었는지 짐작할 수 있다.

제5대 문종 文宗

조선 혼란의 잠복기

1450	1451	1452	1453
문종 즉위	《고려사》 개찬	《고려사절요》 편찬	문종 사망

문종(1414~1452)은 세종과 소헌왕후 심씨 사이에서 태어났다. 이름은 향珦 이고, 자는 휘지輝之이다. 8세 때 세자에 책봉되어 약 30년간 있다가 37세 때 왕위에 올랐으나, 재위 2년 여 만에 39세의 나이로 사망했다. 현덕왕후顯德王 后 권씨를 비롯하여 부인이 3명이었고, 자녀는 1남 2녀로 외아들은 권씨 사 이에서 낳은 단종이다.

긴 대리청정과 짧은 치세

세종의 치세 기간은 31년 동안이나 이어졌다. 세자 향珦(문종)은 세종이 승하할 때까지 세자 자리에 있었다. 마침내 1450년 2월, 그는 8년간의 대리청정을 끝내고 왕으로 등극했다.

문종은 세자 시절 경복궁 동쪽에 있는 동궁東宮에서 생활했다. 그는 학문을 좋아했고 글씨 쓰는 것을 즐겼다. 그의 학문은 상당한 수준이었다. 특히 문장과 필법 또한 화려하고 아름다웠다고 한다. 세자 시절 문종은 집현전 학자들을 위해 나무 소반에 귤을 담아 보냈다. 학자들이 귤을 다 먹자 문종은 즉석에서 시를 지어 반쯤 흘려 쓴 글씨로 소반 위에 적었다. 이때 세자의 뛰어난 시를 보고 감탄하여 집현전 학자들이 서로 다투어 베끼고자 했다고 한다. 이 시가 《용재총화慵齋叢話》에 실려 전해진다.

향나무의 향기는 단지 코에만 향기롭고
기름진 고기는 단지 입에만 달다.

▪ 동궁
왕세자를 일컫는 말로, 그가 거처하는 궁을 가리키기도 한다.
▪ 용재총화
1525년에 간행된 조선 전기의 문신이나 학자들의 글을 모아 놓은 수필집이다. 조선시대 수필 문학의 백미라고 불린다.
▪ 조회
모든 관료들이 임금을 뵙기 위해 모이던 일

그러나 가장 사랑스러운 동정의 귤은

코에 향기로울 뿐만 아니라 입에서도 달다.

문종은 소문날 정도로 효성이 지극했다. 부왕 세종이 앵두를 좋아하자 대궐에 손수 앵두나무를 심어 직접 따다가 대접했다. 그래서 성종 때에 이르러서는 대궐에는 온통 앵두나무뿐이었다고 한다. 그러나 문종의 효성에도 세종의 건강은 좋아지지 않았다. 1442년, 세종의 건강은 더욱 악화되어 국정을 제대로 볼 수 없어 세자에게 의정부서사제의 체제로 대리청정을 하도록 했다.

문종은 비록 국왕이 아닌 세자의 신분이었지만 실제로 국왕과 똑같은 권한을 행사했다. 이때부터 세종이 승하할 때까지는 세자의 치세 기간이나 다름이 없었다. 세종은 세자가 대리청정에 조금이라도 더 편하도록 첨사원詹事院을 설치해 주었다. 첨사원은 고려 때 동궁의 서무庶務를 관장하는 기관이었는데, 한때 폐지되었다가 부활되었다. 세자는 이곳에서 국왕과 똑같이 남쪽을 향하여 정중히 앉아 문무 관원들의 조회朝會를 받았다.

문종이 정식으로 왕위에 올라 국정을 통치한 기간은 2년 3개월에 불과했다. 그러나 세자 때 대리청정까지를 치세 기간으로 본다면 10년 이상의 기간이었다. 따라서 세종 집권 후반기의 업적은 세자의 공이라고 볼 수 있다.

문종 대의 정치는 세종 후반기와 조금도 다를 것이 없었다. 문종은 대리청정에서 익힌 실무 경험으로 국정을 운영해 나갔다. 한편 세종 대에 비해 다소 왕권이 위축된 것은 사실이었다. 이것은 세종이 병석에 누워 지내는 경우가 많았고, 세자의 대리청정이 길어져 수양대군首陽大君과 안평대군安平大君 등 사병을 거느린 왕자들의 세력이 비대해졌기 때문이다. 사헌부와 사간원에서는 왕족에 대한 탄핵이 빈번히 올라왔다. 그러나 문종은 언관들의 탄핵에 대해서는 관대하게 받아 주는 유연성을 보였다.

자연스럽게 언관들의 언론은 영향력이 커져 갔고 이러한 방침은 척불언론斥佛言論 정책으로 이어졌다. 그동안 세종이 불교를 가까이 하여 불교 행사를 부분적으로 부활시켜도 불평만 했을 뿐 아무도 막을 길이 없었다. 그러다가 문종은 불교 육성을 억제하고 유림 학자들을 한층 우대하기 시작한 것이다. 또한 문종은 정6품 이상의 신하들과는 돌아가면서 자신과 직접 독대할 수 있는 길을 터놓기까지 했다.

문종은 온화한 성품으로 역사 의식이 분명하여 도서 간행에도 특별한 관심을 보였다. 짧은 치세 동안에 《고려사高麗史》·《고려사절요高麗史節要》·《대학연의주석大學衍義註釋》·《동국병감東國兵鑑》 등을 출간했다. 특히 《동국병감》을 출간하여 병법兵法을 새롭게 정비했고 군사 정책을

- 안평대군
세종의 셋째 아들로 11세 때 안평대군에 봉해졌다. 그는 시·서·화에 재능이 뛰어나 당대에 제일가는 서예가였다. 1438년, 왕자들과 함께 여진 정벌에 직접 나서기도 했고, 김종서·황보인皇甫仁 등 권신들과 함께 깊은 관계를 유지했다. 계유정난癸酉靖難 때 강화도로 유배되었고, 그 후 사형에 처해졌다.
- 척불언론
불교적 경향을 불식하고 유교적 분위기를 조성하기 위해 언관들의 영향력이 증대된 것
- 상호군
조선시대 중앙군의 최고 지휘관

강화시킴과 동시에 변방을 더욱 안전하게 지켰다. 언론에 대해서 유연한 정책을 펴온 것과는 다르게 국토 방위를 위한 군사 정책에는 엄격한 규율을 정해 왕권을 확립하기도 했다.

문란한 동궁과 세자빈 폐출

문종이 세자로 있던 시기에 처음 맞아들인 세자빈世子嬪은 휘빈 김씨였다. 그녀는 상호군上護軍 김오문金五文의 딸로 세자보다 성숙했다. 문종은 어린 나이에 세자빈을 맞이하여 이성에 대한 이해가 부족했다. 부부 간의 예의도 제대로 지키지 않고 매일 만나는 궁녀들과 세자빈을 구별하지도 못했다.

세자빈은 시기와 질투가 많아 세자가 다른 궁녀들과 오래도록 한자리에 있는 것은 물론 대화를 나누는 것도 참지 못했다. 세자빈은 우선 해가 저물기 전에 세자가 처소에 들어오기를 희망했다. 그러나 뜻대로 되지 않자 심복 궁녀를 불러 방법을 상의했다.

궁녀는 어떻게 알았는지 세자가 좋아하는 궁녀의 신발 코를 잘라 불에 태워 가루를 낸 다음 세자에게 먹이면 좋아하던 여자와는 떨어진다고 했다. 세자빈이 궁녀의 말대로 세자가 출입하는 궁녀의 가죽신 코를 베어 불에 태우고 가루로 만든 다음 술에 타 세자에게 먹였지만 아무런 효과가 없었다. 다시 궁녀를 불러 알아오도록 하자, 이번에는 뱀을 가루로 만들어 세자에게 먹이면 세자빈 침소로 자주 들게 된다고 하여 이것을 사용하기도 했다.

이와 같은 세자빈의 행동이 궁궐 내에 퍼져 세종과 중전의 귀에 들어갔다. 그러자 사간원 언관들과 대신들의 탄핵이 계속되었다. 언관들은 확실한 근거는 없지만 떠도는 소문만으로도 탄핵할 사유가 충분하다고 했다. 나이가 많은데도 정승 자리에 있던 황희와 맹사성이 아직 20세도 되지 않은 어린 손녀 같은 세자빈이 철없이 저지른 일이므로 용서해주는 것이 좋겠다고 했지만 탄핵의 소리는 더욱더 커졌다. 세종과 중전은 난처했고 부끄러워 차마 고개를 들지 못했다.

세자빈은 장차 국모國母가 되어 국왕을 보필하고 나라의 큰일을 담당해야 하며 때로는 국왕을 대신하여 섭정攝政﹡할 권리까지 있었다. 그리고 중전은 교지를 내려 새 왕을 결정할 권리를 행사할 경우도 있다. 이에 조정 대신들은 세자빈이 어려서 한 것이라고는 했지만, 장차 중전이 될 만한 자격과 인품을 근본적으로 지니지 못했다고 여겼다.

세종은 고심 끝에 세자빈을 폐하라는 명을 내려 세자빈은 동궁에서 쫓겨나 본가로 돌아갔

﹡ 섭정
국왕이 어려서 즉위하거나 병 또는 그 밖의 사정이 생겼을 때 국왕을 대신해서 국가의 통치권을 맡아 나라를 다스리는 일 또는 그 사람
﹡ 폐서인
서민으로 지위를 몰아냄

다. 친정 아버지 김오문의 가슴은 하늘이 무너지는 것 같았다. 결백하기로 널리 알려진 그는 관직을 삭탈削奪한다는 왕의 교지가 당도하기도 전에 먼저 죽음을 각오했다. 관직을 삭탈하라는 명은 받지 않았기 때문에 아직 가문의 명예는 그대로 유지되었지만, 김오문은 부인과 세자빈에게 비상약을 먹이고 나서 자신은 정일품 숭록대부崇祿大夫의 관복을 단정하게 입었다. 그는 왕이 계신 북쪽 궁궐을 향해 네 번 절을 올린 다음 무릎을 꿇고 자신의 칼로 자결했다.

김씨가 세자빈에서 폐위되고 새로운 세자빈을 맞이하여 가례嘉禮를 올렸다. 이번에는 폐위된 김씨와는 정반대의 인물을 물색하여, 명문가의 규수 봉여奉礪의 딸을 세자빈으로 맞이하였다. 그러나 순빈 봉씨는 동궁의 여자 종과 동성연애를 한 것이 발각되어 폐서인廢庶人으로 궁궐에서 폐출되었다. 당시 궁녀들 사이에는 '대식對食'이라 불린 동성연애가 성행했는데, 서로를 방동무, 벗 등으로 부르며 엉덩이에 '붕朋' 자를 문신하기도 했다고 한다. 그러던 어느 날 궐내에 여종 '소쌍'이 순빈 봉씨와 같이 잔다는 소문이 나돌았고, 왕의 문초를 받던 소쌍은 세자빈의 강요에 의해 어쩔 수 없이 잠자리를 같이 했다고 고백했다. 이에 세종은 세자빈을 폐출시키고 말았다. 1436년 세종 18년 10월, 순빈의 나이 22세, 세자는 23세 때였다. 순빈의 친정 아버지 봉여는 폐서인으로 돌아온 딸을 목 졸라 죽이고 자신도 자결했다.

역사의 한 페이지
고려의 역사를 집대성한 《고려사》

조선왕조 개국 직후부터 새로운 왕조 창건의 정당성을 확보하기 위해 전 왕조인 고려시대(918~1392)의 역사를 정리하였다. 그리하여 1392년부터 작업에 착수하여 4년 뒤에 정도전 등이 《고려국사高麗國史》를 완성하였다. 그런데 《고려국사》는 건국 직후 짧은 기간에 만들어졌으며 당시 개국공신 계열의 의견이 많이 개입되었다는 비판과 함께 수정하자는 논의가 일어났다. 당시 정치 세력 간의 역사 인식에 차이가 있었기 때문이다.

그리하여 1442년 8월에 신개申槩와 권제權踶가 《고려사전문高麗史全文》을 만들었으나, 이것마저 개인과 단체의 압력으로 제멋대로 쓰였다. 세종은 다시 1449년에 김종서 · 정인지鄭麟趾 · 이선제李先齊 · 정창손鄭昌孫 등에게 명하여 내용을 바로잡고 이전의 오류들을 수정하라는 지시를 내렸다. 결국 1451년(문종 1년)에 김종서 등이 《고려사》를 완성했다. 그리고 1454년 10월에 반포되었다.

《고려사》는 기전체(주제별로 구분하여 서술) 방식을 따랐으며, 세가世家 46권, 지志 39권, 연표 2권, 열전 50권, 목록 2권 총 139권으로 되어 있다. 세가의 서술 방식은 《원사元史》를 모방하여 연대순으로 국왕에 관련된 역사를 기록하였다. 처음에 왕의 출생과 즉위에 관한 내용을 쓰고 마지막에 사망, 장례, 성품에 관한 것을 썼다. 세가 다음에는 지를 두었는데, 오늘날의 분류사에 해당하는 부분으

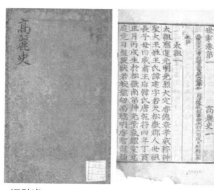
ㅣ《고려사》

로 각 제도와 변천상을 서술하였다. 총 12지 39권으로 되어 있으며, 이것도《원사》에 준하여 분류했다.

다음으로 연표가 들어 있는데, 이것은《삼국사기》를 따랐다. 맨 위에 간지를 쓰고 그 아래 중국과 고려의 연호를 썼으며, 고려 난에는 왕의 사망과 즉위, 중국과의 관계 등 중요한 일을 간략하게 기록하였다. 연표에 이어 마지막으로 열전을 두었는데, 후비后妃·종실宗室·공주公主·제신諸臣·양리良吏·충의忠義·효우孝友·열녀烈女·방기方技·환자宦者·혹리酷吏·폐행嬖幸·간신奸臣·반역叛逆 등 총신 13개 분야로 나누어 50권의 분량에 1,009명을 다루었다.

《고려사》는 기본적으로 유교적 역사 인식을 바탕으로 도덕적·교훈적 사관을 따랐다. 또한 이전부터 있던 사료를 바탕으로 그 나름으로 재구성하여 역사성과 객관성을 엄격히 유지하였다. 한편, 고려 초기의 정치는 긍정적으로 평가하지만 무신 집권기 이후에는 정치가 문란해지면서 멸망으로 이어졌다고 파악하였는데, 이는 조선 건국을 합리화하기 위한 정치적 견해를 따른 것이라고 볼 수 있다. 《고려사》가 편찬된 이후 편년체(연대순으로 기록)로 서술된 고려시대사인《고려사절요》가 1452년에 편찬되었다.

제6대 **단종** 端宗

조선에 어둠이 깃들다

1453

1455

단종 즉위
계유정난 발생

단종, 수양대군에게
왕위 물려줌

단종(1441~1457)은 문종과 현덕왕후 권씨 사이에서 태어났다. 이름은 홍위
弘暐이다. 10세 때 세자에 책봉되고, 12세 때 왕위에 올랐다. 그러나 재위 3년
만에 수양대군에 의해 유배되어 17세의 젊은 나이에 사사되었다. 부인은 정
순왕후定順王后 송씨이고 후손은 없다.

어린 나이에 왕위에 오르다

현덕왕후 권씨는 아들을 낳은 후 3일 만에 세상을 떠났다. 그 아이는 세종의 후궁인 혜빈 양씨의 손에서 자랐다. 노산군魯山君으로도 잘 알려진 그가 바로 문종의 뒤를 이어 왕위에 오른 비운의 왕 단종이다.

그 아이는 8세 때 왕세손王世孫으로 책봉되었고, 문종이 왕위에 오르자 10세 때 왕세자가 되었다. 어릴 때부터 의젓하고 슬기로웠으며, 언행이 침착하고 정중하여 할아버지 세종의 총애를 받았다. 세종은 박팽년朴彭年, 이개李塏, 성삼문成三問, 신숙주申叔舟 등 집현전의 젊은 학자들에게 세손의 앞날을 부탁하기도 했다. 당시 세종은 건강이 악화된 상태였고, 문종도 병약했다. 수양대군과 안평대군의 틈바구니에서 세손의 입지를 걱정해서 세종이 한 말이었다.

1452년에 문종도 신하들에게 세자를 잘 부탁한다는 고명顧命을 남기고 승하昇遐했다. 그리하여 홍위가 12세 때 왕위를 물려받았다. 단

▪ 왕세손
왕세자王世子의 맏아들
▪ 신숙주(1417~1475)
세종 때 훈민정음 창제 작업에 주도적으로 활동하여 젊은 학자들 중에서도 가장 많은 총애를 받았다. 수양대군이 사은사로 명나라에 갈 때 수행하기도 했으며, 세조가 즉위하자 그를 적극 보좌하였다. 이 때문에 성삼문과 비교하여 '변절자'라는 평가를 받기도 한다. 백성들은 이때부터 쉽게 변하는 녹두나물을 변절한 신숙주에 빗대어 '숙주나물'이라고 부르기 시작하였다.
▪ 고명
임금이 생전에 나랏일에 관한 유언을 내리는 명령이나 명령서이다. 보통 왕의 신임을 받던 자가 고명을 받아 어린 왕을 보좌했다.
▪ 승하
붕어崩御. 임금이 세상을 떠나는 것을 말한다.

종은 미성년 국왕이므로 수렴청정垂簾聽政*을 받아야 했다. 그러나 궁궐에는 왕대비王大妃*나 대왕대비大王大妃*가 없었다. 내조할 왕비도 없었으므로 단종의 정사를 공식적으로 섭정해줄 사람은 한 명도 없었다.

문종의 후궁 귀인 홍씨와 양씨가 궁 안에 있었고, 단종을 키운 세종의 후궁인 혜빈 양씨도 있었다. 하지만 이들은 모두 후궁으로 궁궐 내의 일을 돕거나 내조할 의무 정도만 있을 뿐, 수렴청정할 권리는 없었다. 그리고 기타 정치적인 문제나 종친에 관한 발언권조차 없었다. 단종 개인적으로는 비운의 인생이자, 국가적으로도 큰 위기의 그늘이 드리워지고 있었다.

호랑이 정승, 김종서

• 수렴청정
니이 이린 왕이 즉위했을 때 성인이 될 일정 기간 동안 왕대비나 대왕대비가 국정을 대리로 처리하던 일을 말한다.
• 왕대비
선왕先王의 살아 있는 아내
• 대왕대비
살아 있는 왕의 할머니

단종이 왕위에 오를 당시 영의정은 황보인, 우의정은 김종서, 좌의정은 남지南智였다. 문종은 이들에게 세자를 잘 보필하여 흔들림 없이 나라를 다스리도록 당부했다. 이들 삼정승은 수렴청정을 하는 사람이 없어도 의정부서사제에 따라 국정을 빈틈없이 다스렸다.

삼정승이 합의하여 결정된 내용을 단종에게 재가裁可를 받아 완결하였다. 그러나 단종은 삼정승이 합의한 사항을 직접 판단할 능력이 없었기 때문에 단종이 결정해야 할 곳에다 별도로 노란 표시를 했다. 단종은 그 표시에 따라 결정했는데, 이것을 '황표정사黃票政事'라고 한다.

조정에 등용될 인사에서부터 크고 작은 일에 이르기까지 황표정사에 따라 결정되었기 때문에 국왕으로서 단종은 형식적인 왕일 수밖에 없었다. 그러므로 삼정승의 권리가 곧 국왕의 권리나 마찬가지였다. 삼정승 중에서도 우의정 김종서의 발언권이 막강하여 모든 사람들이 그를 '호랑이 정승'이라고 부를 정도였다. 그해 10월에 남지가 좌의정에서 물러나고 정분鄭苯이 그 자리에 앉았다.

단종은 허수아비와 같았고 모든 국정이 삼정승에 의해 결정되자 왕족들의 불평이 거세게 터져 나왔다. 그리하여 단종의 숙부들인 수양대군을 비롯하여 안평대군·임영대군臨瀛大君·금성대군錦城大君 · 영응대군永膺大君이 각자의 군사를 강화시키고 세력을 키워 나갔다.

이 무렵 늙은 대신들은 김종서와 황보인을 중심으로 뭉쳤고, 수양대군과 갈등 관계에 있던 안평대군을 끌어안았다. 그리고 혜빈 양씨와 나이 많은 일부 종친들까지 끌어들여 큰 세력을 확보했다. 그들은 황표정사를 최대한 이용해서 자신들의 심복을 조정에 등용시키고 사헌부, 사간원 등과 같은 요직에 배치했다. 왕권이 무력화한 틈을 타 삼정승들의 권력 남용은 수면 위로 떠올랐다. 단종은 목소리 한 번 크게 낼 수 없을 정도로 그의 자리는 점점 좁아졌다. 그 때문에 관료 중에는 국왕의 얼굴을 한 번도 보지 못한 이들이 많았다.

집현전 학자들과 성삼문, 박팽년을 비롯한 학자들은 김종서의 지나친 권력 남용을 공공연히 비판했다. 성균관 유생들 사이에서도 불만이 터져나왔다. 한편 종실의 젊은 학자들은 수양대군에게 몰려갔고, 지방에서도 김종서를 비판하는 목소리가 점점 커져갔다.

• 금성대군(1426~1457)
수양대군이 왕권을 탈취하여 왕위에 오르자 거세게 반발하여 삭녕朔寧으로 유배되었다. 단종이 노산군으로 폐위당해 강원도 영월로 유배되었을 때, 단종 복위 운동을 전개했으나 실패했다.

• 영응대군(1424~1467)
서예와 그림에 재능이 뛰어났으며, 세종의 총애를 많이 받았다. 세종은 말년에 영응대군의 별궁에서 많은 시간을 보내다가 1450년 그의 나이 17세 때 이곳에서 승하했다.

김종서와 수양대군의 대립

'호랑이 정승'으로 통하는 김종서도 종친과 수양의 세력이 날로 커지는 데에는 위협을 느꼈다. 젊은 인재들은 드러내놓고 자신을 비판하고, 종실 학자들이 수양에게 몰려드는 것이 불안했다.

김종서로서는 영의정 황보인과 단종까지 자신의 사람으로 손 안에 넣었지만 수양의 군대와 그에게 물려가는 학자들을 통제할 방법이 없었다. 평상시에는 이들의 활동을 무리없이 억제하고, 유사시에는 정규 군대를 동원시켜야 한다고 생각했다. 조정 내에서 수양과 내통하는 자를 발견하면 지체 없이 처치했고, 수양이 자신의 심복을 조정 요직에 밀어 넣으려는 것도 원천적으로 차단하려고 했다.

김종서는 이들을 견제할 방법을 생각한 끝에 단종에게 분경을 금하라는 교지를 내리도록 했다. 수양은 분경 교지는 결국 자신을 견제하기 위한 수단임을 직감했다. 이때부터 수양 일파와 김종서 일파 사이의 냉전과 격돌은 불가피해졌다. 수양이 조정으로 들어가 황보인과 김종서에게 분경 교지에 대한 취지와 목적을 추궁했고 이에 김종서는 주저하지 않고 답변했다.

"젊은 학자들과 당상관堂上官 이상의 관료들이 대군의 집에 몰려드는 것을 중지시키려는 것이 가장 큰 목적이요."

그러자 수양은 이렇게 말했다.

"당장 분경을 취소하지 않으면 종실이 총단결하여 삼정승을 상대로 큰 싸움을 할 것이오."

수양의 말은 협박이었지만 김종서와 황보인이 듣기에는 섬뜩했다. 왕을 비롯하여 종실이 일치단결하여 자신들에게 도전한다면 어느 쪽의 승리를 따지기 전에 수많은 희생자가 생길 것은 뻔한 일이었다. 더구나 백성들의 눈에는 자신이 왕위 자리에 도전하는 사람으로 보일 수밖에 없었다. 그런 뜻에서 그는 왕위에 대한 뜻이 조금도 없음을 분명히 보이기 위하여 한 발 후퇴하여 분경을 취소했다. 이때부터 수양의 입지는 더욱 막강해졌고, 김종서 일파에 불만을 품은 이들은 마음 놓고 수양에게 몰려들었다.

단종이 왕위에 오를 때 명나라 황제는 축하의 뜻으로 단종에게 구장면복九章冕服*과 채폐綵幣*를 선물로 보내왔다. 조정에서는 명 황제에게 사례하기 위하여 사은사를 파견하고자 했다. 이때 수양이 사은사로 자원했는데, 이것은 수양대군 자신도 왕위에는 욕심이 없다는 것을 나타내기 위해서였다. 명나라로 떠나 김종서 세력의 경계에서 잠시나마 벗어나 자유롭게 앞날을 구상하는 한편, 그들의 경계도 늦추는 두 가지 효과

▪ 당상관
조선시대 관리 중에서 문신은 정3품 통정대부通政大夫, 무신은 정3품 절충장군折衝將軍 이상의 품계를 가진 자를 말한다.
▪ 구장면복
9가지 상징물을 수놓은 임금의 옷
▪ 채폐
고급 비단

를 노린 것이었다.

　수양은 공조판서工曹判書 이사철李思哲을 부사副使로 임명하고 집현전 교리校理 신숙주를 종사관從事官으로 정하여 명나라로 떠났다. 이때부터 수양과 신숙주는 더욱 가까워졌다. 사은사 일행은 명나라에 들어가 무사히 일을 마치고 이듬해 2월에 귀국했다. 귀국 후 평소에 수양을 따르던 세력들의 벼슬은 한 단계씩 진급했다. 수양의 심복들이 무더기로 승진하는 사태가 벌어지자 사헌부와 사간원의 반대 목소리가 터져 나왔지만, 이미 커질 대로 커진 수양의 세력을 함부로 꺾지는 못했다.

한명회의 등장

　수양에게 자주 드나드는 집현전 학사 중 권람權擥이 있었다. 권람은 양촌陽村 권근의 손자로 과거에 연달아 세 번 장원급제한 인재였다. 하지만 관직에 오르지 못한 채 오래도록 집현전에 머물러 있었다. 요직은 대부분의 권문세가들

▪ 종사관
조선시대에 중국에 보내던 하정사賀正使나 일본에 보내던 조선통신사를 수행하던 임시 벼슬이다.
▪ 권람(1416~1465)
수양대군의 심복 중에서 가장 먼저 인연을 맺었다. 단종 등극 후 김종서의 권력 독점에 불만을 품어 수양대군을 찾아가 의견을 나누었고, 한명회와도 뜻을 같이하여 세조의 집권 토대를 마련하였다.

이 자기 사람을 심어 놓는 데 혈안이 되어 훌륭한 학자를 가려낼 만한 인물도 없었다. 수양은 권람의 학식과 덕망을 높이 평가하여 자신의 집에 머물도록 했다.

얼마 후 수양이 외출 중이었는데, 특이한 외모의 사나이가 수양의 소문을 듣고 무작정 찾아왔다. 체구와 뼈대는 장대했지만 얼굴 생김새는 오종종하고 못난 형이었다. 여기에다 사팔뜨기로 사람을 정면에서 똑바로 보지 못하고 칠삭둥이에다 머리통만 지나치게 커서 '대갈장군'이라는 별명이 붙었다. 그가 바로 한명회韓明澮이다.

그는 조선의 개국공신으로 대제학을 지낸 전형적인 학자 한상질韓尙質의 손자이다. 그리고 그의 장인은 중추부사中樞府使를 지낸 민대생閔大生이다. 한명회가 혼인할 때 민대생은 한명회의 가문을 참작하여 환영했지만 장모 허씨는 적극 반대였다. 아무리 명문 집안의 후손이지만 머리통만 오줌통처럼 큰데다가 외모가 형편없어 징 떨어지는 사윗감이었다. 그러나 민대생의 주장이 하도 강해서 하는 수없이 딸을 시집보낸 것이다. 한명회는 30세가 되었어도 아무 벼슬도 없이 이곳저곳을 떠돌아 다녔다.

　그러다가 권람이 한명회와 마주하여 수양 집 뒤뜰에 앉았다. 권람은 사람 보는 안목이 뛰어났다. 처음 본 한명회의 인상과는 달리 볼수록 호감이 가는 그를 높이 평가했다. 말솜씨가 논리적이었고, 세상 돌아가는 이치를 유리알 들여다보듯 꿰뚫어 보았다.

　"대군은 장차 큰일을 하실 분으로 나라와 백성, 세상이 깜짝 놀랄 수 있는 일을 하실 분입니다. 그 때문에 그분의 수족手足이라도 되는 것이 나의 간절한 소원이오."

　수양의 일을 적극 도와야 할 권람은 쓸 만한 인물이 저절로 굴러들어 왔다고 반가워했다. 적당한 기회에 수양에게 인사를 시키기로 하고 돌려보냈다. 그 뒤로 한명회는 수양을 만나려고 여러 차례 방문했지만 그때마다 수양은 없었고 권람을 만나고 돌아갔다. 건달이 대군을 만난다는 일은 생각처럼 쉽지 않았다. 권람과 한명회는 만남이 되풀이되면서 절친한 사이가 되었다.

　한명회가 수양에게 매달려 보려는 것은 궁극적으로 벼슬자리를 부탁하려는 데 있었다. 그러나 권람은 한명회를 위해 벼슬자리를 마련해 주려고 여러 곳을 물색하다가 송도松都의 경덕궁敬德宮 궁지기로 추천했다. 한명회로서는 난생 처음 해보는 벼슬이었다. 그리고 얼마 후 권람은 한명회를 수양에게 소개하여 만나도록 했다. 한명회는 복건幅巾 차림으로 수양 앞에 앉았는데, 대군 앞에서 조금도 흐트러짐 없는 말솜씨로 자신의 의견을 털어놓았다.

수양은 그의 겉모습과는 달리 말솜씨와 순간적으로 튀는 지혜에 깊은 호감을 가졌다. 잘만 훈련시키면 목숨을 아끼지 않고 충성할 인물로 본 것이다. 그때부터 한명회는 궁지기 벼슬을 내놓고 수양의 집에 자유롭게 드나들었다.

수양은 권람과 한명회를 중심으로 백성들의 정보를 제대로 들을 수 있었고, 작은 일에도 이들을 먼저 앞세웠다. 한명회는 수양의 말이라면 목숨이라도 내던질 정도로 충성했고, 수양은 한명회를 자신의 자방子房*이라고까지 했다.

피를 부르는 살생부

수양과 권람, 한명회는 김종서와 황보인을 제거해야만 나라와 종실, 조정이 평온할 것이라는 데 의견을 같이했다. 한명회는 여러 곳에 손을 대어 건장하고 무술이 뛰어난 장수 30여 명을 모아 수양에게 추천했다. 이 중에는 홍달손洪達孫·양정楊汀 등이 포함되었다.

수양은 김종서가 자진해서 정승 자리에서 물

• 복건
도복을 입을 때 머리에 쓰는 건
• 자방
중국 한나라 때의 유명한 충신 장량을 빗대어 말한 것이다.

러나기를 원했지만 그는 죽을 때까지 그 자리를 지키고 있을 것이 분명했다. 단종 원년인 1453년 10월 10일, 수양은 권람과 한명회를 불러 김종서를 제거하기 위한 구체적인 전략을 궁리했다. 만약 비밀이 새어나가 실패하여 역공을 당하면 모두 몰살당할 수도 있었다.

한명회의 지략에 따라 활쏘기 대회를 한다는 명분을 세워 수양의 심복들을 모았다. 약 50여 명이 수양의 집 뒤뜰에 몰려들었다. 여기에는 권람·한명회·홍달손·홍윤성洪允成·강곤康袞·양정·유수柳洙 등과 권람의 동생 권경權擎 등이 포함되었다. 수양이 말을 꺼내기도 전에, 한명회가 홍달손에게 김종서 집에 들어가 동태를 살피고 오라고 했다. 홍달손이 군사 몇 명을 이끌고 김종서 집을 향해 출발하여 해가 질 무렵 돌아왔다. 그의 집 주위에는 전에 볼 수 없었던 경비가 이중 삼중으로 삼엄하다고 보고했다.

수양을 비롯한 여러 사람의 얼굴에 침묵만이 흐를 뿐이었다. 혹시 거사 계획이 새어 나간 것이 아닌가 하는 생각까지 들었다. 이때 한명회가 자신 있게 입을 열었다. 일은 이미 엎질러졌으니 오늘 저녁 내로 해치우자는 것이었다.

수양도 한명회의 말에 동의했다. 날이 어두워지자 수양이 권람과 한명회에게는 돈의문敦義門(서대문) 출입자를 철저히 지키라는 명을 내리고, 권람·양정·유수 등을 거느리고 김종서의 집으로 향했다. 도중에 이들에게 특명을 내렸다. 자신이 직접 김종서 집에 들어가 그를 불러낼 때, 그가 나오기만 하면 무조건 철퇴로 그 자리에서 죽여 버리라는 것이었다.

수양이 선두에서 경계가 삼엄한 김종서의 집에 들어섰다. 경계병들이 먼저 대군을 알아보고 안으로 들어가 김종서에게 보고했다. 잠시 인기척이 나더니 김종서의 모습이 나타났는데, 장대 같은 그의 아들 승규가 뒤를 따라 나왔다. 수양은 승규를 보고 잠시 섬뜩한 마음이 들었지만 태연하게 표정을 지었다. 어디를 가는 중에 사모紗帽 뿔이 떨어졌으니 빌려 달라고 했다.

사모는 아무나 쓰거나 소유할 수 있는 것이 아니었다. 대신이나 대군 등 조정의 고급 관료들만이 쓸 수 있는 일종의 관모였다. 김종서는 아무 눈치도 채지 못하고 아들을 시켜 안에 들어가 가져오라고 했다. 승규가 급히 들어가 나올 때, 양정이 철퇴로 김종서의 뒤통수를 내리쳤다. 이것을 본 승규는 순간적인 본능으로 아버지를 보호해야겠다는 마음에 두 팔을 벌려 등을 껴안았다.

양정이 내려친 철퇴는 김종서 대신 승규의 머리에 정통으로 맞아 그가 땅바닥에 굴러떨어졌다. 다음 유수가 철퇴를 들어 김종서의 머리를 내리쳤다. 부자는 머리에서 피가 터져 나오고 힘없이 땅바닥에 쓰러졌다. 승규는 이미 숨진 상태였고, 김종서는 실신했을 뿐 숨은 끊어지지 않았다. 수양 일행은 두 사람 모두 죽은 것으로 단정하고 잠자리에 든 단종에게 달려갔다.

늦게까지 단종 옆에 있던 승지 최항崔沆이 수양을 알아보고 단종을 깨웠다. 단종은 한밤중에 찾아온 삼촌 수양을 보고 깜짝 놀랐다. 수양의 모습은 기사를 진두지휘한 직후였으므로 아무리 태연한 척해도 살벌하게 보일 수밖에 없었다. 그는 단종에게 다급한 말투로 황보인과 김종서·정분이 합세해서 상감을 해한 다음 안평대군을 추대하려는 모의가 있어 우선 김종서부터 죽였다고 보고했다. 먼저 아뢰고 행동하기에는 시간이 촉박하여 이와 같이 처리해서 황보인을 비롯하여 정분과 그밖의 역적 모의에 가담한 자들을 모두 체포하겠다고 했다. 단종은 끔찍한 말을 듣고 수양에게 제발 목숨만은 살려 달라고 애원했다.

철퇴를 맞고 쓰러진 김종서는 가까스로 정신을 차렸지만, 아들은 이미 죽은 뒤였다. 김종서는 급히 궁 안으로 들어가 사태를 반전시키려고 했지만 몸이 자유롭지 못했다. 수양은 김종서의 죽음을 확인하기 위해 이홍상李興商을 보냈다. 그가 김종서 집에 도착하여 대문으로 들어설 때 김종서는 헝겊으로 머리를 몇 겹 싸매고 의관衣冠을 갖춘 상태였다. 이들은 달려들어 김종서를 사정없이 때려 죽였다.

수양은 단종을 앞세워 영의정을 비롯해서 고위직 대신들을 불러들였다. 그리고 궁궐의 경계를 엄중하게 했다. 궁궐 문을 세 겹으로 지키게 했는데, 한명회가 미리 작성한 살생부를 들고 궁궐 안에서 철퇴를 든 장수들과 함께 기다리고 있었다.

제1문에서는 권신들의 뒤를 따라온 종복이나 부하들을 모두 제거하고 권신들만 들여보냈다. 제2문에서는 살생부에 올라 있는 권신을 홍윤성과 유수 등이 그 자리에서 철퇴로 내리쳐 죽였다. 제3문에서는 살생부에 오르지 않은 자만 통과시켰다. 영의정 황보인 · 우찬성右贊成 이양李穰 · 이조판서吏曹判書 조극관趙克寬 등이 그 자리에서 살해되고, 안평대군과 정분은 귀양 보냈다가 곧 사사했다.

수양은 이때 입궐하지 않은 반대파 대신들을 그날 밤중에 추적해서 모두 살해했다. 그런데 병조판서兵曹判書 민신閔伸을 찾았지만, 그는 마침 문종의 능인 현릉에 비석을 세우기 위하여 외출한 중이었다. 수양은 그의 소재를 파악하여 그 밤중에 현릉으로 군사를 보내 그 자리에서 참살했다.

재상과 대신들을 제거한 수양 일파는 한자리에 모여 술자리를 벌였다. 그 자리에 좌찬성左贊成 허후許詡가 있었다. 그 옆에 있던 수양의 부하들은 이미 죽은 김종서와 황보인을 효수梟首에 처하라고 주장했다. 이때 허후가 나서서 그 정도로 죽였으면 장례라도 잘 치르도록 해야지 효수까지 할 필요가 있느냐며 반박했다.

그의 이와 같은 말투는 죽은 김종서와 황보인을 옹호하는 것이었다. 수양대군은 그의 말을 듣고 노발대발했다. 그의 재주와 학문이 뛰어나 죽이지 않고 앞으로 일을 같이 하려는 생각이었다. 그러나 이 말을 듣자 허후를 거제도로 귀양 보냈다가 뒤에 사사했다. 사육신死六臣의 옥사가 벌어졌을 때 만약 그가 있었다면 '사육신'이 아닌 '사칠신'이 되었을 것이다. 이 사건을 '계유정난癸酉靖難(1453년)'이라고 부른다.

▪ 효수
죄를 범한 사람의 목을 베어 매달아 두고 사람들에게 경각심을 불러 일으킨 것

수양의 독재

수양은 자신에게 동조하지 않던 자들을 모두 제거하고 권력을 손 안에 넣었다. 겁에 질려 있던 단종은 수양의 말에 따를 수밖에 없었다. 단종 중심으로 시행하던 의정부서사제나 황표정사는 사라지고, 오직 수양의 말 한마디는 어명으로 이어졌다.

수양은 어명으로 거사의 정당성을 백성들에게 알리는 교서敎書*를 내렸다. 이로써 황보인·김종서·안평대군은 반역죄가 적용되어 안평과 그의 아들 우직은 강화도에 유배되고 허후·유중문 등은 거제도에 유배되어 사사되었다. 조수량趙遂良·안완경安完慶·이석정李石貞·정분·지정池淨은 유배로 끝났다.

수양은 스스로 영의정에, 좌의정은 정인지, 우의정은 한확韓確, 이조판서 정창손鄭昌孫, 병조판서兵曹判書 이계전李季甸, 대사헌大司憲 권준權蹲, 병조참판兵曹參判 박중손朴仲孫, 도승지都承旨 최항, 충청감사忠淸監事 민건閔騫, 평양감사平壤監

* 교서
국왕이 내리는 각종 문서

118

事에는 기건奇虔을 임명했다.

얼마 후 단종에게 강화에 유배 중인 안평에게 사약을 내리라는 상소가 올라왔다. 사헌부와 사간원에서는 안평을 역모 사건의 우두머리라고 단정했다. 그러나 단종과 수양은 차마 안평을 죽일 수는 없었다. 그는 단종에게는 삼촌 항렬이고, 수양에게는 바로 아래 친동생이었기 때문이다.

그러자 정인지가 백관을 거느리고 단종에게 직접 들어가 안평에게 사약을 내려야 한다고 거듭 아뢰었다. 그래도 단종은 허락할 수 없었다. 이때 수양대군이 들어와 좌의정 정인지의 말을 거들었다. 단종은 눈물을 머금고 상소를 받아들여 명령을 내렸다. 이순백李淳伯을 강화도에 보내어 안평에게 사약을 내렸고, 그의 아들 우직은 진도로 보냈다가 사사하였다.

수양은 조정의 분위기를 새롭게 바꾸고 백성들에게 자신의 인상을 새롭게 하기 위한 일환으로 단종의 비를 맞아들이기로 했다. 그러나 단종은 부왕 문종의 상중이라는 이유로 거절했다. 삼년상이 지난 다음에야 생각해 볼 일이라고 했다. 그러나 수양의 지시를 받은 대신들의 목소리가 커지자 단종은 할 수 없이 왕비 책봉을 허락했다. 이에 따라 단종의 왕비로 책봉된 왕후는 판돈영부사判敦寧府事 여산 송씨 송현수宋玹壽의 딸 정순왕후였다. 이때가 1454년 단종 2년 정월이었다.

수양은 단종에게 더는 상복을 입지 않도록 했는데, 예조참의禮曹參議 어효첨魚孝瞻이 왕비를 맞아들여도 상복은 계속 입어야 한다고 했다. 어효첨과 수양은 서로 자신의 주장이 옳다고 하면서 양보하지 않았다. 수양은 단순히 영의정의 자리에만 있는 것이 아니었다. 이조판서와 병조판서를 겸하고 있었다. 예조참의 말이 먹혀들 리 없었다. 어효첨은 자신의 뜻을 포기했다.

단종은 모든 것을 체념한 듯 유성원柳誠源을 불렀다. 수양에게 보내는 교서를 유성원이 받아쓰도록 했다.

"옛날 중국 주周나라 주공周公은 국왕의 삼촌이었소. 주공은 어린 성왕成王을 잘 보좌하여 나라를 훌륭하게 다스렸소. 주공의 명성은 성왕보다 높았소. 수양 숙부께서도 조카 나를 좀 도와주시고 어진 정치를 베풀기 바라오."

단종을 옛날 주나라의 어린 성왕에 비유했고, 수양을 주공에 비유했다. 유성원은 교서를 받아쓰고 집에 돌아와 대성통곡했다. 단종이 가련했고 앞으로 나랏일이 걱정이었다. 태종, 세종 때부터 잘 다듬어온 조선의 정치가 수양대군에 의하여 요동친 것이다.

수양은 이후에도 자신과 의견이 다른 자는 이복 동생들은 물론 친동생, 측근까지 옥에 가두거나 귀양 보냈고, 사람 하나 죽이는 것을 파리 잡듯 했다. 수양은 단종을 가까이 하면 그가 누구든 단종에게서 떼어놓았고, 불평하는 자는 엄하게 처단했다.

단종은 하루종일 말 한마디 나눌 사람이 없었고, 사람의 발길이 끊어졌다. 한명회·권람·정인지 등이 단종을 번갈아 찾아와 왕위를 수양에게 넘겨주라는 말만 할 뿐이었다. 수양은 주위의 이목 때문에 내놓으라고는 말하지 못했다. 단종이 자신의 문제를 터놓고 말할 수 있는 사람은 왕비 정순왕후뿐이었다. 단종과 왕비는 아무 권력도 없이 감옥살이와 다름없는 그 자리에서 하루라도 빨리 벗어나고 싶었다. 모든 대신들이 임금과는 말 한마디 하지 않고 수양의 말에만 복종할 뿐이었다. 단종은 임금이 아니었다.

눈물의 전위

1455년 6월 단종은 내시 전균田畇을 불러 수양에게 왕위를 전위하겠다는 의사를 밝히고, 한마디도 빠짐없이 받아쓰라고 했다.

"과인寡人은 용상龍床˙에 앉아 허물도 없이 처형되는 대신과 종친들을 보고 있을 수밖에 없었다. 이것은 과인의 덕이 부족했기 때문이다. 이와 같은 일이 더는 벌어지는 것을 원하지 않을 뿐만 아니라 감당할 능력이 없다. 과인의 부덕不德을 누구에게 탓할 수도 없다. 용상을 수양에게 전위하려고 하니 여러 대신들과 종실에서는 과인의 뜻을 받아주기 바란다."

전균은 받아쓴 교지를 우의정 한확에게 보냈다. 한확은 즉시 수양에게 알리고 회의를 소집했다. 수양이 우의정에게 단종이 내린 교지를 읽도록 했다. 회의장은 침묵이 흘렀고 수양은 아무 말이 없었지만, 모두 기다리던 것이 드디어 왔다는 표정이었다. 그리고 나서 수양은 한확을 데리고 편전便殿˙으로 가서 단종에게 말했다.

▪ 용상
용평상龍平床의 준말로, 임금이 정무를 볼 때 앉는 평상을 말한다
▪ 편전
임금이 항상 거처하면서 정사를 보던 궁전

"저는 왕위에 오를 생각은 전혀 없으니 내린 교지를 거두어 주시옵소서."

이것은 수양의 본 마음과는 다르게 체면과 이목 때문에 하는 헛소리였다. 그동안 수양이 저지른 살생과 권력 투쟁이 얼마나 많았는가? 계유정난을 일으킨 후 친형제까지 무자비하게 살상했고, 어린 국왕을 완전히 내몬 행위는 궁극적으로는 왕위에 대한 욕심 때문이었다.

단종도 수양이 사양하는 말은 진심이 아닌 것쯤은 잘 알고 있었다. 전에 수양에게 중국의 주나라 주공과 같이 허약한 자신을 도와달라고 호소한 바 있었다. 그러나 수양은 그 말을 조금도 귀담아 듣지 않았을 뿐만 아니라 날이 갈수록 단종을 점점 더 고립시켰다. 이런 점으로 보아도 수양의 겸손한 태도는 모두 거짓이었다.

1455년 6월 10일 아침, 경회루 앞뜰에는 문무백관을 비롯하여 수백 명이 모였다. 영의정 수양이 맨 앞에서 고개를 숙여 엎드리고 단종의 행차를 기다렸다. 곧이어 단종이 경회루에 오르자 문무백관들이 허리를 굽혀 단종에게 마지막 예의를 올렸다.

* 동부승지
조선시대 때 공방(공예 · 건축 · 토목공사 등의 일을 맡아보던 부서)의 일을 맡아보던 승지를 말한다.

단종은 동부승지同副承旨 성삼문과 박팽년에게 옥새를 가져오라고 했다. 성삼문과 박팽년은 왕명에 따를 수밖에 없었다. 성삼문이 옥새를 들었고, 박팽년이 옆에서 동행하여 경회루로 향했다. 성삼문이 경회루 연못가에 이르러 그 자리에 주저앉아 대성통곡했다. 그러자 박팽년은 연못에 뛰어들어 자살하려고 신을 벗었다. 이때 성삼문이 울음을 멈추고 급히 박팽년의 옷자락을 잡아당기며 목이 멘 소리로 말했다.

"전하께서 강제로 옥새를 수양에게 빼앗기고 상왕으로 물러나지만 무슨 벌이 내릴지 모를 일일세. 그것을 지켜보고 난 뒤에 죽어도 늦지 않을 테니 참아야 하네."

박팽년은 성삼문의 말을 듣고 나서 다시 신을 신었다. 두 사람은 경회루에 올라 옥새를 단종 앞에 놓고 복받치는 눈물을 참았다. 단종은 그 옥새를 수양에게 내줌으로써 짧고 파란만장한 용상 자리에서 물러났다. 단종은 상왕자리로 물러가고 수양은 정식으로 즉위식을 거행하여 국왕에 올랐다.

상왕 단종은 경복궁을 뒤로 하고 창경궁으로 향했다. 단종이 지나가는 경복궁 경회루에 있던 백성들의 통곡 소리가 진동했다. 세조는 단종에게 공의온문恭懿溫文, 왕비 정순왕후에게는 의덕懿德이라는 존호로 높이 올렸다. 그러나 두 사람은 이를 받아들이지 않았다.

대금황제라 칭한 이징옥

수양대군은 계유정난으로 정적 김종서·황보인 등을 살해하고 정국의 주도 권을 장악하여 김종서 세력을 제거하기 시작했다. 그런 그의 눈에 가장 거슬리는 존재는 바로 이징옥李澄玉이었다. 그는 1416년 무과에 장원급제하여 벼슬길에 오른 인물이었다. 김종서를 도와 함경도에서 6진을 개척한 무장武將으로 김종서가 자신보다 뛰어난 인물이라 하여 자신의 후임으로 추천하기도 했다.

수양대군으로서는 변방에서 막강한 군대를 지휘하고 있는 그가 정적 김종서의 심복이라는 데 불안을 느낄 수밖에 없었다. 그래서 단종의 명으로 박호문朴好問을 이징옥의 후임으로 함경도 도절제사에 임명했다. 이는 이징옥이 인수인계를 끝내고 서울로 오는 즉시 잡아다가 처형시키려는 계획이었다. 그러나 이징옥이 수양대군의 속셈을 먼저 꿰뚫고 있었다. 이대로 한양에 올라가면 수양대군에게 죽임을 당할 것은 불 보듯 뻔했다. 그때 이징옥의 부하 군관軍官인 김수산金壽山이 박호문부터 죽여야 한다고 주장했다.

이징옥은 그의 주장대로 부임해 온 박호문을 잡아 살해했다. 게다가 이징옥의 부하 박문헌朴文憲이 김종서의 원혼을 풀어 주어야 한다는 말을 듣고, 그는 군사를 일으켜 수양대군에게 반기를 들었다. 이징옥은 박문헌의 군사를 흡수하여 군사를 총동원시켜 한양으로 가지 않고 북쪽으로 더 들어가 여기저기에 흩어져 있던 여진족에게 군사 지원을 요청했다.

이징옥은 두만강 건너편의 오국성五國城에 도읍을 정하고 자신을 대금황제大金皇帝라 칭한 뒤 황제 즉위 선포식까지 했다고 전해진다. 군관들은 이징옥 앞에 꿇어앉아 충성을 맹세했고, 압록강과 두만강 주위에 관속官屬(지방 관아의 하급 관리와 하인)을 배치했으며, 박문헌과 김수산을 좌우승상左右丞相으로 임명했다. 그 아래에는 시중侍中, 영令, 상서尚書 등의 관리까지 임명했다. 관청의 기녀였던 이징옥의 첩 경화를 황후라 칭하고 다른 기녀들을 시녀로 삼기도 했다.

그러나 이징옥은 여진족의 지원을 얻기 위해 길을 떠났다가 종성鍾城에서 하룻밤을 지내게 되는데 그것이 그의 마지막 밤이 되었다. 종성판관鍾城判官 정종鄭種과 호군 이행검李行儉 등의 습격을 받아 아들과 함께 피살되고만 것이다.

이징옥의 난은 조선왕조에 대한 최초의 대규모 반란이었으며, 조선인이 스스로 황제로 칭하였다는 점에서 주목할 만한 사건이었다. 그리고 이 사건 이후 중앙 정권이 이 지역 주민을 차별하여 민심을 자극함으로써 뒷날 일어난 '이시애의 난'의 뿌리가 되었다.

제7대 세조 世祖

단종 복위를 위한 반란

세조(1417~1468)은 세종과 소헌왕후 사이에서 태어났다. 이름은 유柔이고 자는 수지粹之이다. 39세의 늦은 나이로 왕위에 올랐고, 정희왕후貞憙王后 윤씨와 근빈謹嬪 박씨에게서 4남 1녀를 두었다. 이들 중 정희왕후 윤씨에게서 의경세자懿敬世子(덕종) · 해양대군海陽大君(예종) · 의숙공주懿淑公主, 근빈 박씨에게서 덕원군德原君 · 창원군昌原君을 두었다.

1466   1467   1468

직전법 실시   이시애의 난   세조 사망

거사의 날이 밝았다

세조는 계유정난 때의 공로자를 정난공신靖難功臣이라 했다. 일등공신에는 한명회, 권람, 정인지, 최항을, 이등공신에는 신숙주 등 직접 간여한 자, 삼등공신에는 중립을 지키면서 조용히 조정에 남아 있던 성삼문이 포함되었다. 그리고 1455년 윤6월, 세조가 조선 제7대 왕으로 등극하기까지 자신에게 공을 세운 신하들을 좌익공신佐翼功臣이라 하고 다음과 같이 세 부분으로 나누었다.

일등공신 : 한명회 · 권람 · 신숙주 · 한확 · 윤사로 · 계양군桂楊君 증增과 익
　　　　　현군翼峴君 곤璭
이등공신 : 정인지 · 홍달손 · 최항 · 양정 · 전균을 비롯한 12명
삼등공신 : 성삼문 · 정창손 · 홍윤성 · 이휘李徽를 비롯한 25명

정난공신과 좌익공신을 좀더 관심 있게 보면 사육신과 생육신의 절개를 미리 알 수 있다. 계유정난 당시, 집현전 학사 출신들인 성삼문, 정인지, 최항, 신숙주, 하위지河緯地 등은 중립을 지키면서 수양의 거사에 동조했다. 이것은 김종서, 황보인 등의 권력 남용에 평소부터 반대해왔다는 것을 보인 것이다. 이들도 재상 중심 체제를 주장하고 있었으나, 단종이 어리고 허약한 군주라는 것을 악용하여 삼정승 세력이 확대되는 것을 못마땅해하고

있었다. 따라서 수양 역시 이들 집현전 출신 학자들을 적으로 간주하지 않았고, 오히려 수양이 집권한 뒤에 조정의 요직으로 들어간 학자도 있었다.

그러나 성삼문, 하위지 등은 수양이 왕위를 찬탈하자 그 태도가 분명히 달라졌다. 그들은 수양이 단종을 무자비하게 몰아내고 교묘히 왕위를 탈취한 파렴치한 인간이라 단정하고 비밀리에 복수의 칼을 갈기 시작한 것이다. 그리하여 1456년 6월, 집현전 출신의 젊은 학자들이 중심이 되어 단종 복위 운동을 전개하였다.

이 무렵, 명나라의 고명칙사誥命勅使가 한성에 들어와 조선 왕실과의 일을 마치고 태평관太平館에 머물고 있었다. 조정에서는 그가 명나라로 귀국하기 전에 창덕궁 광연전廣延殿에서 송별 연회를 베풀도록 준비하였다. 이 자리에는 새로 등극한 왕을 비롯하여 상왕 단종 등 문무백관들이 참석하고, 유응부兪應孚와 성삼문의 부친인 성승成勝이 세조의 경호 책임인 운검雲劒을 맡았다.

이들은 이번 연회가 세조의 목을 치고 단종을 복위시키는 데 절호의 기회라고 생각하고 회

▪ 고명칙사
명나라 황제의 명을 받아 조선의 새로운 왕을 승인하기 위하여 온 사신
▪ 태평관
명나라 사신이 머물던 객사客舍

의를 가졌다. 이때 참여한 주요 인물은 성삼문·박팽년·이개·하위지·유성원·유응부 등이었다. 뒤에 김질金礩이 회의에 동참했는데, 이것이 거사에 실패하고 조선 역사의 물줄기를 바꾸어놓게 된 것이다. 거사 회의에서 유응부와 성승이 세조의 목을 치고 다음에 한명회·권람·정인지를 차례로 제거한다는 계획을 세웠다.

거사 날의 아침이었다. 그런데 눈치가 빠른 한명회는 이들의 표정을 보고 이상한 느낌이 들었는지 운검을 취소하는 것이 좋겠다는 의견을 세조에게 건의했다. 세조는 한명회의 건의를 받아들여 운검을 취소시켰다. 거사의 핵심 인물이 세조 옆에 서 있다가 목을 내리칠 수 있는 기회가 사라진 것이다.

성삼문은 운검이 취소된 것을 알고 모의의 비밀이 분명 누설된 것으로 판단했다. 그는 유응부에게 거사를 다음 기회로 미루고 오늘은 조용히 하자고 했다. 그러나 유응부는 대장부들이 한 번 결정한 일이니 당장에 달려가 세조의 목부터 치고 그 다음 그의 심복들을 치자고 했다. 결국 성삼문의 반대로 다음 기회로 미루기로 했다.

그런데 김질은 거사가 계획대로 이루어지지 않고 수포로 돌아가자 겁이 났다. 이대로 있다가는 목숨이 달아날 것이 분명하다고 생각한 것이다. 그는 장인 정창손을 찾아가 비밀을 모두 털어놓았다. 정창손은 세종의 불교 부흥과 훈민정음 반포에 반대했지만, 세종에게 총애를 받았고 세조도 굳게 신임했다.

정창손은 잠시도 주저하지 않고 자리에서 벌떡 일어섰다. 관복을 차려입고 궁궐로 들어간 그는 세조에게 사위에게서 들은 거사를 모두 털어놓았다. 그리고 나서 거사에 참여한 자기 사위부터 처벌해야 한다고 했다. 그러나 세조는 김질은 처음에 가담했어도 자진해서 탈퇴하여 비밀을 알려주었으므로 죄를 추궁하지 말라고 정창손을 타일렀다.

세조는 한명회를 임시 재판장인 위관委官˙에 임명하고, 의금부義禁府와 형조刑曹·포도청捕盜廳에 명을 내려 형구刑具를 준비하도록 했다. 그리고 성삼문을 비롯하여 관련자 전원을 체포하여 하옥하라는 특명을 내렸다. 그는 편전으로 나가 체포한 자를 한 명씩 직접 국문鞫問˙했다.

두임금을 섬기지 않는다

먼저 성삼문부터 불러내어 심문했는데, 그는 세조의 심문에 대하여 이렇게 말했다.

"이번 모의는 내가 총지휘자이고 이것은 역적 모의가 아닌 단종의 신하로서 마땅한 도리요."

의금부에 잡혀 온 모의 가담자들은 그때서야 배신자가 김질이라는 것을 알았다. 체포된 자 중

˙위관
죄인을 신문할 때 의정 대신議政大臣 가운데서 임시로 뽑아서 임명하는 재판장
˙국문
조선시대에 역적 등의 중죄인을 국청鞫廳에서 심문하던 일

에 김질이 빠져 있었고, 편전의 세조와 한명회 뒤에 그가 당당하게 앉아 있었기 때문이다. 체포자 중에는 엉뚱하게도 강희안姜希顔이란 자가 억울하게 끌려와 있었다. 이때 성삼문이 다시 입을 열었다.

"우리와 거사를 함께 모의한 자는 김질이고, 여기 강희안은 우리와 모의한 사실이 전혀 없으니 풀어주시오."

강희안은 성삼문 덕분에 풀려났다. 세조는 성삼문에게 온갖 고문을 하도록 했고, 잘못을 고백하고 충성을 맹세하면 목숨을 살려줄 뿐 아니라 더는 죄를 묻지 않겠다고 했다. 그러나 그는 이미 죽기를 각오하고 조금도 흐트러짐 없이 의연한 자세로 거사의 정당성을 주장했다. 그리고 자신은 세종, 문종, 단종의 신하임을 굽히지 않았다.

성삼문은 신하의 본분으로 "두 임금을 섬기지 않는다"는 불사이군不事二君의 충절을 분명하게 내보였다. 그러므로 그는 세조에게 존칭을 한마디도 쓰지 않았을 뿐만 아니라 오히려 왕의 자리를 불법으로 찬탈한 역적의 우두머리라고 했다. 성삼문에게는 점점 더 참혹한 고문이 가해졌고, 그럴수록 그의 대답은 단호했다.

"단종의 신하가 단종을 왕으로 섬기기 위한 것은 결코 반역이 될 수 없다."

세조는 성삼문을 더는 설득할 자신이 없어 사형시키기로 결정하고 옥에 가두기로 했다. 그러나 세조는 아직도 그의 인품과 학문에 미련이 남아 마지막으로 마음을 돌리기 위하여 전에 이방원이 정몽주를 타살하기 전에 내놓은 시를 보이도록 했다. 그러나 성삼문은 다음과 같은 시로 답했다.

이 몸이 죽고 죽어 무엇이 될꼬 하니

봉래산 제일봉에 낙락장송 되었다가

백설이 만건곤할 제 독야청청하리라

세조는 완전히 포기했다. 성삼문은 물론이고 그의 부친 성승과 아들 다섯, 그리고 친사촌 동생까지 모두 처형당했고, 부인은 관비官婢가 되어 목숨은 유지했다.

그 다음 박팽년은 세조가 왕위에 오르던 날, 경회루 연못에 투신 자살하려다가 성삼문의 만류로 실패하고 때를 기다리다가 오늘에 이른 것이다. 그는 충청감사를 지내고 형조참판에 있다가 모의에 가담하여 세조의 국문을 받게 되었다.

그가 충청감사로 있을 때 국왕에게 올리는 보고 문서인 장계狀啓에 자신의 존재를 낮추어 신臣 자를 써야 할 자리에 거巨 자를 대신 써넣었다. 그리고 세조 때 녹봉으로 받은 쌀을 먹지 않고 창고에 그대로 쌓아두었다. 전부터 그의 이 같은 모습은 세조의 '신하'가 아니라 '거인' 박팽년이라는 뜻이었다. 그를 끌고 가던 금부도사가 그에게 넌지시 말했다.

"고집과 충절의 뜻을 조금만 굽히면 본인의 사형도 면하고 가족들도 편안하여 서로 좋으니 세조의 말에 반격하지 마시오."

그러나 형조참판 박팽년이 이런 정도의 법을 모를 리가 없었다. 목숨을 연명하기 위하여 양심을 거짓으로 바꿀 수 없었다. 세조는 박팽년에게도 온갖 고문과 협박으로 자백하도록 했지만 자신의 충절에 대한 뜻을 조금도 굽히지 않았다.

세조는 고문으로는 그의 마음을 돌리지 못하자 다시 감옥에 넣었다. 박
팽년의 학문과 지혜가 아주 아까워 마지막으로 설득하려고 김질을 보내어
마음을 돌리도록 했다. 그러나 박팽년은 다음과 같은 시 한 수를 읊어 세조
에게 전하라고 했다.

까마귀 눈비 맞아 희난듯 검노매라
야광명월이야 밤인들 어두우리
임 향한 일편단심이야 변할 줄이 있으랴

세조는 김질이 가지고 온 시를 보고 박팽년을 설득할 자신이 없어 처형
하기로 했다. 그리하여 그의 아버지 형조판서刑曹判書 박중림朴仲林과 동생
박대연·박기연·박영년·박인연·아들 박헌·박순·박분과 세 살짜리
어린 아들까지 모두 사형시켰다. 같은 박씨 씨족은 사형에 처해도 성이 다
른 부인 등 여자에게는 죄를 묻지 않았던 당시 조선의 법에 따라 부인은 죽
이지 않았다.

그런데 그의 부인은 당시 임신 중에 있었으므로 조정에서는 앞으로 태
어나는 아이가 남자라면 즉시 사형시키도록 되어 있었다. 이 제도는 중죄
인에게는 근본적으로 혈육을 없애 대를 이어가지 못하도록 하기 위한 것이
었다.

일설에 의하면 3세 된 박팽년 아들을 처형할 때 부인의 몸종이 자신의

아들을 대신 박팽년 아들이라고 하여 처형되도록 하고 박팽년 아들을 키웠다고 한다. 그리고 그때 마침 종도 임신 중에 있었는데, 박팽년 부인과 거의 같은 시기에 출산했다. 만약 종이 딸을 낳고 그의 부인이 아들을 낳으면 바꾸도록 했는데, 같은 시기에 미리 생각한 대로 종은 딸을 낳고 부인은 아들을 낳았다. 조정에 그대로 알려지면 그 아들은 사형이 분명하므로 즉시 바꾸어 키웠다. 이 때문에 박팽년의 자손은 뒤를 이을 수 있었다.

그러나 나머지 사육신의 혈육은 모두 끊기고 말았다. 이개도 아들 이공피와 함께 사형될 수밖에 없었고, 하위지도 아들 하연·하반이 함께 사형당했다. 유성원은 모의 사건이 김질의 배신으로 실패로 끝나자 곧장 집으로 가 아들 유귀련·유송련과 함께 자살하였다. 이런 경우에는 당시 법적으로는 반역죄를 선고받기 전에 본인이 먼저 자살했으므로 나머지 형제들이나 유씨 친족들은 처형되거나 죄를 면할 수 있었다.

현덕왕후 권씨의 오빠이고 단종의 외삼촌인 권자신權自愼도 그의 아들 권구지와 함께 사형을 면할 수 없었고, 유응부는 아들 유사수와 함께 사형을 받았다. 박정도 세 아들과 함께 처형되었고, 이개의 매부 허조許稠는 아들 허근령·허구령과 함께 미리 자살했다. 뒤에 함경도 도절제사 김문기金文起도 사형당하고 그 밖에도 관련자 수십 명이 사형되어, 이때 목숨을 잃은 사람이 70여 명이었다.

성삼문·박팽년·이개·하위지·유응부는 처참한 고문 끝에 거의 죽은 목숨과 다를 바 없었는데, 한강 새남터 형장으로 끌려가 사형당했다. 그러나 후환이 두려워 그들의 시체를 수습해 주는 사람은 나타나지 않았다.

제멋대로 흉하게 형장에 버려진 시신을 김시습金時習이 스님 한 분을 데리고 한밤중에 가서 수습하여 한강 남쪽 건너 언덕에 묻어 주었다. 이것이 지금 노량진에 자리잡은 사육신묘死六臣墓이다.

사건을 수습한 세조는 공신으로 42명을 책록策錄했다. 그런데 김시습·권절權節·성담수成聃壽·원호元昊·이맹전李孟專·조려趙旅 등은 단종에 대한 충절을 지켜 세조가 내려 준 공신 책록과 벼슬을 비롯한 모든 호의를 거절했다. 그 뒤 스스로 폐인으로 자처하면서 절간이나 움막에서 전전하다 살다가 죽었는데, 이들을 살아 있으면서 단종에게 충절을 바친 신하라고 하여 '생육신生六臣'이라고 부른다.

금성대군의 반란

사육신이 중심이 된 단종 복위 운동을 마무리한 세조는 자신에게 도전하는 자는 사건 내용의 경중과 무관하게 무조건 제거했다. 갈수록 마음이 불안정해진 세조는 1457년 6월, 금부도사 왕방연王邦衍에게 명을 내려 금성대군錦城大君 집에 머물고 있던 단종을 노산군으로 격하하여 강원도 영월로 보내도록 했다.

이때 금성대군에게도 불똥이 떨어졌다. 그동안 그는 형인 수양대군이 계유정난으로 권력을 장악한 데에 공공연한 반대 의사를 내비쳤다. 이 때문에 수양대군 일파에게는 그가 불손한 자로 지목된 것이었다. 이런 관계로 금성도 유배에 처해졌다. 처음에는 삭녕으로 유배되었다가 경기도 광주를 거쳐 경상도 순흥까지 내려가게 되었다.

금성대군은 아무리 생각해도 세조의 인정이 메마른 결정에 울분이 터졌다. 세조는 자신과는 친형제이고 단종과는 삼촌과 조카 사이였다. 엄밀히 따지고 보면 단종 복위 거사에는 사육신이 주축이었지 자신은 아무 잘못이 없었다. 단종 복위를 위한 사람들은 따로 있었고, 그들의 움직임을 전혀 모르면서 단지 세조에게 불평을 하던 자가 따로 있었다. 단종이 여전히 목숨을 유지하고 있기 때문에 자신을 불신하는 자가 속출한다고 생각했다.

금성대군은 분통을 참다못해 순흥부사順興府使 이보흠李甫欽을 불렀다. 그에게 세조를 죽이고 단종을 복귀시키는 데 앞장서 달라고 했다. 이보흠은 금성대군의 요구를 허락했다. 그는 직접 군사를 동원하는 한편 전국 각처에 격문檄文을 돌렸다. 그 격문은 충청과 영남까지 퍼졌고, 모의한 단종 복위 방법의 골자는 다음과 같았다.

▪ 격문
군사를 급히 모으기 위해 쓴 글

첫째, 순흥을 근거지로 하고 순흥부 군사 670여 명을 이용해 주변 고을부터 점령한다.

둘째, 일부 군사를 죽령과 조령으로 출동시켜 한양과 지방의 통신을 모두 차단하고 영남부터 완전히 장악한다.

셋째, 전국에 격문을 띄워 동지들을 최대한 규합한다.

넷째, 영월에 유배된 단종을 순흥으로 안전하게 모시고 와서 복위에 대비한다.

다섯째, 전국의 힘이 모이면 한양으로 진격하여 세조부터 제거하고 그의 심복을 쳐낸다.

그런데 엉뚱하게도 이보흠 밑에 있던 급창관노及唱官奴가 화근이 되었다. 이 관노는 이동이란 자로 순흥부사 밑에 있다가 거사 계획을 눈치챘다. 그는 금성대군의 시녀侍女 금연을 매수하여 구체적인 행동 강령까지 알아냈다.

금성대군이 순흥부사와 일을 도모하는 사이 급창도 금성의 시녀를 자주 만날 수 있었고 두 남녀는 정분까지 싹트게 되었다. 급창관노는 금연을 통해 금성대군이 작성해 놓은 격문까지 빼

- 급창관노
부사府使가 내리는 명령을 똑같이 큰소리로 복창하는 관노
- 관노
관노비의 준말로, 고려 · 조선시대에 지방 관청에 속한 노비이다.

138

내어 한양으로 달아났다. 이때 풍기현감豊基縣監이 급창의 행동을 눈치채고 말을 타고 그의 뒤를 쫓아 그 격문을 빼앗았다. 그리고 급창은 그 자리에서 목을 친 뒤 한양으로 달려가 그가 세조에게 역모를 아뢰었다.

풍기현감은 이번 기회에 세조에게 신임을 얻으려고 급창관노의 목을 치고 이와 같은 행동을 한 것이다. 그는 전에 김질이 모의 사건을 그의 장인에게 밀고한 공으로 공신록功臣錄에 오르고 큰 벼슬까지 받은 사실을 잘 알고 있다가 이 같은 행동을 했다. 세조는 명을 내려 금성대군과 이보흠을 체포했다. 그런 다음 순흥부를 없애고, 행정 구역을 풍기·영천·봉화에 분산시켜 귀속했다.

이 사건이 있은 뒤에 의정부·육조·종친에서는 금성대군과 이보흠에게 극형을 내리는 것이 마땅하다고 주장했다. 세조는 금성대군에게 사약을 내리고 이보흠은 평안도 박천으로 유배시켰다가 처형했다. 단종의 장인 송현수와 내시 엄자치嚴自治 등은 이 무렵 처형당하고, 세조의 이복 동생 영풍군永豊君과 한남군漢南君은 살려주었다.

억울한 운명을 지닌 단종

단종이 유배된 곳은 강원도 영월의 민가가 몇 채 모여 있는 곳에서 산속으로 한참 들어가 삼면이 산으로 둘러싸인 청령포 서강西江의 허술한 초가였다. 강변 옆의 산은 깎아놓은 듯한 절벽이어서 배 없이는 꼼짝도 하지 못해 마치 감옥이나 다름없었다.

　짐승의 울음소리와 산새들의 노랫소리만 들릴 뿐 사람 구경을 할 수 없어 삭막하고 허무한 생활의 연속이었다. 궁궐과 정순왕후의 소식도 들을 수 없었다. 단종의 일상 생활이 소문으로만 나돌아 가끔 특별한 음식을 준비해온 백성도 있었고, 하루에 꼭 한 번씩 찾아오는 농부도 있었다. 단종의 복위를 위한 사육신의 거사가 오히려 이와 같은 비참한 결과를 초래하고 만 것이다.

　한편, 조정 대신들은 세조의 신임을 얻기 위하여 이 기회에 노산군을 처형해야 세상이 조용해진다고 주장했다. 이에 세조는 단종이 영월로 떠날 때 함께 동행한 금부도사 왕방연을 다시 불러 노산군에게 사약을 내리고 사사하라는 명을 내렸다.

　왕방연은 개인적으로는 단종을 두둔했고 "불쌍하고 억울한 운명을 지닌 임금"이라며 안타까워했다. 그러나 자신의 직책이 하위직인데다가 본심을 조금이라도 내비치면 목숨이 달아날 것이 뻔했다. 그 때문에 꿀 먹은 벙어리 행세를 해오다가 사약을 들고 갔다. 할 수 없이 영월에 들어갔지만 단종의 처소에는 차마 들어가지 못하고 약사발을 뒤로 숨긴 채 뜰 밑에 엎드렸다.

　단종이 한양에서 내려온 금부도사를 맞이하기 위하여 곤룡포衮龍袍를 입고 익선관翼善冠을 쓴 다음 정좌했다. 왕방연은 고개도 들지 못하고 흐느꼈다. 이때 단종의 초가에서 잡일을 하던 관노가 왕방연이 말 한마디 못하고 흐느끼는 사정을 알았다. 단종이 이제 죽은 목숨이라는 것을 안 것이다.

그 관노는 슬며시 단종이 앉은 뒤편으로 가 활시위를 올가미처럼 만들어 그것을 창문 구멍으로 넣어 단종의 목에 걸더니 힘껏 잡아당겼다. 왕방연의 모습만 내려다보던 단종은 짧은 비명을 남긴 채 그 자리에서 숨졌다. 이날은 1457년 10월 24일로 단종의 나이 17세 때였다. 그렇게 그는 파란만장한 운명을 지탱해 오다가 후사도 없이 한 많은 세상을 떠났다. 시신은 운명한 상태로 관노가 강물에 던졌다.

단종을 모시던 몇 명의 궁녀들도 강물에 몸을 던졌다. 영월 사람들은 후환이 두려워 단종이 거처하던 곳에는 아무도 접근하지 못했고, 궁녀들과 단종의 시신은 물 위에 떠 있었으나 수습해주는 자가 없었다.

당시 그 지방에서 시신 수습을 직업적으로 도맡아 하던 엄홍도라는 호장戶長이 이 소문을 듣고 관을 준비하여 한밤중에 아무도 모르게 시신이 떠 있는 강으로 향했다. 그는 단종의 시신을 찾아 정성껏 수습했는데, 때가 밤중이고 목에 묶인 활시위는 가늘어 보이지 않아 시신을 그대로 관에 넣었다. 혼자 관을 짊어지고 동편 산으

▪ 곤룡포
임금이 입던 정복
▪ 익선관
임금이 정무를 볼 때 쓰던 관
▪ 호장
지방 향직鄕職의 우두머리였으나, 조선시대에 중앙 집권 체제의 발달로 수령 밑에 있는 아전으로 품계가 떨어졌다.

로 올라가 산소를 마련했는데, 그곳이 지금의 장릉蔣陵이다. 그는 목숨이 두려워 아무에게도 이 사실을 말할 수 없었으므로 가끔 혼자서만 묘를 찾아 보살폈다.

그런데 그 뒤에 영월부사寧越府使가 잠을 자다가 갑자기 원인도 모르게 죽더니, 새로 부임하는 부사마다 첫날밤을 넘기지 못하고 시체로 변했다. 이와 같이 죽어 간 신임 부사가 7명이나 되자 아무도 그곳 부사로 가려고 하지 않았다. 계속해서 부사가 없는 곳이었으므로 행정과 치안이 엉망이었다. 궁궐은 물론이고 조선 8도에 소문이 퍼졌다. 그런데 조정에서 어느 평범한 관료가 이 사실과 소문을 잘 알면서도 영월부사를 자청했다. 자원한 부사가 내려오자 모든 사람들이 다음날 시신 하나를 처리해야 한다면서 수군거렸다.

부임한 날 저녁 그는 동헌東軒에 불을 밝게 하고 관복을 정중하게 차려입은 채 밤늦게까지 앉아 있었다. 졸리지도 않아 계속 앉아 있던 중이었다. 그런데 갑자기 세찬 바람과 함께 동헌의 기둥과 대들보가 심하게 흔들렸다. 벽에 걸어 둔

▪ 동헌
조선시대 지방 관아에서 감사, 병사, 수사들과 수령들이 공적인 사무를 처리하던 대청이나 집
▪ 옥체
임금의 몸
▪ 용안
임금의 얼굴

물건이 떨어져 구르고 굳게 걸어 놓은 대문이 활짝 열렸다. 잠시 후 소년 왕 혼령이 신하 수십 명을 거느리고 동헌으로 들어서더니, 신하들은 마당에 서 있고 소년 왕은 대청으로 올라왔다.

부사는 직감적으로 단종의 영혼이라는 것을 알 수 있었다. 급히 동헌 뜰 아래로 내려가 무릎을 꿇고 신하로서 왕에 대한 예우를 올리고 분부를 기다렸다. 그러자 혼령은 부사에게 말했다.

"나는 관노의 활시위에 묶여 목숨을 거두었다. 그 줄이 아직도 목에 감겨 있어 답답해 견딜 수 없으니 귀관이 이 줄을 풀어 주기 바란다."

"신은 전하의 옥체玉體가 지금 어디에 계신지 전혀 알지 못합니다. 신에게 알려만 주신다면 즉시 분부대로 하겠습니다."

"이 마을에서 살던 엄홍도를 찾아 물어보면 알 수 있을 것이다."

잠시 조용하던 대청마루가 다시 흔들리고 바람이 불더니 혼령은 삽시간에 사라졌다.

마을 사람들은 아침에 신임 부사가 죽었을 것으로 알고 장례 준비를 하여 몰려들었다가 깜짝 놀랐다. 죽기는커녕 부사는 새벽부터 관복을 정중하게 입고 동헌에 앉아 있었다.

부사는 당장 호장 엄홍도를 불러오도록 했다. 잠시 후 그가 동헌에 도착하자 단종의 시신을 매장한 곳을 묻고, 여러 명의 인부를 동원하여 부사가 직접 앞장섰다. 그는 단종의 시신을 묻은 곳에 도착하여 땅을 파고 관을 꺼내어 열어 보았다. 매장된 지 오래되었지만 용안龍顔은 조금도 변하지 않아 마치 살아 있을 때와 똑같았다.

부사가 시신을 꼼꼼히 살펴보니 혼령의 말대로 목에 가느다란 활시위가 감겨져 있었다.

"전하의 옥체에 감긴 활시위를 풀어 불에 태우고, 지금부터 정중하게 장례를 모시고 제사 지낼 준비를 하라."

단종의 장례와 제사를 정중히 모신 뒤에야 영월은 평온을 되찾았다.

철권 통치와 독재 정치

백성들 사이에서 떠도는 세조에 대한 평판은 단종과 금성대군을 사사한 몰인정한 군주로 소문이 나 있었다. 세조도 흉흉한 민심을 수습하기 위하여 왕권부터 강화했다. 근대 민주주의 국가의 내각제와 비슷한 의정부서사제를 폐지하고, 육조직계제를 부활시켰다. 사육신의 단종 복위 사건과 같은 일이 다시는 일어나지 않도록 하겠다는 이유로 집현전을 없앴다. 정치와 문화의 토론 광장이던 경연經筵*도 없앴다.

그리고 그곳에 보관된 서적과 각종 자료는

* 경연
임금에게 유교 경전과 역사를 가르치던 교육 제도
* 서경
인사 이동이나 법률 제정 등에서 대간臺諫의 서명을 받는 제도를 말한다.

예문관藝文館으로 옮겼다. 사헌부와 사간원의 서경署經과 국정의 문제점을 건의하던 대간의 언론 기능을 대폭 약화시켰다. 그러나 왕의 오른팔 격인 승정원의 기능과 권한은 더욱 강화하여 그곳에서 육조를 관장할 수 있는 감사 업무와 국가의 중요한 결정에 관여하도록 했다.

태종 때 실시했다가 없어진 호패법을 부활시켜 백성들의 동향을 정밀하게 파악하는 등 왕도 정치를 강화할 수 있는 제도라면 무엇이든 과감히 도입했다. 〈호전戶典〉을 복구하여 호구를 규제할 수 있도록 했고, 백성들의 이주 동향을 정확히 파악할 수 있도록 했다. 다음에는 〈형전刑典〉을 개편하여 형량을 새로 정했다.

각 고을에서 직접 병기를 생산, 제작할 수 있도록 하는 한편, 조정의 관제 명칭도 대폭 바꾸었다. 태조 때부터 사용하던 영의정부사領議政府事는 영의정으로, 사간대부司諫大夫는 대사간으로 바꾸었다. 도관찰출척사都觀察黜陟使는 관찰사로, 오위진무소五衛鎭撫所는 오위도총관五偉都摠管으로, 병마도절제사兵馬都節制使는 병마절도사兵馬節度使로 바꾸었다.

그리고 직전제職田制를 개편하여 종전에 전·현직 관리에게 일률적으로 주던 과전을 현직 관리에게만 주고 전직 관리에게는 주지 않았다. 병마절도사를 임명할 때는 부정부패와 모반謀反을 사전에 막기 위하여 현지 출신 무인에게는 임명하지 않고 중앙의 문신이 맡도록 했다. 아울러 《어제시문御制詩文》을 출간하여 태조부터 문종에 이르기까지 역대 왕들이 지은 시를 한눈에 볼 수 있도록 했다. 그리고 왜구나 명나라와의 외교 정책은 특별한 경우가 아니면 전쟁을 피하며 유연한 외교를 원칙으로 하여 남해와 북쪽 변방의 안정을 도모했다.

그러나 국정 운영은 세종이 일관되게 펼쳐오던 문치주의文治主義가 아닌 강권주의强權主義로 돌아섰다. 능력 있는 인재 등용과 학자 중심의 인사 관리가 아닌 복종과 심복 중심으로 짜여진 정치였다. 일례로 공신 홍윤성은 세조의 믿음이 두터운 심복이었다. 그가 부하를 시켜 멀쩡한 사람을 죽인 살인 범죄를 저질렀지만, 가벼운 주의만 들었을 뿐 벌을 받지 않았다. 반대로 계유정난 공신인 양정은 세조의 퇴위를 원한다는 본의 아닌 발언을 했다는 이유로 즉시 참형에 처했다.

세조의 심복 중심 인사 관리가 더욱 철저한 곳은 육조와 승정원이었다. 이 같은 강권 정치에 따라 병조판서兵曹判書에는 한명회, 예조판서禮曹判書에는 신숙주, 호조판서戶曹判書에는 조석문曹錫文을 임명했다. 이들은 육조판서六曹判書의 한 분야를 맡고 있었지만 사실상 승정원의 임무를 겸직하도록 했고, 현직에서 이동해도 언제나 국정 운영에 우선 참여할 수 있는 자격을 부여했다. 승정원 중심의 강권과 심복 정치로, 왕권은 물 샐 틈 없이 한층 더 강화되었다.

세조는 자신의 심복 중의 심복으로 알려진 신숙주, 한명회, 구치관具致寬에게는 수시로 승정원에 출근하여, 세자와 함께 나랏일을 운영하도록 하고 대신할 수 있는 업무를 맡겼다.

조선의 역사상 유례가 없는 가장 강력한 왕권 정치를 해온 세조였다. 그는 점점 더 권력을 독점하여 국정 운영은 더욱 경색되고 독재 정책으로 바뀌었다. 이 결과 새롭게 나타난 것은 공신들의 비리였다. 그들의 비리와 부정부패, 교만한 행위는 날이 갈수록 더해 갔다. 세조가 건강이 악화되어 공신들에게 의존할수록 비리는 더욱 기승을 부렸고 백성들의 삶은 피폐해졌다.

그런데 세조의 큰아들 의경세자懿敬世子는 매일 밤 현덕왕후 권씨의 혼령에 시달리다가 20세의 나이로 급사했는데, 세조는 그 무덤을 파내어 시체를 토막내도록 한 패륜적인 명을 내렸다. 그는 단종과 친형제, 충신들을 무자비하게 죽인 죄책감으로 말년에는 불교에 깊이 빠졌다. 그 여파로 잠시 불교가 융성하기도 했는데, 이것이 유교 이념에 투철한 성리학자들의 반발을 일으키는 빌미가 되기도 했다.

240회 기출 문제

이것은 한문 소설의 효시인 《금오신화》에 실린 다섯 편의 소설 중 하나입니다. 처음에는 살아 있는 남녀 간의 사랑을 묘사하다가 나중에는 살아 있는 남자와 죽은 여자 사이의 사랑을 묘사한 작품입니다. '명혼 소설'의 대표적인 작품으로, 김시습이 지은 이 소설은 무엇일까요?

답 : 이생규장전李生窺墻傳

역사의 한 페이지
이시애, 유언비어를 퍼뜨리다

세조는 왕위에 오르자마자 강력한 중앙 집권 정책의 하나로 직전법을 실시하여 지주들의 대토지 소유를 경계했다. 이는 관료와 지주층의 생계를 압박하여 심한 반발을 받았다. 오래도록 기득권을 누리고 있던 계층의 불만을 사게 된 것이다. 한편, 세조가 즉위할 무렵에는 함경도에서 중앙 권력에 대한 불만이 한계점을 넘어서고 있었다. 함경도의 지방 세력인 이시애李施愛는 민심의 이탈을 이용하여 야심을 채우기 위해 반란을 일으켰다.

이시애는 판회령부사判會寧副使를 지내다가 관직을 사퇴하고, 아우 이시합李施合, 매부 이명효李明孝와 반역을 음모하고 1467년 5월 반란을 일으켰다. 그는 "함경도 병마절도사 강효문康孝文이 진장鎭將들과 함께 반역을 음모하고 있다"고 선동하여 강효문과 길주 목사吉州牧使 설징신薛澄新 등을 죽였다. 그리고 "방금 남도의 군대가 바다와 육지로 쳐올라 와서 함경도 군민을 다 죽이려 한다"는 유언비어를 퍼뜨려서 흥분한 함경도의 민간인들이 유향소留鄕所(군현의 수령을 보좌하던 자문 기관)를 중심으로 일어나 수령들을 살해하는 등 대혼란에 휩싸이게 되었다.

중앙에서는 "병마절도사 강효문이 한명회 · 신숙주 등과 결탁하여 한양으로 치고 올라가 세조를 제거하고 조정을 전복한다"는 유언비어가 나돌았다. 세조는 이에 속아 한명회와 신숙주 등을 투옥시키고 구성군龜城君 준浚을 병마도총사兵馬都摠使로 삼아 출동시켰다. 이시애의 군사는 만령蔓嶺에서 강순康純·어유소魚有沼·남이南怡 등에 의해 전멸되었다.

이시애는 길주를 거쳐 여진족 본거지로 도망치려고 하였다. 그런데 이 당시 사용별좌司饔別坐 벼슬에 있던 이시애의 처조카 허유례許惟禮는 자기 부친이 억지로 이시애 일파에게 끌려갔다는 소식을 듣고 이시애의 부하인 이주李珠·황생黃生 등을 설득하여 이들과 함께 이시애 형제를 묶어 토벌군에게 인계하였다.

이시애 등이 토벌군의 진지 앞에서 목이 잘림으로써 3개월에 걸쳐 함경도를 휩쓴 난은 평정되었다. 이 난으로 길주는 길성현吉城縣으로 강등되고 함경도는 남·북 2도로 분리되었으며, 유향소도 폐지되었다.

제8대 **예종**睿宗

훈구 세력의 실권 장악

1468

예종 즉위

1469

삼포에서 사무역 금지
예종 사망

예종(1450~1469)은 세조와 정희왕후 사이에서 태어났다. 이름은 황晄이며, 자는 명조明照이다. 8세 때 세자에 책봉되고, 19세 때 왕위에 올랐다. 부인은 정비 장순왕후章順王后와 계비 안순왕후安順王后이며, 2남 1녀를 두었다. 장순왕후 한씨의 소생으로는 인성대군仁城大君이 있었고, 계비 안순왕후 한씨 소생으로는 제안대군齊安大君과 현숙공주顯肅公主가 있었다.

14개월의 짧은 치세

세조는 자신이 구상한 각본대로 왕위에 올랐으나 심한 피부병에 시달렸다. 그리고 아들과 며느리들은 모두 심신이 허약했다. 큰아들 의경세자(덕종)는 19세에, 차남 예종은 20세에 죽었고 예종에게서 태어난 1남 1녀도 일찍 죽었으며, 예종의 비 장순왕후 한씨도 17세에 죽었다.

의경세자는 자다가 가위눌림으로 죽었다는 말도 있는데, 당시 사람들 사이에서는 단종의 어머니인 현덕왕후 권씨의 살煞을 맞았다고 하는 소문도 나돌았다. 이후 장순왕후와 예종마저도 죽자, 이를 두고 많은 사람들은 어린 단종을 죽이고 왕위를 찬탈한 세조가 죗값을 치르는 것이라고 했다. 세조 역시 평생 죄책감을 안고 살았는데, 말년에 불교에 심취한 사실을 보면 이를 알 수 있다.

예종은 왕위에 올랐으나 미성년으로 왕권을 직접 행사할 수 없었다. 그리하여 수렴청정에 의한 섭정과 원상제도院上制度라는 두 형태의 지원

- **원상제도**
어린 임금을 보필하여 정사를 다스리던 제도로, 신하들에 의한 섭정 제도였다. 왕명의 출납을 맡는 승정원의 기능을 증대하여 중신들이 이곳에 나가 근무하고 정무를 처리하였다.
- **정희왕후 윤씨**
11세 때 수양대군과 혼인하였고, 수양대군이 왕위에 오르자 왕비로 책봉되었다. 의경세자가 사망하고 해양대군이 19세의 나이로 조선 제8대 왕에 오르자 수렴청정을 시작했다. 예종이 왕위에 오른 지 14개월 만에 죽자, 그녀는 예종이 사망한 그날 새 임금을 즉위시켰다. 이때 왕에 오른 사람은 의경세자의 차남 잘산군(성종)이다. 정희왕후는 과감한 정책 결정과 인사 관리 등으로 매사에 빈틈이 없었고 왕실과 조정의 안정에 기여했다.
- **훈신**
나라를 위하여 세운 공로가 있는 신하
- **춘추관**
역사 편찬을 담당한 기관

에 의하여 왕권을 행사할 수밖에 없었다.

어머니 정희왕후 윤씨가 섭정을 했는데, 그녀는 대담한 성격으로 일처리를 과감하게 밀고 나가 유약한 예종을 잘 보살폈다. 예종 역시 섭정을 받았지만 세자 때부터 부왕의 서무 처리에 참여했기 때문에 국정 운영에 익숙해 있었다. 비록 선왕에 비해 왕권이 위축된 것은 사실이었지만 국정 운영에서는 흔들림이 없었다.

그리고 원상제도는 미숙한 예종에게 큰 힘이 되었다. 이 제도는 세조가 죽기 전에 예종의 유약한 점을 걱정하여 원로 중신들을 승정원에 매일 출근시켜 국정 전반에 관한 문제를 의결하도록 한 것이었다. 이때 원로 중신은 신숙주, 한명회, 구치관과 기타 6명이었다.

예종은 이들의 결정을 그대로 따랐으므로 사실상 형식적인 결재였다. 실제로 왕권을 행사한 것은 예종이 아니라 원로 중신들이라고 볼 수 있다. 때문에 이들 훈신勳臣들의 권력은 점차 막강해져 갔다. 이들 권력이 얼마나 강했는지는 '민수閔粹의 사옥史獄(1469년)'이 이를 잘 반영한다.

당시 왕이 죽으면 사관이 각각 쓴 사초를 모아 실록을 편찬하였다. 실록의 1차 자료인 사초는 왕도 열람할 수 없었으며, 각 사관의 집에 보관하고 있다가 실록이 본격적으로 편수編修될 때 중앙에 바치도록 되어 있었다. 그런데 이와 같이 중요한 사초를 사관 멋대로 고친 사건이 바로 예종 대에 발생했다. 과거 세조 재위 시 춘추관春秋館의 사관을 지낸 민수가 사건의 장본으로, 그는 한명회가 딴 마음을 품고 있다는 내용을 기록한 사실이 있었다. 그는 뒤에 이 사실이 만에 하나라도 한명회에게 알려질 경우 일신상 손해가 올까 두려워 사초를 고친 것이다.

그런데 고치기는 했으나 뒤처리를 말끔하게 하지 않아 민수는 검열에 걸려들었다. 그가 범인으로 잡히게 되자, 예종이 이를 친히 국문하였다. 왕이 사초를 고친 이유에 대해 묻자, 민수는 불법인 줄 알면서 고친 이유는 대신이 두려웠기 때문이고, 자신은 외아들이라 목숨을 연명해 가통을 잇기 위해서라고 자백했다. 이 말을 들은 예종은 "너는 훈신은 두려워하면서 임금은 두려워하지 않는구나" 하고 분통을 터뜨렸다. 이 사건으로 당시 한명회, 신숙주 등 훈신들의 권력이 얼마나 막강했는지를 알 수 있다.

예종은 두 형태의 섭정을 바탕으로 14개월의 치세를 이어갔다. 왕위에 오르던 그 해 10월, 남이의 역모 사건을 진압하여 남이와 강순 등을 처형했고, 직전수조법職田收租法을 정했다. 이듬해에는 삼포에서 왜와의 사적인 무역은 금지하고, 각 도와 읍의 둔전屯田*을 백성들이 직접 경작하도록 허용했다. 그리고 최항·김국광金國光을 앞세워 《경국대전經國大典》*을 편찬하도록 지시하기도 했다.

*둔전
군량을 확보하기 위해 변경이나 군사 요지에 설치한 토지
*경국대전
조선시대의 기본 법전으로 세조 때 편찬에 착수하여 성종 때 완성되었다.

비록 치세는 짧았지만 성실하고 철저하게 국정을 운영하여 조정은 안정을 찾아갔다. 예종은 왕권을 직접 행사하지 못한 채 일찍 세상을 떠났지만 세조 때와 마찬가지로 사헌부와 사간원 언관들에 대한 강경한 소신만은 변동이 없었다. 이것은 왕권이 안정되었다는 것을 의미하고, 예종을 뒤에서 보필한 정희왕후의 힘이 강력했다는 것을 의미하기도 한다.

옛것을 몰아내고 새것을 맞이할 징조

세조 재위시 여러 사건과 사고가 발생했지만, 그 중에서도 세조의 간담을 가장 서늘하게 한 사건은 이시애의 난이다. 이때 난을 평정한 사람이 남이로, 그는 무과 급제로 등용되어 이시애의 난을 수습하고 적개공신敵愾功臣 일등에 책록되었다. 다음에 건주야인建州野人(여진족을 일컬음)을 격퇴하여 공조판서工曹判書에 올랐다. 오위도총부五衛都摠府 도총관都摠管 직을 겸했고, 다음 병조판서에 올라 조선의 국방을 총책임진 병권의 수장이 되었다.

세조가 죽고 한명회 등이 원상제도의 권력을 행사하면서부터 남이는 노골적이고 위협적인 인물로 여겨졌다. 세조의 총애를 받으며 실력자로 등장한 구성군 준·남이 등 종친 세력은 예종뿐만 아니라 한명회 등의 훈구세력에게도 큰 부담으로 다가온 것이다. 특히 한명회는 김종서의 권력 남용에 노골적으로 반기를 든 사람이기도 했다. 남이는 병권까지 쥐고 있던 터라 더욱 위협적으로 보았다.

한명회는 강희맹姜希孟 · 한계회 등 훈구 세력들과 뜻을 같이하여, 남이가 국토 방위를 수행할 능력이 부족하다는 이유로 비판했다. 그리고 원상제도의 섭정을 통하여 예종이 직접 남이를 병조판서에서 물러나게 했다. 남이는 비록 서얼庶孼˙ 출신이었지만 촌수로 따지면 세조와는 사촌 간이었고 예종에게 5촌 당숙뻘이 된다. 그런데 예종은 전부터 세조의 특별한 총애를 받는 남이를 좋아하지 않은 탓에 훈구 대신들이 먼저 비판하자 물러나게 한 것이다.

남이는 병조판서에서 겸사복장兼司僕將으로 좌천되었다. 그는 당시 병조참지兵曹參知인 유자광과 우연히 자리를 같이했다. 그런데 갑자기 하늘에서 혜성이 나타났는데, 남이가 그것을 보고 이렇게 말했다.

"하늘에서 혜성이 나타난 것은 앞으로 옛것을 몰아내고 새것을 맞이할 징조다."

유자광은 남이의 말을 조용히 듣고 있다가 그것을 왕에게 아뢰었다. 남이가 평소에 역모를 꿈꾸지 않고서는 그와 같은 말이 술술 나올 수가 없다는 것이었다. 그는 권모술수와 모사謀士에

˙ 서얼
양반의 자손 가운데 첩의 소생을 이르는 말이다.

능한 인물로, 남이가 세조의 총애를 받는 것에 질투가 심했다. 자신도 남이와 같은 공신이면서 누구는 판서判書에 오르고 자신은 참지參知에 머물러 있는 것에 항상 불만을 품고 있었다. 그는 이 기회에 남이를 완전히 없애버리기로 했다.

남이는 갑자기 역모죄로 의금부에 끌려갔으며, 역모 사건을 문초할 때 유자광이 증인으로 나와 말했다.

"남이가 말한 혜성의 출현은 왕조가 바뀐다는 징조이므로 임금이 창덕궁으로 행차할 때를 기다렸다가 없애버리겠다는 뜻이었다."

유자광은 남이의 사건에는 문효량文孝良도 깊이 관련되었다고 말했다. 문효량은 남이와 함께 이시애의 난을 평정한 인물로, 당시 겸사복장兼司僕將에 있었는데, 새로 부임할 남이와 역모를 꾸몄다는 것이다. 유자광의 말에 따르면, 이들은 임금을 해치우고 다음에 한명회 일파를 제거한 다음 구성군까지 몰아내고 영의정 강순을 중심으로 새 정치를 도모할 계획으로 모의했다는 것이다.

이것이 '남이의 역모 사건'으로, 여기에 관련된 강순·문효량·박자하朴自河 등 30여 명은 사형당하고, 그 밖에 죄가 가벼운 자는 공신녹권功臣錄券을 모두 몰수당하였으며 종으로 전락시키거나 최전방 군직으로 보냈다.

남이는 과격한 성격인데다 30세 전의 혈기왕성한 청년 시절 병조판서에 있었고, 예종이 즉위하자마자 밀려났기 때문에 울분이 터졌을 것이다. 평소에 가까이 지내던 무인 강순을 비롯하여 많은 사람들이 한명회 일파에게 제거당할 운명에 처했으므로 남이의 역모 사건은 완전히 조작된 것만으로는 볼 수 없다.

이 사건은 임진왜란壬辰倭亂 전까지는 '남이의 역모 사건'으로 규정되었다가 그 이후 유자광의 계략으로 날조된 것으로 바뀌었다. 사건의 주체와 객체가 바뀜에 따라 남이는 누명을 쓰고 억울하게 죽은 영웅으로 기록되어 있다. 유자광의 계략에 따라 날조된 것으로 기술된 기록은 이밖에도 여러 종류인데, 대표적인 것이 《연려실기술燃藜室記述》이다. 조선 중기 유학자들도 책임은 전적으로 유자광에게 있었고, 그를 모사와 계략에 능한 간신奸臣으로 본 것이다.

조선 제23대 순조 때 우의정 남공철南公轍은 남이의 후손이다. 그는 임금에게 상소를 올려 남이의 신원을 완전히 복원했다. 그에 대한 야사는 소설을 비롯하여 여러 방면에 많이 남아 있는데, 관련된 설화는 대개 원혼과의 관계이다. 그의 원혼은 신통력에 관한 것과 용맹스러운 장군의 기질을 바탕으로 무속인들 중에는 남이 장군 신을 모시는 경우도 있다.

역사의 한 페이지
예종은 몇 살 때 자식을 얻었을까?

예종은 1468년, 그의 나이 19세에 왕위에 올랐다. 그는 원래 세조의 둘째 아들이었으나 그의 형 의경세자가 20세의 젊은 나이로 죽자 세자 자리를 계승했다. 그러나 예종도 어려서부터 병약해 건강이 좋지 않았다. 결국 예종은 왕이 된 지 1년 2개월 만에 그의 형처럼 20세의 나이로 생을 마쳤다.

이때 예종은 2명의 부인에게서 2남 1녀의 자식을 두었는데 혼인을 일찍 했던 옛날의 관습에 비추어 보면 그리 놀랄 일은 아니다. 그러나 20세에 죽은 왕에게 9세짜리 아들이 있다면 어찌 놀라운 일이 아니겠는가? 예종의 정비, 바로 첫 번째 부인인 정순왕후 한씨는 바로 한명회의 큰딸이었다. 예종보다 다섯 살 위였던 한씨는 1460년 왕세자인 예종과 결혼해 이듬해에 인성대군을 낳았다. 신랑의 나이 12세, 신부의 나이 16세에 첫 아들을 본 것이다.

제9대 성종成宗

왕실의 정치적 결탁

성종(1457~1494)은 덕종과 소혜왕후昭惠王后 사이에서 태어났다. 이름은 혈娎이고, 시호는 강정康靖이다. 5세 때 자산군者山君, 12세 때는 잘산군으로 봉해졌다. 정비 공혜왕후恭惠王后를 비롯해 12명의 부인을 두었으며, 16남 12녀의 많은 자녀를 얻었다. 정비 공혜왕후에게서는 소생이 없었고, 후에 왕위에 오르는 연산군燕山君을 폐비 윤씨가, 진성대군晉城大君(중종)을 정현왕후貞顯王后 윤씨가 낳았다.

1493	1494
《악학궤범》 편찬	성종 사망

어린 나이에 등극한 성종

예종이 죽은 뒤 옥새를 쥐고 새 왕의 선택권을 가진 정희왕후는 덕종의 둘째 아들 잘산군을 왕위에 올렸다. 그의 형 월산대군도 있고 예종의 아들 제안대군도 있었음에도 이와 같이 결정된 데는 충분한 이유가 있었다. 그녀의 배후에는 신숙주와 한명회 등의 훈신들이 있었던 것이다.

이들은 다른 대신들이 이 문제를 거론하기 전에 예종이 죽은 그 다음날 바로 잘산군을 제9대 왕으로 정하였다. 국왕이 죽은 다음날에 새 국왕을 결정하는 일도 조선 역사상 처음이지만, 장남과 선왕의 아들이 엄연히 있음에도 이와 같이 결정한 것은 조선의 왕위 세습 전통으로 볼 때 비정상적이었다.

정희왕후는, 월산대군은 건강이 좋지 않고 제안대군은 나이가 너무 어리다는 이유를 들었다. 그리고 이 결정은 세조의 절대적인 유명遺命 이라고 했다. 그러나 당시 월산대군의 건강이 나쁘다는 확실한 근거가 없었고, 잘산군 역시 나이가

■ 유명
임금이나 부모가 죽을 때 내리는 명령
■ 원상
왕이 병이 났거나 어린 왕이 즉위한 경우 승정원에 나와 왕을 보좌하고 국정을 논의한 임시 관직

어리기는 마찬가지였다. 또한 세조의 유명이라는 말은 정희왕후가 서둘러 내놓은 것으로, 설득력이 없었다.

그러므로 잘산군이 왕위에 오른 것은 정희왕후와 한명회의 정치적인 결탁으로 보아야 할 것이다. 한명회는 잘산군의 장인이자 구치관·신숙주와 함께 당대 최고의 권력자였다. 정희왕후는 세 명의 손자 중에서 누가 왕위에 올라도 섭정을 해야 했는데, 이들 실세의 적극적인 협조 없이는 마찰을 빚게 될 것이고, 또한 왕권의 안정을 위해서라도 한명회의 사위인 잘산군을 결정한 것이다.

정희왕후는 처음에 왕위 세습의 관습에 따라 예종의 아들 제안대군을 왕위에 올리고자 했다. 그러나 권신들이 나이가 어리다고 반대하자 덕종의 장남 월산대군을 택했다. 세조의 장남은 덕종이고 장손자는 월산대군이므로, 종친과 정희왕후는 제안대군을 왕위에 옹립할 수 없는 경우 마땅히 월산대군이 왕위에 올라야 했다. 그러나 한명회를 비롯한 원상院相들이 세조의 유명을 내세워 잘산군을 왕위에 올렸다. 이것은 한명회의 막강한 권력이 작용한 것이기도 했다.

예종이 죽고 잘산군을 왕위에 올린 정희왕후에게는 먼저 왕실 세력의 중심이었던 구성군이 골칫거리였다. 구성군은 종친 중에서 발언권이 가장 높은 사람으로, 세종의 넷째 아들 임영대군의 아들이었다. 세조에게는 친조카이자 덕종, 예종, 단종과는 사촌 간이었다. 그리고 제9대 왕위의 물망에 오른 세 사람 중 누가 결정되더라도 구성군과는 오촌 당질간이었다.

구성군은 문무를 겸비한 인물로 28세의 혈기왕성한 나이였다. 원로 대신들과 정희왕후는 이미 세조가 조카 단종의 왕위를 찬탈한 모든 경위를 경험한 터였다. 그래서 구성군을 권력 최일선에 그대로 둘 경우 한명회를 비롯한 원상들과 권력 투쟁이 치열해질 것이고, 어린 왕에게는 위협적인 인물이라고 여겼다.

이 때문에 원상들과 대신, 사헌부·사간원의 대간들은 구성군의 움직임에 민감한 반응을 보였다. 그리고 성종이 즉위하던 해, 정희왕후는 대간의 탄핵을 이용하여 구성군의 모든 권력을 박탈하여 유배시켜 그는 결국 유배지에서 생을 마쳤다. 이로써 종친의 조정 등용 정책을 끝냄과 동시에 신권이 정치를 주도적으로 이끄는 계기가 마련되었다. 이렇게 본다면 구성군과 월산대군, 제안대군은 정희왕후와 한명회 일파 권신들과의 정치 결탁에 따른 최대의 피해자들이었다.

1467년 13세의 나이에 왕위에 오른 성종은 스무 살이 되기까지 7년 동안 할머니 정희왕후의 섭정을 받아야 했다. 정희왕후는 왕위 결정 과정에서 피해를 입은 두 손자 월산군과 제안군을 대군으로 격상시키고, 월산대군에게는 좌리공신佐理功臣 2등을 책봉하여 불만을 무마시켰다. 유배시킨 조카 구성군에게는 왕족이라는 명분을 내세워 재산을 그대로 유지하도록 하고 나라에서 곡식을 지급했다.

그해 말, 민간에 대한 조정의 감시 목적으로 만든 호패법을 폐지하고 군적軍籍을 개정했다. 《경국대전》을 교정·완료하는 한편, 각 도에 잠실蠶室 한 곳씩을 설치하여 뽕나무 재배를 장려했다. 정2품 이상의 관원에게는 도성 안에 거주하도록 하여 국정을 신속하게 결정하도록 했다. 또한 불교의 장례 제도인 화장火葬 풍습과 도성 안의 염불소念佛所는 모두 폐지했으며, 사대부 집 부녀자가 출가하여 비구니가 되는 것을 금하고, 승려의 도성 출입을 모두 금했다. 아울러 외촌이라도 6촌 이내에는 혼인할 수 없도록 했고, 전국의 아이들에게 의무적으로 《삼강행실도》를 강습하도록 했다.

건국 초기부터 배불숭유 정책을 국가 정치 이념으로 내세웠지만 태종과 세조는 '왕자의 난'과 '왕위 찬탈'에 대한 속죄의 부담 때문에 불교를 신봉했다. 그 결과 유교 학자들의 반발과 불평이 계속되던 것을 성종 때에 비로소 완화시킨 것이다.

정희왕후에 의한 이러한 일련의 유교 문화 강화책과 민생 안정책은 당시 한명회, 신숙주 등의 원상들이 주도했던 것으로 볼 수 있다. 구성군 사건 이후 왕족의 조정 등용이 금지되었고 성종이 어린 나이로 섭정을 받는 처지였기 때문에 국정은 신권 중심으로 이끌려 갈 수밖에 없었다.

• 삼강행실도
군신君臣, 부자父子, 부부夫婦의 삼강에 모범이 될 만한 충신, 효자, 열녀를 뽑아 그 행적을 그림과 글로 칭송한 책이다. 1431년 세종 13년에 집현전 부제학 설순偰循 등이 왕명에 따라 쓰고 출간되었다.

사림 세력의 성장

성종은 1476년 만 20세가 되어 정희왕후의 섭정을 끝내고 직접 국정을 다스렸다. 이때부터 국정 장악을 비롯한 정치 형태가 급격히 달라졌다.

당시 세조 때부터 정치를 함께 해 온 원로 대신들이 조정에 그대로 있었고, 특히 한명회의 신권은 왕권을 능가할 정도로 막강했다. 이에 성종은 원상제도부터 폐지했다. 이 제도는 세조가 말년에 예종이 등극할 경우 나이가 어리기 때문에 대신들이 참여하여 조정의 서무 결재에 관여하도록 한 것으로, 성종의 섭정 기간까지 이어져 왔다. 그런데 성종은 왕명의 출납과 서무 결재권을 직접 행사하기 위하여 폐지한 것이다.

다음으로 김종직金宗直을 비롯한 사림士林의 주장을 대폭 수용하면서 원로 대신들의 권력 남용과 무분별한 국정 참여를 차단하기 시작했다. 우선 사림 신진 세력의 진로를 차단하려는 임사홍任士洪과 유자광을 제거하여 유배시키고, 신진 학자들의 사기와 의욕을 키웠다. 젊은 사림 학자에게 사가독서賜暇讀書를 시켰고, 숙의淑儀 윤씨를 왕비로 책봉했다. 신진 사림을 두둔하고 원로 대신들의 독주를 견제하기 시작하면서 자연히 훈구 세력의 반발에 부딪쳤다. 그러나 성종은 정몽주의 후손을 찾아 녹祿을 내리고 후대했으며, 그의 학통을 이어받은 신진 사림 학자들을 조정에 계속 등용하였다.

성종의 인사 관리가 이와 같이 바뀜에 따라 세조 때의 공신 세력인 훈신들은 정치 일선에서 점점 후퇴하고, 신진 사림 세력은 성종을 적극 옹호하는 세력으로 커져 갔다. 그렇다고 해서 성종은 훈신을 무조건 불신하지 않았으며, 신진 사림이라 해서 아무나 받아들이지도 않았다. 사림 위주의 정치 기반을 구축하되 두 세력의 균형을 잘 유지했다. 특히 대간들이 부정부패를 신속하게 파악하여 탄핵할 수 있도록 했다.

성종은 이런 사림 중심의 정치 기반을 더욱 군히기 위하여 도학정치道學政治 에 치중하는 한편 불교를 한층 압박했다. 한 예로, 향시鄕試 에서 한 유생이 불교를 철저히 믿어 모든 재앙을 다스려야 한다는 내용의 답안지를 작성했는데, 성종은 그 유생을 즉시 유배시키고 이것을 빌미로 승려 수를 엄격하게 통제했다. 또한 전국적으로 무질서하게 흩어져 있는 사찰을 조사하여 꼭 필요한 숫자만 남겨 두고 모두 폐쇄했다.

성종은 한동안 폐지되었던 경연을 부활하여 학자들과 학문을 토의했으며, 유교 학문과 교육에 관한 저서 편찬을 장려했다. 경전을 잘 소장하기 위하여 성균관成均館에 존경각尊經閣을 지었

■ 사가독서
유능한 젊은 문신文臣들을 뽑아 휴가를 주어 독서당讀書堂(연구 시설)에서 공부하게 하던 일
■ 도학정치
도덕에 의한 교화를 기본으로 삼는 동양 정치 사상
■ 향시
과거의 제1차 시험

고, 홍문관弘文館을 확충하여 관리들이 독서와 저술에 전념하도록 했다. 이와 같은 도학 정치의 결과 서거정은《동국통감東國通鑑》·《삼국사절요三國史節要》·《동문선東文選》을 새롭게 출간했으며, 강희맹의《국조오례의國朝五禮儀》, 성현의《악학궤범樂學軌範》을 비롯한 다양한 양서들이 출간되었다.

1479년에는 명나라 사신이 들어와 건주야인을 정벌하는 데 보충할 지원병을 요청했다. 이때 좌의정 윤필상尹弼商을 도원수都元帥로 삼아 압록강을 건너 건주야인의 본거지를 정벌했다. 1491년에는 함경도 관찰사 허종을 도원수로 삼아 두만강 건너 우디거[兀狄哈] 부족을 정벌했다. 조선 초부터 북쪽 변방을 끊임없이 침략하던 적을 세종 때 어느 정도 막았지만 완전히 근절하지 못했는데, 성종 대에 와서 완전히 소탕한 것이다. 이로써 그는 태조 이후부터 다듬어 온 조선왕조의 통치 체제를 완성시켰으며, 조선의 백성들은 건국 이래 가장 평화롭고 태평성대한 세상을 맞이할 수 있었다.

이러한 태평성대는 한편으로 사회의 퇴폐 풍

■ 동국통감
고조선~고려 말까지의 역사를 정리한 역사서
■ 인수대비
'대비'는 선왕의 왕비란 뜻으로, 인수대비는 성종의 아버지인 덕종의 비 소혜왕후이다.
■ 척신세력
임금과 친척 관계에 있는 신하들의 무리

조를 낳기도 했지만 그것은 일부분에 지나지 않았다. 이후 조선왕조 500년을 지탱시켜 준 뼈대가 된 법전《경국대전經國大典》을 완성하고, 각종 문화 서적을 편찬해 민간 생활의 질을 한층 높였으며, 조선의 정치 이념인 유교를 완전히 정착시켜 민간에게 교화시킨 것이 모두 성종 대에 이르러서 이루어진 것이었다.

훈구와 사림, 그리고 성종

1476년 성종이 섭정을 벗어나 왕권을 행사할 당시, 세조 즉위 공신으로 권력을 휘어잡았던 신숙주는 이미 사망했고 한명회는 나이가 많아 정치 일선에서 물러나 있었다. 이들 훈신들의 뒤를 이어 유자광 등 '남이의 역모 사건'과 관련된 공신 세력과 인수대비仁粹大妃의 친동생인 한치인韓致仁 등의 척신세력戚臣勢力이 조정의 핵심 권력층을 형성했다.

그러나 그들의 학맥과 정치 노선이 각각 다르기 때문에 세력을 한데 모을 수 없었다. 성종은 이와 같은 대신들의 세력 구조를 적절히 이용하여 왕권을 확립하고 신하의 충성심을 높였으며, 훈신들의 권력 남용을 견제할 목적으로 사림 세력을 더욱 키워 나갔다.

성종이 편전에 오를 당시 김종직은 경상도 선산부사善山府使였다. 그는 정몽주에서 길재로 이어지는 조선 성리학의 학통을 계승했다고 자부하며 학식과 문장이 뛰어난 당대 사림의 우두머리였다. 사림은 그를 중심으로 일군의 세력을 형성하고 있었는데, 이들은 대체로 영남과 기호의 중소 지주 출신으로 도학道學과 의리를 기치로 내걸고 있었다. 성종은 김종직을 중앙으로 불러들였다. 그리고 김종직의 선별에 따라 사헌부·사간원·홍문관 등의 청요직에는 신진 사림 학자들을 골고루 배치하기 시작했다.

사림 세력은 스스로 성리학을 정통으로 계승했다며 군자임을 자처하는 한편 훈구 세력을 처세술에 능한 기회주의자들이자 불의와 타협하여 권력을 잡은 소인배라고 비난했다. 반대로 훈구 세력은 사림 세력을 메뚜기처럼 갑자기 날뛰는 성숙하지 못한 자들로, 혼자만 현명한 체하는 야심가라고 비판했다.

두 세력은 학문적인 사상과 흐름, 정치 철학이 상반되었기 때문에 타협할 여지가 없었다. 따라서 사소한 일에도 사사건건 대립하여 분쟁을 일으켰다. 사림은 훈구의 부정부패와 무능, 태만 등을 지적하여 탄핵했으며, 노련한 훈구는 정치 경험이 부족하여 국정을 적절하게 대처하지 못하는 사림을 비판했다.

성종의 지원을 얻은 사림은 유향소를 부활시켰다. 그리고 부패한 관료를 적발하여 살피는 등 농촌 사회에 새로운 희망을 불러일으켰다. 당시 농촌 사회에서는 조선 개국 이후부터 관료들이 권력을 악용하여 부를 축적하는 등 부정부패가 심각하였는데, 유향소는 이런 부패 관료들을 감시하기 위해 조직된 지방 자치 기구의 하나였다.

유향소는 원래 고려 말에 형성되었다가 왕권을 강화시키려는 정책의 일환으로 태종 때 폐지된 바 있었다. 하지만 세종 때에 와서 유향소의 권한을 시골의 풍속을 바로잡는 일에만 한정시킨 후 부활시켰다. 그러나 세조가 등극한 후 또다시 왕권 강화의 목적으로 혁파되고, 1488년 성종에 의해 다시 부활된 것이다.

이때부터 부활한 유향소는 중앙 집권 체제의 보조 기구에 불과했지만, 사림에게는 새롭게 정치적 발판을 굳히는 데 좋은 기회였다. 자연스럽게 사림들은 중앙의 비판 세력으로 성장할 수 있었다. 이는 성종에게 사림의 힘을 키워 훈구 세력과도 균형을 이룰 수 있게끔 해 주는 것이기도 했다.

이와 같이 성종이 일관되게 추진한 정치 형태는, 힘의 균형을 통해 상대 세력의 부정과 모순을 자연스럽게 찾아낼 수 있도록 하는 데 있었다. 이를 통해 대간과 언론의 탄핵 없이도 대신들의 업무 능력을 파악할 수 있었고, 소신 있고 능력 있는 인물을 분별할 수 있었으므로, 이것을 국정 운영에 적절히 활용했다.

불씨를 키우다

성종은 재위 기간 동안 온갖 공적을 쌓아 태조에 의해 건국된 조선왕조를 그야말로 반석의 위치에 올려놓았다. 개국 이래 가장 태평성대한 시절을 맞이한 것이다. 하지만 이렇게 평화롭게 안정된 사회가 이어지면서 한편으로 백성들의 게으르고 무사안일한 풍조가 보이기 시작했다. 윤리와 도덕이 문란해지고 퇴색되어 갔다.

왕실을 비롯한 조정 관리들도 마찬가지였다. 조정 관리들은 한 번 등용되면 더는 학문을 하려고 하지 않았고 매사에 적당히 하려는 분위기가 만연해 있었다. 더구나 훈신들이 거의 퇴진하고 사림 학자들이 득세한 뒤부터 선후배를 철저히 따지는 학통과 학맥, 인맥이 형성되었다. 사헌부·사간원·홍문관 관리들까지 이와 같았기 때문에 눈치껏 일을 처리하려는 분위기가 형성되었다.

왕실 내에서도 잔치가 자주 벌어졌다. 궁궐 안에는 노랫소리가 연일 이어지고 춤과 장구 소리가 떠나지 않았다. 성종은 인정이 많은데다 술을 즐겼고, 취하면 한량 기질까지 있었으며, 평범한 궁녀들의 말에도 웃는 얼굴로 대했다.

그런데 성종이 유흥을 좋아하고 술을 즐기는 일이 빈번해지자 본래부터 성품이 표독한 왕비 윤씨의 행동은 더욱 거칠어졌다. 윤씨는 성종의 자유분방한 생활 태도에 질투와 배신감까지 느끼고 있었는데, 왕자를 낳고 나서부터 그 성격이 표면화되었다. 성종의 어머니인 인수대비도 왕비의 성품과 지나친 질투심을 잘 알고 있었으므로 항상 왕의 주위를 살폈다.

그런 어느 날이었다. 성종이 세자가 보고 싶어 왕비를 찾아갔다. 왕비에게 자주 나타나지 않던 성종이 오랜만에 찾아왔지만 왕비는 반가운 기색은커녕 오히려 저주의 눈빛을 보냈다. 왕비는 세자를 보여 주지 않았을 뿐 아니라 말대꾸만 할 뿐이었다.

이때 수라상水刺床이 들어왔다. 왕이 식사할 수 있도록 차린 상을 왕비가 심하게 밀어내어 음식이 왕의 곤룡포에 쏟아졌다. 화가 치민 성종은 그대로 돌아가 세자와 왕비를 완전히 격리시켰다. 성종이 다시 왕비의 처소로 갔는데, 이때 말다툼은 더 심해졌고 몸싸움까지 벌어져 밖에 있던 사람들까지 불안해졌다.

잠시 후, 성종은 편전으로 돌아왔지만 얼굴에 흉한 손톱 자국이 나 있었다. 인수대비가 성종의 얼굴을 보았다.

"지엄하신 임금의 용안에 손톱 자국을 낼 사람은 궁궐에서 왕비뿐이다."

인수대비는 이 기회에 왕비를 폐비廢妃*시켜 내쫓으려고 했다.

이런 때에 왕에게 투서 한 장이 전해졌다. 성종의 후궁인 정씨와 엄씨가 왕비와 세자를 해치려는 음모가 있다는 내용이었다. 성종은 둘이 성격이 연약하고 얌전하여 고개도 제대로 들지 못하는 것을 잘 알고 있었다. 직감적으로 왕비와 관련된 투서로 보고, 먼저 왕비의 방에 들어가 구석구석을 뒤졌다. 그런데 장 속에서 상대방을 저주할 때 이용하는 주문용 책 한 권과 독약이 든 주머니 한 개를 발견했다. 성종은 이것을 왕비에게 물었다.

"이 물건을 어디서 구했소?"

"지난 친잠행사親蠶行事 때 삼월이가 주기에 아무 생각 없이 그대로 받아둔 것이오."

"이것을 어디에 사용하려고 감추어 두었소?"

왕비는 아무 대답도 하지 않았다.

성종은 손톱 자국을 낸 일과 이번 일을 들어 왕비를 서인庶人으로 강등시켜 궁궐에서 내보내라고 했다. 이때 손순효孫舜孝 등이 폐비를 반대하는 상소를 올렸지만 받아들이지 않았다.

결국 성종 10년 6월 1일에 왕비의 폐비 논의가 종결되었는데, 그날은 마침 폐비 윤씨의 생일이기도 했다. 성종이 부인을 내쫓으면서 내건 이유는 칠거지악七去之惡 중 '말이 많으면 쫓아낸다', '순종하지 않으면 쫓아낸다', '투기하면 쫓아낸다' 등의 세 가지였다. 친정으로 돌아간 윤씨는 친정 어머니와 함께 살았는데, 당장 먹고 살 길이 막막했다. 조정에서도 아무것도 협조하지 않았고, 어느 곳에서도 도와주지 않았다. 더구나 스스로 자급자족할 능력도 없었다. 그래도 성종은 폐비 윤씨를 가엾게 여겨, 내시에게 윤씨의 동태를 살펴보고 오라는 명을 내리기도 했다.

▪ 친잠행사
양잠養蠶을 장려하기 위한 행사

▪ 칠거지악
유교적 관념에서 아내를 내칠 수 있는 일곱 가지 경우로 '시부모에게 불손한 경우, 자식을 낳지 못하는 경우, 음탕한 경우, 질투하는 경우, 나쁜 병이 있는 경우, 말이 많은 경우, 도둑질한 경우'를 이른다.

189회 제35대 골든벨 문제

"우리나라의 글은 송 · 원나라의 글이 아니고 한 · 당의 글이 아니
며, 바로 우리나라의 글인 것입니다. 마땅히 중국 역대의 글과 나란
히 익히고 알려야 할 것이니, 어찌 묻히고 사라져 전함이 없겠습니
까?"

이 글은 삼국시대부터 조선 초기까지 우리나라의 좋은 글을 골라 엮은 시
문집의 서문에 있는 내용입니다. 을지문덕 장군의 〈여수장우중문시〉로부
터 조선의 권근, 정도전 등 500여명에 이르는 문인의 글 4,302편이 실려
있습니다. 당시 예문관 대제학이던 서거정을 중심으로 편찬된 이 책의 제
목은 무엇일까요?

정답 : 동문선

역사의 한 페이지
《경국대전》이 완성되기까지

《경국대전》은 《을사대전乙巳大典》이라고도 하며, 성종 치세 기간에 완성한 법전이다. 조선의 통치에 대한 기본법을 총망라한 책으로, 우리나라에서 가장 오래되었다. 고려 때부터 시작한 이 법전이 역사적으로 가치가 높은 것은 역대 국왕들도 알고 있었지만 마무리 지을 만한 여유가 없었고, 이 책을 다룰 만한 마땅한 인물도 없었다.

세조도 즉위하자마자 국정을 쇄신하고 왕권과 국가의 틀을 바로 세우기 위하여 법전을 새롭게 정비할 필요를 느꼈다. 이에 육전상정소六典詳定所를 설립하여 통일된 법전 출간을 준비했지만 완간하지 못했다. 새 왕이 등극할 때마다 새로운 법령이 생기고 이에 대한 결함이 발생하면 속전續典을 간행하여 보완해 왔기 때문에 지금까지의 법전은 임시법이나 마찬가지였다.

1460년 7월부터 시작한 통일 대법전 집필은 경제와 재정의 기본법인 〈호전戶典〉과 〈호전등록戶典謄錄〉으로, 이것을 《경국대전 호전》이라고 한다. 이어서 〈형전刑典〉·〈공전工典〉·〈예전禮典〉·〈병전兵典〉 등을 집필했는데, 〈호전〉과 〈형전〉은 재차 수정·증보하여 8년 뒤부터 전면적으로 시행했지만, 이것은 완전무결한 법전은 아니었다. 그러나 세조는 법전 편찬 작업을 이 정도에서 그치고 더는 진전시키지 않아 예종 대로 이어졌다. 예종이 육전상정소를 다시 부활

《경국대전》

하여 편집 작업 일부를 매듭짓고 반포하기로 했지만, 갑자기 세상을 떠남에 따라 성종 대로 넘어온 것이다.

성종은 《경국대전》을 수정·증보하여 공포했는데, 이것을 1471년 1월 1일부터 시행했다. 이것을 《신묘대전辛卯大典》이라고 부르는데, 이때까지 누락된 부분과 개정할 필요가 있는 부분을 다시 보완하여 1475년에 내놓고 시행한 것이 《갑오대전甲午大典》이다.

그러나 1481년 재검토할 필요가 있다는 논의가 있자 감교청勘校廳을 설치하고 또다시 수정하여 1485년 1월 1일부터 《을사대전》을 시행했다. 이때 앞으로 다시는 개수하지 않기로 했기 때문에 《을사대전》은 최종적인 법전이 되었다. 25년 동안 참으로 끈질긴 노력의 결실이었다. 오늘날까지 전해오는 《경국대전》은 바로 이 《을사대전》을 가리키며 《신묘대전》, 《갑오대전》을 비롯한 그 이전의 법전들은 전해지지 않는다. 그래서 《경국대전》은 현재까지 우리나라에 전해지고 있는 법전 가운데 가장 오래된 법전이 되는 셈이다.

제10대 **연산군** 燕山君

왕실이 낳은 폭군

연산군(1476~1506)은 성종과 숙의 윤씨 사이에서 장남으로 태어났다. 윤씨
가 폐출되고 5년이 지나 8세 때 세자에 책봉되었고, 19세의 나이로 왕위에
올랐다. 1506년 왕위에 있던 연산군은 강화도로 유배되어 그곳에서 그해 31세
의 짧은 생을 마감했다.

연산군의 친모, 폐비 윤씨

　조선 역사상 성종 대는 가장 태평성대한 시기였다. 이것은 태종과 세종 때부터 다져온 훌륭한 제도를 효율적으로 활용했고, 훈구 세력과 사림 세력의 분쟁이 없도록 정치력을 발휘한 성종 덕분이었다. 한편으로 성종 스스로 군자임을 자처하면서도 풍류에 빠지기도 했다. 12명의 부인을 거느렸고 28명의 자식을 둔 것을 보면 알 수가 있다. 어쩌면 이것은 폭군 연산군이 나타난 불씨가 되기도 했다.

　윤씨가 폐출되고 3년 만에 조정에서는 연산군을 세자로 책봉했다. 이에 인수대비는 세자의 생모가 폐출되어 사가에 방치된 상태를 방관할 수만은 없었다. 폐비 윤씨는 다음 왕이 될 세자의 어머니였기 때문에 윤씨의 폐비론이 논의될 때에도 대부분의 조정 신하들은 후대 왕의 보복이 두려워 침묵하는 자가 많았다. 따라서 연산군이 세자에 책봉되자 윤씨에 대한 동정론이 대두되기 시작했다. 일부에서 윤씨의 동정론이 일어나자 폐출의 주역인 인수대비는 위기 의식을 느꼈다. 그래서 대비는 몇몇 후궁들과 모의하여 윤씨를 더욱 난처한 상황에 몰아넣었다. 이들은 윤씨가 부덕한 행동과 잘못을 조금도 반성하지 않는 표독스런 여자라며 성종에게 고했고, 이를 듣고 성종은 윤씨에게 사약을 내렸다.

　세자는 이 사실을 모른 채 정현왕후를 생모로 알았다. 그는 정현왕후를 잘 따르지 않았지만, 정현왕후는 본성이 착하여 세자를 잘 보살폈다. 인수대비는 세자에게는 지나칠 정도로 혹독하게 대한 반면 정현왕후 아들 진성대군에게는 항상 따뜻하게 대했다.

이러한 차별을 겪은 세자 융㦡은 매사에 도전적이고 포악하며 변덕스러웠고, 학문에는 별 관심이 없었다. 어느 날, 성종이 세자를 불러 군주의 도리를 가르치던 중이었다. 그때 마침 성종이 아끼던 사슴 한 마리가 다가와 세자의 옷과 손등을 핥았다. 그러자 세자는 자리에서 벌떡 일어나 사슴을 발로 걷어차고 나무토막으로 내리쳤다. 성종은 세자의 거친 행동을 보고 몹시 화가 나 심하게 꾸짖은 일이 있었다. 후에 연산군이 왕위에 올라 가장 먼저 한 행동은 그 사슴을 때려죽인 것이었다.

연산군에게 세자 때부터 학문을 가르치던 스승은 허침許琛과 조지서趙之瑞였다. 허침은 성격이 너그럽고 포용력이 있어 융통성이 있었지만 조지서는 고지식하고 엄격했다. 허침은 세자의 잘못된 행위나 변덕을 부드럽게 받아 주었지만, 조지서는 그렇지 못했다. 그래서 세자는 "허침은 대인이지만 조지서는 소인배이다"라고 벽에 낙서를 하기도 했다. 그 후 연산군은 왕위에 오르자 조지서를 누명을 씌워 죽여버렸다.

그러나 집권 초기에는 연산군의 이런 폭압적인 모습은 어디에도 없었다. 그는 왕위에 올라 성종 말기부터 나타나기 시작한 퇴폐 풍조와 부정부패를 제거하였다. 전국 각 도에 암행어사暗行御史를 급파하여 백성들의 동태를 파악했고, 관료들의 기강도 바로 세웠다. 그의 국정 운영은 성종 대에 등용된 사림 세력 덕택에 오히려 성종 말기보다 평화로웠다.

연산군은 조정에 등용될 인재를 더 많이 확보하기 위하여 별시문과別試

文科를 실시하여 33명을 급제시켰다. 변방 지역에 여진족의 침입이 계속되자 여진족을 회유하여 귀화하도록 하는 등 안정을 위한 정책을 계속 펴 나갔다. 문신들의 사가독서를 부활하여 학문하는 분위기를 만들었고, 대신들의 학문에 대한 새로운 풍토를 조성했다. 그리고 《국조보감國朝寶鑑》을 새로 수정, 출간하도록 하여 후대 국왕의 제왕 수업에 모범이 되도록 했다.

100년 동안 입에 담지 마라

어느 날 성종의 능침陵寢 지문誌文의 초안이 연산군에게 올라왔다. 그런데 그가 그것을 읽다가 멈칫하더니 얼굴이 일그러지기 시작했다.

"처음 왕비는 청주 한씨 한명회의 따님이셨는데 후사 없이 요절했고, 계비는 파평 윤씨 윤기무尹起畝의 따님으로 폐출되었다가 사사되었다."

연산군은 여기까지 읽다가 더 내려가지 않았다. 파평 윤씨 윤기무의 따님이 폐출되어 사사되었다는 것이 매우 궁금했다. 지금까지 생모가 폐

▪ 국조보감
역대 국왕의 치적 중에서 모범이 될만한 사실을 수록한 편년체의 역사책인데, 수식과 과장이 너무 많아 사료 가치가 떨어진다.
▪ 능침
왕과 왕비의 무덤
▪ 지문
죽은 사람의 이름, 생년월일, 죽은 날짜, 무덤의 처소, 좌향坐向 등을 적은 글이다. 여기에 사망 원인과 기타 생존시 특별한 업적이나 사건 등도 추가로 기록되기도 했다.

비되어 사사된 사실에 대하여 아무것도 모르고 있었고 말해주는 사람도 없었다. 어림짐작으로 어렸을 때 생모가 세상을 떠난 정도만 알고 있었다.

"지문에 적혀 있는 폐비 윤씨가 누구냐?"

승지는 연산군 앞에 엎드려 있었지만, 국왕의 물음에 아무 대답도 못하고 식은땀만 줄줄 흘렸다. 연산군은 상기된 목소리로 재차 물었다. 하지만 성종의 유명으로 100년 동안에는 누구에게도 말하지 말라고 한 것을 그도 잘 알고 있었다. 연산군의 천둥 같은 채근에 승지는 입을 열었다.

"윤기무는 폐비 윤씨의 친정 아버지이고 윤씨의 폐비에 대해서는 저희 같은 말단직은 모르오니 정승들에게 물어보시지요."

그는 즉시 영의정 이극배李克培, 좌의정 정괄鄭适, 우의정 신승선愼承善을 편전으로 불렀다.

"선왕 마마께서 폐비 윤씨에게 사약을 내리신 원인과 결과를 상세히 말해주시오."

연산군의 갑작스런 물음에 세 정승은 답변을 하지 않은 채 다만 "선대왕 때의 일이므로 답변할 수 없습니다"라고 했다. 연산군의 분노는 한층 더해졌다. 영의정 이극배가 더는 버틸 수가 없어 입을 열었다.

"전하께서 이 일을 밝히려 하신다면 종묘사직에 누를 끼치는 일이고 동시에 선왕에게 불효를 하는 일이오니 통촉해 주시옵소서."

연산군은 자세하게 말해달라고 했지만 이극배는 끝내 밝히지 않았다. 그러자 연산군은 삼정승을 파직시키고 사헌부·사간원의 대간을 교체하였으며, 홍문관에 있던 뜻 있는 이들까지 쳐냈다. 평소에 비판적이던 훈구 세력도 내보냈다. 지중추부사 김종직이 사임하자 이어서 사림 선비들도 연달아 사임했다.

이때부터 연산군은 사치와 패륜, 방탕한 생활을 하게 되었고 그것은 날이 갈수록 심해졌다. 국가 재정은 헛된 곳에 낭비되어 국고는 바닥났다. 연산군은 재정을 충당하기 위하여 부당하게 세금을 징수하고 조정 대신에게 줄 공신전功臣田까지 강제로 몰수하였다. 일부 뜻 있는 대신들은 조정에 남아 그에게 연회와 향연을 줄이고 국고를 아껴 쓸 것을 간청했지만 한마디도 듣지 않았다. 국왕의 이와 같은 행동으로 조정 분위기는 질서와 원칙이 없어졌고 예의와 법도는 무너져 내린 지 오래였다.

정치 이념을 달리한 훈구 세력과 사림 세력

사림이란 본래 유학을 공부하는 선비들을 지칭한 말이다. 김종직의 문하는 물론 그의 제자 김굉필金宏弼, 그 밑에서 공부한 조광조趙光粗 일파의 학맥을 지칭하기도 한다. 이러한 사림은 세조와 성종 대에 이르러 온실 속의 화초처럼 기세 좋게 성장을 거듭했다. 이들은 정몽주와 길재로 이어지는 학통을 계승하여 성리학의 정통을 체득했다는 자부심도 가지고 있었다.

조선시대 정치의 주체는 군주 중심이었지만 16세기 이후부터는 달라졌다. 군주 역시 도학적인 인격을 갖추지 않으면 군주 자격이 없다고 했다. 백성들은 명분 없는 군주의 절대권을 부정했고, 도학적인 이념을 철저히 실천하는 군주를 원했다. 사림 세력은 인재 등용에서 과거 제도보다는 추천에 의한 등용을 더 원했다. 이것은 단순한 학문이나 글 잘하는 실력보다는 인간의 기본적인 심성을 먼저 생각했기 때문이다.

사화土禍란 '사림의 화'를 줄인 말로, 사림 세력이 화를 당했을 때 쓰였다. 조선의 사화는 네 번 일어났다. 연산군 때의 무오사화戊午史禍, 갑자사화甲子士禍, 중종 때 기묘사화己卯士禍, 명종 때의 을사사화乙巳士禍가 그것이다.

사림 세력이 정계에 본격적으로 진출한 것은 성종 때로, 이때부터 이들은 눈부신 성장을 거듭했다. 성종의 학문 정치는 사림 세력이 성장할 수 있는 최적의 조건이었다. 게다가 훈구 세력을 견제하고자 했던 성종의 의도는 사림의 진출을 더욱 촉진시켰다. 김종직 문하의 김굉필·정여창鄭汝昌·김일손金馹孫 등이 삼사, 즉 사헌부·사간원·홍문관에 등용되어 중추적인 언론을 담당했다. 삼사 중 사헌부는 관료의 탄핵과 감찰을 주로 했고, 사간원은 국왕의 독주를 막기 위한 간쟁*을 주로 맡았으며, 홍문관은 궁궐의 서적과

▪공신전
1391년 토지 제도 개혁 때 과전 외에 공신에게 주던 토지로 세습이 가능하였다.
▪간쟁
고려·조선시대에 간관諫官들이 국왕의 과오나 비행을 비판하던 일

각종 문헌 등을 관장했다. 사림 세력이 대간에 배치되어 언론과 견제 기능을 점유하자 지속적으로 훈구 세력의 비방과 반격을 받았다.

한편, 훈구 세력은 세조가 계유정난을 통해 권력을 장악한 후 형성된 정치 세력이다. 한명회, 권람 등의 도움을 얻어 세조가 즉위한 뒤로 성종 대까지 여덟 차례에 걸쳐 무려 250여 명이 공신이 책봉되는데, 이들을 훈구 세력이라고 한다. 이들은 성종 대에 이르기까지 독점적인 지위를 누렸으며 토지와 노비를 많이 소유하여 경제적 기반도 튼튼하였다.

두 세력은 정치 이념과 사상이 전혀 달랐기 때문에 타협이 불가능했다. 따라서 왕은 항상 이들의 중앙에서 균형을 잡으면서 국정을 조정해야 했다. 하지만 연산군은 훈구 세력과 사림 세력을 모두 제거한 채 독재로 일관했다. 양 세력의 조율이 없어지자 구 세력들은 인맥·척신·인척·족벌을 형성하여 정권을 독점하려 했고, 사림 세력은 추천이나 천거로 과거 시험을 치르지 않고 조정에 등용하는 등 국정 운영의 체계가 무너졌다.

성종 때에는 사림 세력을 의도적으로 지원하여 훈구 세력의 독주를 막았고, 삼사의 청요직에 주로 사림 세력을 배정했다. 이 때문에 훈구 세력은 힘의 한계를 느껴 점점 후퇴하는 상황이었다. 그러나 연산군 때에는 군왕의 독주에 걸림돌이 된다고 생각하면 훈구든 사림이든 닥치는 대로 제거했기 때문에 각 세력의 정치 이념은 땅에 떨어졌다. 연산군 시대는 오직 폭정과 패륜, 유흥만이 난무하는 독재 정치의 온상이었기 때문이다.

비극을 불러온 사초

연산군은 본래부터 학문을 좋아하지 않았으며 학자와 문인을 멀리하고 언론을 귀찮게 여겼다. 따라서 자연스럽게 연산군은, 사림은 물론 훈구 세력마저 배척하고 독단적으로 국정을 운영해 나갔다. 이런 상황에서 훈구와 사림은 자신들의 세력을 확장하기 위해 암투를 벌이기 시작했는데, 이 과정에서 연산군 시기에만 두 차례의 사화가 일어나게 되었다.

첫 번째 사건은 무오사화였다. 이 사건은 1498년 무오년,《성종실록成宗實錄》을 편찬하는 과정에서 일어났다. 당시 실록 집필과 편집 작업에 이극돈李克墩이 당상관으로 총책임을 맡고 있었다. 그런데 이극돈이 김일손이 작성한 사초를 점검하는 과정에서 김종직이 쓴 〈조의제문弔義帝文〉과 자신을 비판한 글을 발견한 것이다. 특히 자신에 대한 비판 내용은 큰 화를 불러오기에 충분했다. 김일손이 쓴 글은 이극돈이 전라감사全羅監司로 있던 시절, 세조의 비 정희왕후의 상중喪中에 기생들과 어울렸다는 것을 과장하여 적어 넣은 것이었다.

이로 인해 이극돈은 김일손 등 김종직 일파를 원수같이 생각했고, 분을 참을 수 없어 달려간 곳이 유자광의 집이었다. 한편 유자광 역시 김종직에게 불만을 가지고 있던 터였다. 한때 남도 지방을 유람하던 유자광이 주변 경치에 젖어 그 감흥을 시로 적어 관청 현판에 붙여 놓았는데, 김종직이 군수로 부임할 때 그것을 보고 태워 버린 일 때문이었다.

또한 김종직이 쓴 〈조의제문〉은 진나라 항우項羽가 초楚의 의제義帝를 폐한 일에 대한 것으로, 이 글에서 김종직은 항우의 처사를 비판했다. 이는 세조의 단종 폐위를 빗대어 세조의 왕위 찬탈을 비판한 것으로 해석할 수 있었다.

이극돈과 유자광은 연산군에게 찾아가 김종직과 김일손이 세조를 비방한 글을 사초에 올리려 한다고 보고했다. 평소부터 사림 세력을 좋아하지 않던 연산군은 김일손 등 김종직 문하의 사림 세력을 제거했다. 이미 죽었던 김종직의 경우는 무덤을 파서 시신을 꺼내 다시 한 번 죽이는 부관참시형剖棺斬屍刑을 내렸다. 또한 생전에 지은 많은 저서들이 불살라졌다.

이때 사림 세력은 대부분 유배되거나 좌천되었고, 훈구 세력도 문제의 사초를 보고도 즉시 보고하지 않은 죄로 대부분 좌천되었다. 그러나 유자광은 연산군의 신임이 두터워 조정에 남아 있었고, 정국은 노사신盧思愼을 비롯한 훈척勳戚 계열이 장악했다.

▪ 부관참시
이미 사망한 자에게 가하는 극형이다. 무덤을 파고 관을 꺼내어 시체를 베거나 목을 잘라 거리에 내건 것이다. 연산군 때 제일 성행하여 한명회, 김종직, 송흠, 정여창, 남효온, 성현 등이 이 형벌을 당했다.
▪ 훈척
나라에 훈공勳功이 있는 임금의 친척
▪ 관록
관리에게 주는 녹봉

임사홍의 폭로

두 번째 사건은 갑자사화였다. 무오사화로 인해 대거의 사림 세력을 비롯한 신하들이 제거되자 연산군 주위에는 그의 비위를 잘 맞추는 대신들만이 간신히 목숨을 부지할 수 있었다.

따라서 연산군이 아무리 향락과 패륜을 일삼아도 그에게 말 한마디 바르게 하는 사람이 없었다. 또한 연산군이 언론 기관의 기능을 완전히 상실시켰기 때문에 대신이나 언관들은 모든 것을 포기한 채 관록官祿이나 받아먹으며 그를 지켜볼 뿐이었다.

점차 국고가 텅 비어 기생을 모아 놓고 유흥할 비용도 없게 되자, 연산군은 이것을 메우기 위한 방법의 하나로 공신들에게 지급하는 공신전을 몰수했다. 그리고 공신들의 노비까지 모두 몰수하려고 했다. 그러자 입을 다물고 있던 대신들의 태도가 갑자기 달라졌다.

당시 조정은 훈구 세력과 사림 세력이 사라진 대신, 외척 중심의 궁중宮中 세력과 의정부, 육조 중심의 부중府中 세력으로 갈라져 있었다. 공신전을 소유한 것은 주로 부중파 관료들로, 이들이 모두 공신전 몰수에 반발했다.

이와 같은 틈바구니에서 임사홍이 권력을 잡기 위해 나섰다. 그는 연산군을 등에 업고 사림과 훈구를 모두 몰아냈으며, 권좌에 앉으려는 음모를 꾸몄다. 그는 연산군의 처남인 신수근愼守勤과 손을 잡았다. 그리고 그가 꺼내 든 카드는 폐비 윤씨의 사건이었다. 성종의 유명을 무시하고, 오직 자신의 정치 야욕을 채우려는 목적으로 이와 같은 방법을 택한 것이었다.

임사홍의 폭로로 윤씨 폐출을 알게 된 연산군은 여기에 관련된 자를 색출하여 무자비한 살인극을 벌였다. 이미 세상을 떠난 한명회를 비롯한 조정 대신들의 무덤까지 파내어 부관참시에 처했다. 이것이 '갑자사화'이다.

1504년 갑자년, 3월부터 10월까지 벌어진 이 사건에 희생된 자는 무오사화에 비할 수 없을 정도였다. 무오사화는 신진 사림 세력과 훈구 세력의 정치 투쟁이었지만, 갑자사화는 왕을 중심으로 한 궁중 세력과 부중 세력의 대결이었다.

연산군이 이와 같이 큰 참극을 벌인 까닭은 어머니의 원수를 갚는다는 명분도 있었지만, 평소에 눈엣가시처럼 싫어했던 선비들의 기를 꺾기 위해서였다. 갑자사화로 성종 때 양성한 많은 선비가 수난을 당하여 학계는 침체되었고, 또 연산군의 처사를 비난하는 한글 방서사건榜書事件을 계기로 이른바 언문諺文(한글) 학대까지도 자행되어 이후 국문학 발전에 악영향을 끼쳤다.

역사의 한 페이지
금표 안으로 들어오지 마라

연산군은 자신의 유흥지에 일반인의 출입을 금하기 위해 '금표비禁標碑'를 세운 것으로 유명하다. 경기도 고양시에서 발견된 석비는 금천군錦川君 이변李邊의 묘역을 보수할 때 출토되었다. 그러나 땅 속에 오랫동안 묻혀 있어 상단과 하단의 왼쪽 일부가 떨어져 있으며, 황톳빛이 뚜렷이 남아 있다. 이전에도 연산군은 '사냥에 방해된다'는 이유로 "침입하는 자는 목을 자른다"는 글자를 새겨 한양과 그 주변에 통행 금지

ı 연산군이 설치한 금표비

표석을 만들기도 했다. 이를 어긴 백성들은 곧바로 죽임을 당하거나 심한 고통을 받았다.

이 석비의 앞면에 "금표 안으로 침범하는 자는 왕명을 어긴 것으로 보아 처벌한다"는 내용이 새겨져 있다. 연산군 10년(1504년) 고양군이 왕의 유흥지가 되었다가 1506년 중종반정으로 다시 고양군으로 복귀되었으므로, 이 금표비가 연산군 때의 것임을 추측할 수 있다. 금석문金石文으로 희귀한 예일 뿐만 아니라 문헌의 사실을 고증해주는 귀중한 예이다.

제11대 **중종** 中宗

조선 정국의 혼란

중종(1488~1544)은 성종의 둘째 아들로 태어났다. 이름은 역懌이고, 자는 낙천樂天이다. 어머니는 우의정 윤호尹壕의 딸인 정현왕후이다. 7세 때 진성대군에 봉해지고 19세의 나이로 왕위에 올랐다. 부인은 9명이고 자녀는 9남 11녀이다. 인종仁宗과 명종明宗이 그의 아들이고 선조宣祖는 친손자가 된다.

1543	1544
주세붕, 백운동 서원 세움	중종 사망

연산군을 폐위하다

연산군의 폭압적인 정치는 무오사화와 갑자사화 이후로 더욱 극심해졌다. 학문의 전당 성균관과 불교의 산실인 원각사圓覺寺*를 없애고 경연과 사간원을 완전히 폐지하였다. 또한 사냥에 거추장스럽다고 도성 30리 내에 있는 민가를 모두 철거시키기도 했다. 그의 폭정을 노골적으로 비난하는 한글 투서가 잇따르자 한글 사용을 전면 금지시키고 한글 서적을 닥치는 대로 불태우기도 했다.

이런 가운데 민생과 국정은 거의 방기되다시피 하였고, 연산군에게 원한을 품지 않은 이가 없을 정도가 되었다. 그러자 그를 축출하고자 하는 움직임이 전국 각지에서 일어나기 시작했다. 이때 그의 폭정을 참을 수 없어 죽기를 각오하고 일어선 이들이 있었다. 경기도 도관찰사都觀察使 박원종朴元宗, 이조참판吏曹參判 성희안成希顏, 유순정柳順汀 등이 그들이었다.

이들 중에서도 가장 먼저 성희안이 거사 계

* 원각사
고려시대부터 흥복사興福寺라는 이름으로 내려오다가 1464년에 중건하고 원각사라고 불렸다. 조선시대의 3대 사찰 중 하나로 번창하다가 1504년 연산군이 이 사찰을 없애고, 이곳을 기생방으로 만들었다. 현재 서울시 종로구 탑골 공원에 원각사지 10층 석탑과 원각사비가 남아 있다.

획에 착수했다. 그는 연산군의 목을 칠 동지를 찾아 나섰다. 그는 평소에 가까이 지내던 신윤무辛允武를 불러 박원종의 속뜻을 알아보라고 했다. 신윤무의 소개로 박원종과 성희안이 만났고, 그들은 대면하자마자 서로의 의도를 파악하였다.

박원종은 무인으로 백성들에게 신망이 두터웠고, 성희안은 한때 연산군의 신임을 받아 동부승지 · 좌부승지를 거치면서 국가 재정을 관리했다. 특히 그는 사림의 거두인 김종직의 수제자로, 형조참판 · 종사관을 지낸 인물이며 문인 학자들 사이에서 신망이 두터웠다.

그렇게 문무의 거두가 한자리에 앉아 연산군 제거 모의에 착수했다. 그동안 연산군의 폭정에 시달려 온 문무 신하들과 백성들은 두 사람의 거사 모의에 적극 찬동했다. 박원종은 정현왕후 윤씨의 허락까지 이미 받아 놓은 상태였다.

9월 1일 거사의 깃발이 하늘 높이 올랐다. 박원종이 칼을 뽑아 훈련원 연병장에 집결한 병사들 앞의 단상에 올랐다. 거사일은 연산군이 장단長端(임진강 하류) 석벽石壁에 새로 지은 정자에 나가 잔치를 벌이는 9월 2일이었다. 그래서 하루 전 연산군이 이동하는 길 주변에 군사를 매복시켰다가 연산군을 체포할 계획이었다.

그런데 갑자기 연산군의 장단 석벽 거동이 취소되고 말았다. 이러다가는 거사가 물거품이 될 판이었다. 박원종은 예전에 사육신들이 세조를 제거하려다가 운검이 취소되고 배신자가 나타나 모든 것이 수포로 돌아가 처형된 사실을 잘 알고 있었다. 게다가 호남 지방에서도 거사를 위한 움직임이 전해지고 있어 선수를 빼앗길지도 모르는 상황이었다. 그래서 이들은 거사를 다음으로 미루지 않고 당일 밤 행동에 옮기기로 결의했다.

한편, 연산군은 경복궁에서 밤늦게까지 술을 마시고 나서 여자를 데리고 침전寢殿에 들었다. 그는 거사 모의 같은 것은 꿈에도 생각하지 않았다. 이미 10여 년 전부터 조선 땅에서 그에게 대적할 자는 아무도 없었던 것이다. 박원종은 거사에 출동한 군사들에게 "오늘 거사는 나라의 운명을 가늠하는 중대사"라는 것을 주지시키고, 임무를 부여한 뒤 시간과 사후 처리까지 철저히 지시했다. 거사에 가담한 군사에는 의병들까지 합세했다.

그들은 연산군의 침전을 향하여 칼을 빼 들고 돌격했다. 12년 동안 온갖 폭정과 패륜, 유흥을 즐기던 연산군의 운명도 이제 막바지에 접어들고 있었다. 연산군의 폭정과 패륜을 탄핵하는 백성들의 원성도 하늘을 찌를 듯 높았다. 그리하여 결국 거사는 이루어진 것이다. 1506년 9월 2일, 박원종은 연산군을 잡아 즉시 폐하여 강화도로 유배시키고 성종의 둘째 아들 진성대군을 왕으로 세웠다.

조정에 들어온 개혁가 조광조

중종은 박원종 등의 반정 세력에 의해 왕위에 올랐지만 조정의 실질적인 권력을 행사하지 못했다. 박원종을 비롯한 반정공신들이 조정의 주도권을 장악했기 때문이다. 이때 조정의 권력 구조는 훈구 세력이 막강한 권력을 행사하던 성종 이전의 시대로 돌아간 분위기였다.

그러나 1510년 영의정 박원종이 죽고 공신 세력의 위세가 위축되면서 상황은 조금씩 달라졌다. 중종 역시 연산군 때에 시행되었던 모든 정책을 혁신하고자 노력했다. 왕의 자문과 국가 중요 문서를 담당하던 홍문관의 기능을 다시 강화하고, 경연을 중시하여 대신들과의 정책 논쟁에 대한 강도를 높였다. 연산군과 달리 왕의 전제적 권한의 행사를 피하고 항상 유능한 유학자들의 의견을 존중했다.

이러한 개혁적 분위기가 확산되면서 정치 이념도 새롭게 변해야 한다는 여론이 높아 가고 있었다. 이런 목소리는 정치 일선에서 밀려난 사람들의 입에서 흘러나왔는데, 당시 사림의 대표적인 인물이 바로 조광조였다. 1515년 중종은 공신 중심으로 형성된 조정의 훈구 세력을 견제하고 철저한 유교 정치를 실현하기 위해 조광조를 조정으로 불러들였다.

조광조는 정몽주, 길재, 김종직, 김굉필로 이어지는 사림 세력의 정통 맥을 잇는 인물이었다. 그는 1510년 진사시에 장원으로 합격, 진사가 되어 성균관에 들어갔지만 때때로 산에 들어가 학업에 매진하기도 했다. 이후 그는 급속한 승진을 거듭하며 평소 자신이 갈망해 마지않던 이상 사회에 대한 소신을 펴나가기 시작했다.

당시 조광조와 그 동지들인 김식金湜·기준奇遵·한충韓忠·김구金絿 등이 조정의 중요한 관직을 차지하고 있었다. 그들은 전래의 규범과 습관을 보완하여 개혁하기도 하고, 새로운 제도를 도입하여 이상적인 신세계를 이루려고 했다.

조광조는 소격서昭格署 혁파를 주장했다. 소격서는 원래 중국 도교 사상에서 유래된 관청으로 성제단星祭壇을 세우고 제사 지내는 일을 맡아 보던 곳으로, 주로 국가에 수해나 가뭄 같은 재난이 있을 때에 기도를 올리는 곳이었다. 이는 당시 유학자들의 눈에는 비합리적이고, 정치를 방해하며, 세상을 속이는 것이기 때문에 혁파해야 마땅한 것이었다.

하지만 당시 제천 행사는 오랜 유래를 갖고 있던 터라 중종은 이를 받아들이지 않았다. 이에 조광조는 쉽게 물러서지 않았고, 여러 차례 독촉한 끝에 결국 1518년 9월 소격서 혁파를 이루어 냈다. 하지만 이 사건을 계기로 조광조에 대한 중종의 감정이 좋지 않았는데, 이는 결국 기묘사화의 빌미를 제공하게 된다.

1518년 조광조는 현 과거제가 인재 등용에 한계가 있다는 지적과 함께 현량과賢良科를 실시할 것을 주장했다. 현량과는 요직에 있는 사림들이 실력을 갖춘 선비를 천거하여 등용시키는 제도였다. 현량과는 훈구 세력의 반대로 주춤하였으나 결국 이듬해에 실시되었고, 이 제도의 실

■ 현량과
조광조의 건의에 따라 실시된 관리 등용 제도로서, 조광조는 과거 제도가 문장의 수려함과 문벌에 치중되어 왔다고 지적하고 현량과의 실시를 주장하였다.
■ 향약
권선징악과 상부상조를 목적으로 마련한 향촌 마을의 자치 규약

시로 사림 세력 28명이 요직에 배치되는 등 사림 세력 팽창의 기반으로 자리잡게 되었다.

중종은 아이들의 예절 교과서인 《소학》을 널리 읽게 하고 향약鄕約을 보급하였다. 향약은 1076년 송나라 신종神宗 때에 여대균呂大均 형제가 그들의 친척과 함께 사는 향촌을 교화할 목적으로 만든 '향촌 자치 규약'이다. 그리하여 이를 '여씨 향약呂氏鄕約'이라고도 하였다. 중종 때의 향약은 사림 세력이 우세한 충청, 경상, 전라도 등 삼남 지방에서부터 보급되기 시작하여 왕명에 의해 8도로 번져 나갔다. 이처럼 《소학》의 실천과 향약 보급의 확산으로 사림 학자 배출이 더 많아졌다.

향약은 도학정치 실현의 일환으로 보급되어 정치개혁에도 급물살을 타도록 했다. 그러나 처음 실시한 지역의 향촌 세력과 뒤에 실시한 지역의 향촌 세력 간에 심한 갈등이 야기되었다. 이것이 원인이 되어 기묘사화가 일어나고, 향약 운동도 근절되어 조광조 일파는 몰락했다.

또한 중종은 《이륜행실도二倫行實圖》, 《속삼강행실도續三綱行實圖》 등의 책을 출간하여 백성들에게 배포하고, 주자도감鑄字都監을 설치하여 동활자銅活字를 주조했다. 또한 최세진催世珍, 신용개申用漑 등을 중심으로 《사성통해四聲通解》, 《속동문선續東文選》, 《신동국여지승람新東國與地勝覽》 등이 편찬, 간행되었다. 그리고 동전 사용을 권장하여 경제 유통에 새로운 질서를 마련하고 사치를 금지하는 단속령을 내렸다. 1538년에는 천문, 지리에 관련된 책을 명나라에서 수입하여 이 분야의 연구에 더욱 주력했다.

주초가 왕이 되다

조광조가 추진한 현량과는 신진 사림들에게는 출세의 기회였지만 훈구 세력에게는 불리한 제도였다. 이 때문에 훈구 세력들은 현량과는 공정한 인재 등용 방법이 아니라 하여 반대하였다. 훈구 세력인 홍경주洪景舟, 남곤南袞은 현량과로 등용된 자들의 행실을 지적하며 심하게 비판했다. 마침내 훈구 세력의 반발은 반정공신들의 위훈삭제僞勳削除 사건으로 폭발하였다.

1519년 조광조는 중종반정 공신 중 공을 지나치게 인정받은 76명의 관작 삭제를 주장했다. 반정 초에 대사헌 이계맹李繼孟도 똑같은 주장을 했으나 묵살된 바 있었다. 그런데 조광조가 훈구 세력을 몰아내기 위해 다시 내놓은 것이다. 특히 조광조는 위훈삭제를 주장해서 성희안, 유자광 등은 권력과 부귀를 위한 소인배로서 반정을 하였다고 비난하였다.

이때 중종은 반정공신은 어느 누가 비난해도 수정할 수 없다고 맞섰다. 이미 공신들은 반정 후 정권의 핵심이었으므로 이들을 소인배로 몰아세운다는 것은 중종 자신에게도 위험한 일이었다.

그러나 조광조의 주장은 집요했다. 조광조는 중종에게 자기 주장을 한두 번 올려서 묵살된다고 포기하는 자가 아니었다. 중종이 조광조 일파의 일곱 번째의 상소를 물리쳤다. 그러자 사헌부, 사간원, 홍문관 등 삼사가 합세하여 집단 사직서를 제출했다. 이때 중종은 조광조부터 설득하여 수차례 복직을 권유했으나 이들의 의지는 완강했다.

조광조는 개혁의 대의명분을 앞세워, 이번 일은 국가의 큰 일임을 강조했다. 극형을 당하더라도 반드시 성취시키겠다는 결의를 굳힌 것이다. 이같은 조광조의 강한 의지에 중종는 어쩔 수 없이 한발 물러섰다. 결국 반정공신 2, 3등 중 일부를 3, 4등으로 개정하고, 4등 76명 전원의 공훈에 대한 기록을 삭제하기에 이르렀다. 그러나 이는 결국 중종이 조광조의 도학정치에 염증을 느끼게 했고, 훈구 세력의 반감도 컸다. 그리하여 중종은 다시 훈구 세력과 결탁하여 사림 공격에 나서게 되었다. 이런 점에서 중종은 일관성이 없고 변덕이 심한 국왕이라는 평을 들었다.

중종이 도학정치에 염증을 느낀다는 사실을 간파한 훈구 세력은 조광조 일파에게 보복하기 위한 계략을 세웠다. 소인배로 비난받던 남곤과 공신 자격을 박탈당한 심정沈貞, 희빈 홍씨의 아버지 홍경주 등이 중심이었다.

심정은 홍경주를 만나 뜻을 함께 하기로 했고 홍경주는 희빈 홍씨를 찾아가 조광조 일파가 자신들을 모두 죽이고 박원종 제자까지 부관참시한다고 하면서 도움을 청했다. 희빈 홍씨는 궁녀를 시켜 나뭇잎에 '주초위왕走肖爲王'이라 쓰도록 하고 그 위에 꿀물을 바르라고 했다. 벌레들이 그곳의 단물을 빨아먹어 선명한 글자를 남길 것으로 보았다. 궁녀들은 네 글자를 후원後苑의 큰 나뭇잎 여러 곳에 쓰고 꿀물을 묻혔다. '주초走肖'를 합하면 '조趙'라는 글씨가 되어 이는 곧 조광조가 왕이 된다는 의미였다.

며칠이 지나자 벌레가 갉아먹은 네 글자를 나뭇잎 여기저기에서 볼 수 있었다. 희빈 홍씨는 이 사실을 궁중에 퍼뜨리고 이것을 곧 조광조 일파가 엉뚱한 음모를 꾸미고 있기 때문에 나타난 것이라고 중종에게 고했다.

한편, 홍경주와 남곤, 심정 등도 밤에 은밀히 왕을 만나 조광조 일파가 붕당朋黨을 조성하여 중요한 자리를 독차지하고 임금을 속여 국정을 어지럽히고 있기에 이를 엄히 다스려야 한다고 고했다. 이 말을 듣자 중종은 더는 참을 수가 없었다. 결국 조광조를 비롯한 사림 세력을 처벌하도록 명했다. 중종은 조광조부터 옥에 가두고 조사에 착수했다. 그날 밤 추가로 우참찬右參贊 이자李耔를 비롯하여 9명이 결박되어 끌려나왔다. 중종은 병조판서 이장곤李長坤의 간곡한 선처 요청이 있었으나 묵살하고, 이들을 모두 사형에 처하라는 명을 내렸다.

이때 궁궐 밖에 천여 명의 성균관 유생들이 몰려와 조광조를 살려 달라는 요청으로 아우성이었다. 결국 중종은 이를 참작하여 조광조, 김정金淨, 김구, 김식에게는 유배형을 내려 능주에 유배시키고 나머지에게는 태형 100대형을 내렸다. 그런데 심정은 조광조에 대한 처벌이 너무 가볍다고 하여 사형을 처해야 한다고 상소를 올려 결국 조광조는 38세의 나이에 사사되었다. 이 사건이 기묘년에 일어났다고 하여 '기묘사화'

라고 하고, 희생된 사림들을 '기묘명현己卯名賢'이라고 한다.

정국의 불안과 왜구의 침략

중종이 조광조를 앞세워 추진하던 개혁 정치는 이것으로 끝나고 훈구 세력의 권력 남용이 계속되어 조정은 다시 혼란스러웠다. 연이어 각종 옥 사들도 일어났다. 기묘사화의 여파로 1521년 남곤의 일파 송사련宋祀連의 신사무옥辛巳誣獄이 발생하여 사림 세력 안처겸安處謙 등이 추가로 숙청되 었다. 1524년에는 심정에 의해 정계에서 쫓겨났다가 기묘사화 이후에 복 귀한 김안로金安老가 파직되고, 1527년에는 그의 아들 김희金憘가 심정, 유 자광을 제거하려고 난을 일으켰다. 이때 동궁東宮에서 작서灼鼠의 변變(복성 군의 옥사)이 일어나 아무 관련도 없는 복성군福城君과 경빈敬嬪 박씨朴氏가 쫓겨나 죽었다.

이와 같은 혼란스러운 정국에 정치 일선에서 소외되었던 김안로가 다 시 중앙에 진출하여 더욱 혼란을 가중시켰다. 여기에 문정왕후文定王后와 친형제 간인 윤원형尹元衡과 그의 형이 정계에 들어와 김안로와 대치하게 되어 척신 세력과 훈신 세력 간의 세력 다툼이 벌어졌다. 이러한 척신의 대 두는 마침내 1545년(명종 즉위년) 을사사화의 전주를 이루기도 하였다.

한편, 이러한 조선의 정국 불안은 그동안 잠잠했던 남해안에서 왜구들 이 다시 활개치게 하는 계기를 마련하였다. 결국 1510년 일본 거류민이 부산포(지금의 부산), 제포(지금의 진해), 염포(지금의 울산)를 공격하여 조선에 큰 피해를 입히는데, 이를 '경오의 난' 또는 '삼포왜란' 이라고 한다.

조선과 일본의 교류는 이 사건으로 인해 중단되고 일본의 요청에 의해 1512년 임신조약壬申條約이 체결되었다. 이 조약으로 삼포에 거주하던 왜인의 출입을 금지시키고 제포 한 곳에만 개항하여 왜인의 왕래를 대폭 제한했다. 그러나 이와 같은 통제 속에서도 왜구들은 변란을 일으켰고, 결국 조정은 왜인들의 조선 출입을 완전히 통제하게 되었다. 북방에서도 4군과 6진에 여진족의 노략질이 빈번하여 만포첨사滿浦僉使가 피살되는 등 크고 작은 불상사가 계속 발생되었다.

248회 기출 문제

조선시대 향촌 규약인 향약에는 극벌極罰, 중벌中罰, 하벌下罰의 3가지 벌이 있었습니다. 다음 중 극벌에 해당하지 않는 것은 무엇일까요?

① 부모님 말씀을 잘 듣지 않는 자
② 어려움을 보고 힘이 있으면서도 도와주지 않는 자
③ 형제가 서로 싸우는 자
④ 집안의 도덕을 무너뜨리고 어지럽히는 자

답 : ②

역사의 한 페이지
생불을 파괴시킨 황진이

황진이는 개성 출신으로 본명은 진이眞伊고 기생명은 명월明月이다. 여성이지만 어려서부터 천자문을 배우고 고전과 한시를 지었으며, 글씨와 그림에 능하고 가야금까지 공부를 했다. 양반집 정실부인의 딸은 아니나 학문과 서화書畵를 하면서 자란 그가 기생이 되었다는 것은 예사롭고 평범한 일은 아니다.

황진이는 당대에 유흥을 좋아하고 호기로 유명한 벽계수와 시를 주고받기도 하고, 10년 동안 벽면 수도하여 살아 있는 부처님(生佛)이라고 소문난 지족선사知足禪師를 파괴시킨 일화도 유명하다. 그녀는 서경덕의 학문이 유명하다는 소문과 인물과 지조가 보통 사람과는 다르다는 것을 알고 먼저 서경덕에게 찾아가 유혹했으나 거절당했다. 그러자 기녀의 신분으로 그를 유혹할 생각을 버리고, 학문적으로 사제 관계를 희망하여 스승과 제자의 인연을 맺었다.

그녀는 죽기 전에 유언처럼 항상 말하기를 "내가 죽으면 관에 넣지 말고 까마귀, 솔개, 개미 들의 먹이가 되도록 해달라"고 했다. 이 말은 온 세상의 여자들에게 던진 교훈의 메시지로 볼 수도 있지만 폐쇄된 조선 여자의 신분이 아닌 자유스런 삶을 살다가 세상을 떠난 여류 시인의 근성으로 보는 것이 좋다. 그녀의 죽음에 대한 기록은 분명하지 않으나 40세 전후에 세상을 떠난 것으로 전해진다.

제12대 인종仁宗

8개월의 짧은 치세

인종(1515~1545)은 중종과 장경왕후章敬王后 윤씨 사이에서 태어났다. 이름은 윤이고 자는 천윤天胤이다. 6세 때 세자에 책봉되고 30세에 왕위에 올랐다. 부인은 3명이었으나 자녀를 두지 않았다. 인종은 재위 8개월 보름 남짓만에 사망했다.

하늘이 내린 효자

　인종은 출생하여 일주일 만에 생모 장경왕후 윤씨가 죽었기 때문에 따뜻한 모정을 어디에서도 느낄 수 없었다. 그리고 계모 문정왕후는 유별나게 시기심 많고 표독한 성격이었으므로 인종은 고독하고 외로운 유년기를 보내야만 했다. 그의 도학 사상과 지나친 효심은 결국 자신의 생명을 단축시킨 결과가 되었고, 문정왕후의 정치 과욕과 괴팍한 성질을 방치시킨 것으로도 볼 수 있다. 인종은 성품이 바르고 욕심이 없었으며, 부모에 대한 효심이 깊고 형제 간의 우애가 돈독했다. 특히 누이 효혜공주孝惠公主가 어려서 죽자 몹시 슬퍼해서 병을 얻을 뻔했다.

　야사에는 문정왕후가 인종을 죽이려고 몇 번이나 시도했으나 모두 실패했다고 전해진다. 실록처럼 믿을 수는 없으나 전혀 근거 없이 꾸며낸 이야기로만은 볼 수 없다. 인종이 세자로 있을 때의 일이다. 동궁에서 빈궁嬪宮*과 잠들어 있을 때 불이 나서 문짝이 떨어지고 대들보에까지 불

* 빈궁
왕세자의 부인을 말한다.
* 저하
왕세자를 높여 일컫는 말

이 번졌다. 세자빈이 먼저 일어나 세자를 깨우고 나가자고 하였다. 그러나 세자는 빈궁만 밖으로 내보내고 자신은 그대로 불에 타 죽겠다고 하면서 그 자리에 앉아 버텼다.

촌각이 급하고 생사가 눈앞에 다가왔는데 세자의 태도는 평온했다. 누가 고의적으로 불을 지른 것인지 그는 잘 알고 있었다. 계모인 문정왕후의 짓이었다. 그동안 여러 번에 걸쳐 자기를 감쪽같이 죽여 없애려고 했지만, 그때마다 다행히 죽음의 문턱에서 피해 왔던 터였다. 하지만 그는 이제는 달랐다. 그는 자신이 죽어 없어지는 것이 그토록 소원이라면, 비록 계모이지만 그녀의 소원대로 죽어 주는 것이 진실된 효를 실행하는 것으로 생각하고 죽기로 작정한 것이었다.

세자빈이 강제로 끌고 나가려고 불붙은 문을 확 열었으나 문은 밖으로 잠겨 있었다. 그때 대문 밖에서 세자를 애타게 부르는 소리가 들렸다. 부왕 중종의 목소리였다. 세자빈은 다급한 목소리로 "저하邸下께서 이대로 앉아 운명하신다면, 문정왕후의 소원을 풀어준다는 면에서는 효가 되지만 부왕에게는 큰 불효이자 불충"이라며 손을 잡아끌었다.

빈궁의 말을 들은 세자는 불효와 불충을 할 수 없다는 생각에 빈궁과 함께 일어나 온몸으로 문을 부수고 문살 틈으로 불길 속을 빠져 나왔다. 이날 일어난 불은 쥐꼬리에 화선을 매달아 여러 마리를 동궁 주위에 집어 넣었기 때문에 깊은 곳에서부터 불길이 솟아오른 것이었다.

누구에 의해 벌어진 사건인지 구태여 조사하지 않아도 알 수 있는 일이었지만, 아무도 감히 중전을 지목하여 의심하거나 말 한마디 헛되게 발설할 수 없었다. 당시 중전은 임금의 총애를 독차지할 때였다. 그녀는 미모를 잘 갖춘 상냥한 왕비였으므로 중종은 그녀를 조금도 의심하지 않았다.

죽을 고비를 몇 차례 겪으면서 왕위에 오른 인종은 기묘사화 때 밀려난 사림 학자들을 본래대로 복원하고 현량과를 다시 실시했다. 현량과에 따라 사림 학자 이언적李彦迪, 유관柳灌 등이 정계에 진출하게 되었고, 조광조의 본래 관직도 회복되었다. 그러나 등극한 지 8개월 15일 만에 그가 세상을 떠남에 따라 많은 백성들에게 허탈감만 남겨주었다.

인종은 조선의 역대 왕들 중에 치세 기간이 가장 짧은 왕이다. 8개월 보름 남짓 왕위에 머물러 있다가 원인 모를 병으로 드러누워 시름시름 앓더니 후사도 하나 남겨놓지 않고 홀쩍 세상을 떠나버렸다. 하지만 당시 사람들은 그를 성군이라 일컬었다. 지극한 효성과 너그러운 성품, 금욕적인 생활 등이 전형적인 선비의 모습이었기 때문이다.

• 이언적(1491~1553)
이언적은 24세 때 문과에 급제하여 벼슬길에 나섰다. 그의 학문은 이황에 의해 집대성되었는데 주희가 강조하던 '격물치지格物致知'의 내용은 거부하고 철저한 주리론적 시각을 고수한 학자로서 조선 성리학의 선구적인 인물이 되었다.

문정왕후의 살의

인종은 문정왕후가 계모이지만 어머니에 대한 효를 다했다. 그러나 그녀는 항상 인종을 하루라도 빨리 제거해야 할 대상으로 생각했다. 그녀의 표독한 마음씨는 조금도 변하지 않았다. 문정왕후는 인종이 20세까지 세자로 있는 동안 딸만 셋일 뿐 아들이 없었다. 그런데도 세자에게 온갖 수단을 동원하여 제거하려고 하다가 아들을 낳았다.

이때부터 세자를 대하는 태도는 더 표독하고 사나웠다. 세자만 없으면 자신의 아들이 왕위에 오를 것이 분명했기 때문에 독해진 것이다. 인종이 왕위에 오르면서부터 문정왕후의 독설은 더욱 차가워졌다. 툭하면 인종에게 찾아가 막말을 하고 모녀를 빨리 죽이라고까지 했다.

그런데도 인종은 그녀와 경원대군慶源大君(명종)을 싫어하지 않았다. 자신의 효심이 부족한 것으로만 알고 개탄했다. 문정왕후에게 효도를 다하기 위해 경원대군에게 왕위를 물려주기로 결심하기도 했다. 인종에게 경원대군은 동생뻘이지만 나이로 보면 20세가 어렸으므로 부자지간과도 같았다. 너그럽게 기다리면 그에게 왕권이 이어지는 것은 분명한데도 문정왕후는 초조한 심정이 있다.

어느 날, 인종이 문안인사를 드리기 위해 대비전大妃殿으로 갔는데 평소에 살벌한 표정만 보이던 그녀의 입가에 미소가 흐르고 인종을 반갑게 맞이했다. 인종이 30여 년 만에 처음 보는 그녀의 미소였다. 아이같이 따뜻한 표정을 느낄 수 있었고 긴장했던 가슴이 확 열리는 것 같았다.

　불교 경전에 '일일일선一日一善'하란 구절이 있는데 일일일선 중 남에게 진실한 웃음을 보이는 것도 여기에 해당된다고 하였다. 불교 신자인 그녀는 처음으로 인종에게 일선을 한 것이다.

　잠시 후 인종 앞에 깨끗하고 단정한 떡 쟁반이 차려져 나왔다. 인종은 손색없는 예의를 지키는 그녀에게 또 한 번 감사한 마음을 가졌다. 이날 차려온 떡을 대비는 한 개도 건드리지도 않았지만 인종은 몇 개를 맛있게 먹고 나왔다. 그 뒤로 인종은 아무 이유 없이 갑자기 배를 움켜쥐고 앓기 시작했다.

　평소의 소화 불량이나 배탈 같은 통증이 아니고 처음 당하는 고통이었다. 의원을 불러 약을 먹었으나 먹은 약까지 피와 함께 토하고 병세는 하루가 다르게 심했다. 며칠을 견디지 못하고 인종은 세상을 떠나고 말았다. 이것은 문정왕후가 얼마나 표독하고 살의殺意에 가득 찬 여자인지 십분 알 수 있게 한다.

역사의 한 페이지
인종의 애책문哀册文*

흠잡을 데가 없는 아름다운 인종께서는 하늘처럼 크시니, 어찌 형용할 수 있겠습니까. 가르침은 뱃속에서부터 바르고 덕은 천성으로 말미암아 밝으시니, 늘 학문만을 생각하여 잇달아 밝아지고 더욱 정해지시며……

삼조三朝(하루에 세 번 뵙고 문안하는 것)는 예문禮文대로 하고 모든 행동은 효성에 근본하시니, 대개 천성에서 나온 것이고 말과 외모는 가식적인 것이 아니었습니다. 하늘에서 물려 받은 마음이 우애가 있어 이복 형제가 유배지에서 구제되기를 바라셨으니, 그 크게 순한 것이 실로 형제가 이미 화합한 데에서 말미암았으며, 빈료賓僚(세자를 교육하는 관원)를 예우하고, 경계하면 반드시 글로 쓰시니, 실천이 더욱 깊고 지극한 덕이 순수하셨습니다.……

아, 슬픕니다. 하늘에 대한 마음에 뉘우침이 없어 나라에 재앙이 모여드니, 많은 어려움을 견디지 못하여 대상大喪을 또 당하였습니다. 효성을 마치지 못한 것을 민망히 여겨 유명에 남기셨으며, 남은 사람들은 오랫동안 잊지 못하게 되었으나 하늘에서는 임금을 모시게 되셨습니다. 아, 슬픕니다.

＊애책문 : 임금이나 왕비의 승하를 슬퍼하며 생전의 공덕을 기리는 글을 말한다.

제13대 명종明宗

권신들의 나라

명종(1534~1567)은 중종과 문정왕후 윤씨 사이에서 태어났으며, 인종의 아우이기도 하다. 이름은 환峘이고 자는 대양對陽이다. 1544년에 경원대군慶源大君에 봉해졌고, 12세로 왕위에 올랐다. 정비는 청릉부원군青陵府院君 심강沁鋼의 딸 인순왕후仁順王后 심씨이고, 후궁은 순빈 이씨를 비롯해 6명을 두었다. 자녀를 두지 않아 후사를 잇지 못했다.

1559	1562	1567
임꺽정의 난 시작	임꺽정의 난 종결	명종 사망

외척들의 혈투

명종은 즉위 당시 나이가 12세였으므로 어머니 문정왕후에게 수렴청정을 받아야만 했다. 문정왕후는 섭정을 시작하자마자 자신만의 세력을 조정의 핵심 부서에 배치시켰다. 대사헌에 허자許磁, 병조판서에 이기李芑, 호조판서에 임백령林百齡, 지중추부사에 정순붕鄭順朋, 친동생 윤원형을 예조참의로 등용하여 실권을 장악하였다.

한편 윤원형은 1537년 김안로가 실각한 뒤에 등용된 인물로, 그를 둘러싼 세력은 장경왕후(인종의 어머니) 윤씨의 오빠인 윤임尹任 일파와 왕위 계승권을 비롯하여 사사건건 권력 투쟁을 해오던 터였다. 중종의 첫 번째 계비 장경왕후와 두 번째 계비 문정왕후(명종의 어머니)가 같은 윤씨였기 때문에 장경왕후 오빠 윤임을 중심으로 한 세력을 대윤大尹, 문정왕후 동생 윤원형 일파를 소윤小尹이라고 불렀다.

인종이 왕위에 오르자 잠시 대윤파大尹派가 득세하여 이언적 등 사림학자들이 조정에 등용되어 기세를 떨쳤다. 그러나 인종이 채 1년도 채우지 못하고 세상을 떠남에 따라 조정의 정치 구도와 세력 판도는 소윤에 넘어갔다.

윤원형은 명종이 등극하자마자 대윤의 우두머리 격인 우찬성 윤임부터 제거하기 위한 작업에 착수했다. 그러나 백성들과 조정 대신들에게 그럴듯한 명분을 꾸며 윤임에게 죄를 씌워 제거해야 하는데 마땅한 방법이 없었다.

그래서 윤원형은 생각한 끝에 윤임이 희빈 홍씨의 소생인 중종의 여덟 번째 아들 봉성군鳳城君(중종의 서자)을 왕으로 삼으려 했다는 누명을 씌웠다. 그리고 또한 인종이 죽을 당시에는 윤임이 성종의 셋째 아들 계성군을 왕으로 세우려 했다는 소문을 퍼뜨리게 한 것이다. 결국 윤원형은 이를 구실삼아 윤임 일파를 체포하는 데 성공하였다.

이때 윤원형은 문정왕후에게 앞으로 왕권의 안정을 위해서는 대윤파들을 이 기회에 완전히 제거해야 한다고 간청하였고 결국 윤임, 유관柳灌, 유인숙柳仁淑 등이 처형되었다. 그리고 이들의 친족과 직계 등 조금이라도 관련된 사림 세력을 모조리 체포하여 유배시켰는데, 이것이 1545년에 발생한 '을사사화'이다.

이로써 조정은 윤원형이 삼사를 비롯하여 의정부와 육조까지 모두 장악하게 되었다. 그러나 윤원형은 이에 만족하지 않았다. 그는 미처 제거하지 못한 정적들마저도 제거하기 위해 다시 계략을 꾸몄다. 그래서 발생한 것이 을사사화가 지난 지 2년 뒤인 1547년에 일어난 '양재역 벽서 사건'이다. 이 사건은 경기도 양재역 벽면에 "위로는 여왕이 설치고 아래로는 간신이 날뛰어서 조선이 곧 망할 것이다"라는 내용의 벽보가 나붙은 것이 계기가 되었다.

윤원형은 이 벽서 사건이 윤임 잔당의 소행이라고 주장해 조정에 남아 있던 윤임의 잔존 세력을 모두 숙청하게 되는데, 이전에 윤원형 탄핵에 관련된 송인수宋麟壽와 윤임과 친밀한 관계였던 이약수李若水 등을 처형하고 이언적을 비롯한 사림 세력 20여 명을 유배시켰다.

노비 정난정의 활약

윤원형은 애첩 정난정을 교묘히 이용하여 봉성군 완岏이 윤임의 역모에 가담했다고 문정왕후에게 무고誣告케 하여 그를 강원도 평창으로 귀양 보냈다가 2년 후에 사사하고, 이어 계성군마저도 처형했다.

노비 출신의 정난정이 조정을 드나들며 윤원형의 밀사로 활약한 시기도 이때부터이다. 윤원형이 문정왕후와 수시로 연락하기 위해 그녀를 궁궐에 들여보낸 것이다. 이후 윤원형은 조선 천지에 무서울 것이 없었다. 죽고 사는 것이 모두 그의 손에 달렸다는 말이 사람들 사이에서 오갈 정도였다. 그는 정난정을 정경부인貞敬夫人 자리에 올려놓고 숱한 재물을 축적하는 출납 창구로 삼았다.

이때부터 윤원형 집의 마당에는 정난정을 만나려고 곡식과 뇌물 보따리를 들고 기다리는 사람들로 북적거렸다. 벼슬자리를 부탁하고, 죄를 무마시켜 달라고 간청하였으며, 상민의 신분을

- 무고
없는 사실을 거짓으로 꾸며 남을 고발하거나 고소하게 하는 것을 말한다.
- 정경부인
조선시대의 외명부外命婦 정1품이나 종1품인 문·무관의 부인에게 내린 칭호이다.
- 승과
승려를 위하여 3년마다 시행하던 과거이다.

양민으로 둔갑시켜 달라고 요구하는 자도 있었다. 이는 당시 윤원형의 말한마디로 성사되지 않는 것이 없었기 때문이다. 그리고 이때마다 정난정을 통해 뇌물이 오갔던 것이다. 이러한 부정부패로 얼마 지나지 않아 윤원형의 집은 한양에서만 큰 기와집이 열다섯 채나 이를 정도였다고 한다.

그의 부 축적은 뇌물로만 재산을 모으는 것이 아니었다. 직접 백성들의 재산을 가로채거나 남의 집에서 일 잘하는 젊은 노비도 무조건 데려다가 일을 시키기도 했다. 당대 한양에서 재산 많고 권력에 욕심이 많은 자들은 한결같이 정난정과 인연을 맺으려고 안간힘을 쓰는 웃지도 못할 세상이 펼쳐지고 있던 것이다.

한편, 명종은 이처럼 문정왕후와 윤원형을 둘러싼 외척들의 횡포가 가속화되는 것을 알면서도 어찌할 수가 없었다. 그는 그들의 횡포를 무기력하게 지켜보며 눈물로 세월을 보내야만 했다.

물론 이 같은 혼란의 중심에는 문정왕후가 있었다. 윤원형과 정난정이 권력을 남용해 극심한 횡포를 부린 것도 모두 이 같은 배경 때문이었다. 문정왕후는 정사를 사적인 감정으로 처리하기도 했는데, 승복을 입고 다니던 승려를 병조판서직에 올린 것이 대표적인 예이다. 이는 당시 문정왕후의 권력 남용이 어느 정도였는지를 여실히 보여주는 증거라 하겠다.

힌편 이 승려는 보우普雨라는 인물이었는데, 이후 문성왕후는 그의 조언을 듣고 선종과 교종을 다시 세우고 승과僧科와 도첩제를 부활시키기도 하였다. 보우가 조선 군인의 수장이라는 직분을 이용하여 이를 불교 부흥의 기회로 삼으려 했던 것이다.

조선의 3흉

　문정왕후가 수렴청정을 끝내고 명종이 친히
정사를 돌보기 위해 편전에 앉았으나 제일 큰 문
제는 문정왕후와 윤원형이었다. 아무리 임금이
되었다고 해도 문정왕후의 독단적 성격 때문에
그녀의 일에 함부로 관여할 수 없었다. 또한 문
정왕후의 권력을 배경으로 외숙부 윤원형과 정
난정의 횡포가 계속되자, 명종은 이를 그대로 방
치하고서는 소신대로 국정을 바로잡을 수 없을
것이라 깨달았다. 그리하여 그는 이량李樑이라는
인물을 등용하여 그들을 집중적으로 견제하려
고 하였다.

　이량은 명종의 비 인순왕후仁順王后 심씨*의
외숙부였다. 그런데 이량 역시 깨끗하고 양심적
인 인물은 아니었다. 친외삼촌을 제거할 목적으
로 처외삼촌을 방패막이로 등용했지만 결국 불
여우 한 마리를 잡기 위하여 호랑이를 키우는 격
이 되고 말았다.

　이량은 명종의 신임을 등에 업고 권신, 이감李

* 인순왕후 심씨(1532~1575)
14세 때에 왕비로 책봉되었다가
명종이 죽고 선조宣祖가 미성년으
로 등극하여 수렴청정을 했다. 그
러나 1년 만에 선조에게 친정親政
을 시키고 물러났다. 그때 선조가
17세이므로 3년은 더 섭정할 수
있었으나 스스로 물러난 것이다.

勘, 신사헌愼思獻, 윤백원尹白源 등을 포섭하여 정치 세력을 형성하고 이권을 독점하기 시작했다. 그는 뇌물을 교묘하게 받아들여 재산 축적에 열을 올렸으며 자신에게 동조하지 않는 대신들의 탄핵을 서슴없이 들고 나왔다.

윤원형을 견제하려는 목적으로 등용된 그는 윤원형에게는 감히 접근도 못하고 엉뚱한 일만 저질러 조정은 더욱 시끄럽게 되었다. 그러자 명종은 이량을 평안도 관찰사로 멀리 내보냈는데, 이렇게 되자 윤원형의 권력 독점과 비리가 날이 갈수록 더욱 심했다. 그래서 명종은 어쩔 수 없이 이량을 조정으로 다시 불러 이조참판에 임명하고 관리의 부정부패를 뿌리 뽑으라고 했으나, 그의 권력 남용은 한층 더 기승을 부렸다. 그래서 당시 사람들은 그와 윤원형, 심통원沈通源을 함께 묶어 '조선의 3흉'이라고 부르기까지 했다.

이렇게 문제가 심각해지자 기대승奇大升, 허엽許曄, 윤두수尹斗壽 등 뜻있는 사림 세력이 모여 부정부패가 극에 달한 이량을 탄핵하려고 나섰으나 이량은 오히려 그들을 먼저 제거하려는 음모를 꾸몄다. 그런데 그의 음모는 심의겸沈義謙에게 알려져 사화를 모의한 죄로 결국 관직에서 물러나고 말았다.

명종은 양쪽 권신들에게 시달리고 또 자신의 의지대로 국정이 움직이지 않아 지칠 대로 지쳐 있었다. 게다가 문정왕후까지도 가끔 그에게 나타나 큰소리치며 괴롭혔다. 반말로 욕설을 퍼붓고 손찌검도 예사로 하여 임금을 마치 철부지 어린애 다루듯 하였다.

왕권은 땅에 떨어진 지 오래되었고 대신들은 권력 다툼과 뇌물을 걷어먹기에 혈안이 되었다. 백성들의 경제는 파탄 상태였고 민심은 어수선하여 가정을 해체하고 아무 대책 없이 이곳저곳을 떠돌아다니는 백성들이 늘어만 갔다. 설상가상으로 가뭄 때문에 연이어 흉년이 들어 백성들에게는 세금은커녕 먹고 살기조차 고통스러운 나날이었다. 굶주림에 시달리다가 죽고 도둑 떼가 여기저기에서 날뛰어도 조정에서는 아무 대책이 없었다.

왜구가 침입하다

나라의 국정이 혼란한 틈을 이용하여 그동안 조용하던 왜구들의 노략질이 기승을 부렸다. 수십 척의 배를 남해안에 정박해 놓고 재물을 약탈해 가고 부녀자까지 강제로 끌고 가는 사건이 빈번했다. 이윽고 왜군이 전라도에 침입하는 사건이 일어나는데, 이것이 '을묘왜변乙卯倭變'이다.

10여 년 전에 조선에서는 사량진에 왜구의 출입을 통제한 일이 있었다. 그 뒤 쓰시마 섬 도주島主의 간청으로 정미약조丁未約條를 맺고 다시 출입을 허용했다. 하지만 이 약조에는 왜인들에 대한 통제가 강화된 내용을 담고 있었다. 따라서 왜인들은 이에 대한 불만을 품고 있었고 한편으로 일본 내에서도 전국에 전쟁의 조짐이 돌고 있던 터라 재정이 악화되어 명나라와 조선 해역에 들어와 노략질을 일삼은 것이다.

1555년 5월 왜구는 70여 척의 선박을 전남 해역으로 끌고 들어와 노략질을 했다. 이에 조선은 호조판서戶曹判書 이준경李浚慶을 도순찰사都巡察使로, 김경석·남치훈을 방어사防禦使로 각각 임명하여 그들을 격퇴하였다.

이로써 양국 무역 관계는 더 악화되었는데, 난처해진 쓰시마 섬 도주가 조선을 불법 침입한 왜장의 목을 잘라 들고 와 사과까지 했다. 조선은 쓰시마 섬 도주에게 세견선歲遣船* 5척을 허용하고 식량과 생활 필수품에 한하여 무역하도록 허용했다. 잠시 왜구의 노략질은 줄었으나 이러한 도발은 임진왜란을 예견하는 사건이 되었다.

이처럼 나라를 부패의 도가니로 변질시키고 국정을 혼란에 빠뜨린 주범은 다름 아닌 윤원형, 문정왕후, 이량 등이었다. 백성들은 이들을 죽이거나 유배시키지 않으면 나라의 희망은 아무데서도 찾을 수 없다고 말할 정도였다. 그리고 마침내 1565년 문정왕후가 세상을 떠났다. 명종은 제일 먼저 보우를 병조판서직에서 내보내고 승직까지 박탈하여 제주도로 유배했다가 처형했다. 윤원형과 정난정은 강음江陰으로 유배했는데, 이들은 얼마 있다가 스스로 목숨을 끊었다.

▪ 세견선
조선시대에 쓰시마 섬 도주에게 내왕을 허락한 무역선이다.

역사의 한 페이지
의로운 도적, 임꺽정

　　임꺽정은 경기도 양주 백정 출신이다. 그의 이름은《명종실록》에 임거질정
林巨叱正이라고 적혀 있는데, 임거정林巨正이라고도 한다. 당시는 연이어 흉년이
계속된 데다가 관리들의 수탈이 횡행하고 있었다. 그는 정치 혼란과 관리들의
부패로 민심이 흉흉해지자 1559년(명종 14년) 여기에 불만을 품고 있는 수많은
사람들을 모아 황해도와 경기도 일대에서 관아의 곡물 창고를 털어 그것을 빈민
에게 나누어 주었다.

　　조정에서는 선전관宣傳官을 보내 그들의 동태를 예의주시했고, 포도관 이억
근李億根을 시켜 이들을 잡아들이라는 명령을 내렸지만, 오히려 죽임을 당했다.
임꺽정 부대는 백성들의 도움으로 위기를 모면하고 세력을 보존할 수 있었다.
당시 농민의 도움은 '임꺽정의 부대가 모이면 도적이 되고 흩어지면 백성이 되
어 출몰을 예측할 수 없어 잡을 수가 없다'고 할 정도로 적극적이었다.

　　1561년 황해도, 경기 북부, 평안도, 강원도 지역에 출몰하여 활동했으나 임
꺽정의 형인 가도치加都致와 참모 서림徐林이 체포되어 그 세력이 위축되기도 했
다. 결국 1562년 토포사討捕使 남치근南致勤의 대대적인 토벌로 임꺽정은 구월
산에서 체포되었다. 관군이 대대적인 수색을 벌인 지 약 3년 만에 잡혔고, 잡힌
지 15일 만에 그는 죽임을 당했다. 당시의 정황은《기재잡기寄齋雜記》에 이렇게

기록되어 있다.

"임꺽정이 민가에 숨어 있다가 주인을 시켜 '도둑이야' 하고 소리치라고 했다. 당시 관군이 앞뒤에서 매복하고 있었다. 이때 진짜 임꺽정이 민가에서 뛰어나와 도둑이 저쪽으로 달아났다고 하면서 손가락으로 방향을 가리켰다. 군졸들이 그곳으로 우르르 몰려갔다. 이때 진짜 임꺽정은 말을 빼앗아 타고 달아나려고 했다. 그러나 서림이 '말을 타려는 자가 임꺽정이다' 하고 소리치자 군졸이 달려가 생포했다."

임꺽정은 자신의 신분 차별에 대한 한을 풀어보려고 했지만, 결국 실패하고 말았다. 이익李瀷은 임꺽정을 홍길동洪吉童, 장길산張吉山과 함께 조선의 3대 도둑이라고 했지만, 부패한 조선의 관료를 혼내주고 궁핍한 백성들에게 곡식을 나누어 주었다는 측면에서 보면 '의로운' 도적이라고 할 만하다.

제14대 **선조** 宣祖

신권 중심의 정치 개막

선조(1552~1608)는 덕흥대원군의 셋째 아들로 태어났다. 처음 이름은 균鈞이고 이후 공昖으로 바뀌었다. 어머니는 하동부대부인河東府大夫人 정씨이고 비는 박응순朴應順의 딸 의인왕후懿仁王后이다. 처음에 하성군河城君에 봉해졌는데, 1567년 명종이 후사가 없이 죽자 왕위에 올랐다. 선조는 8명의 부인에게서 14남 11녀의 자녀를 두었다.

1589	1592	1597	1598	1608
정여립 모반사건	임진왜란	정유재란	이순신 전사 왜란 종결	선조 사망

사림의 성장

선조는 즉위하자마자 훈구와 척신 세력을 과감히 밀어내고 사림 학자 중심으로 정치 구조 인맥을 형성해 나가기 시작했다. 이는 선조가 평소에 성리학적 왕도 정치를 신봉했던 점이 사림의 등용에 많은 영향을 끼쳤다. 또한 명종이 부를 때에는 좀체 움직이지 않던 퇴계退溪 이황李滉 이 선조가 즉위하여 예조판서 겸 지경연사智經筵事로 임명된 것도 한층 그의 어깨에 힘을 실어주는 계기가 되었다.

조선시대 정치사를 크게 사대부 정치기, 훈신 정치기, 사림 정치기, 탕평 정치기, 외척 세도 정치기로 구분할 때 선조 대는 이른바 사림 정치기의 시작을 알리는 시기라 할 수 있다. 본래 사림은 사대부의 무리를 지칭하는 용어였다. 고려 말에서 조선 초기에는 문관과 무관을 통틀어 사대부라고도 했다.

사림이라 하면 문·무 양반 관료와 그 일족, 벼슬하지 않은 선비들까지 포함하는 말이었다.

▪ 이황(1501~1570)
경북 안동에서 태어나 27세에 진사시에 급제하고 6년 뒤에 성균관에 들어가 김인후 등과 학문을 같이 했다. 그러나 김인후가 조정을 떠나 낙향하자 뒤를 따라 모든 관직을 사퇴하고 고향으로 내려왔다. 이황은 성리학이 조선 사회에 뿌리내리는 데 결정적인 기여를 하였는데, 사상적으로 이상주의적인 경향이 강하였다. 이황의 사상은 일본의 성리학 발전에도 큰 영향을 끼쳤다.

▪ 증직
나라에 공이 있는 사람에게 죽은 뒤 품계나 관직을 추증追贈하여 영예를 누리게 하는 것을 말한다.

그러나 세조와 성종을 거치면서 공신들을 중심으로 한 훈구 세력이 정권을 차지하게 되었다. 그리하여 여기에서 소외된 부류들을 역사적 용어로 '사림'이라 부르기 시작한 것이다.

그러므로 성종 이전의 사림이란 용어와는 내용 면에서 다르다. 정치색을 떠나서 훈구와 사림을 보면 훈구는 순수 학문을 중시한 데 반해 사림은 도덕적 수양을 내세우는 경학파였다. 사림들은 《소학》의 정신을 내세워 부패한 훈구 관료들을 공격하였다. 이들은 훈구 세력을 누르려는 국왕의 도움으로 잇달아 정계에 진출하기도 했다. 그러나 훈구의 보복도 만만치 않았다. 50년간 일어난 네 차례의 사화가 그것을 말해 준다. 그것이 훈구에 의해서든, 척신 세력에 의해서든, 화를 당한 사림의 피해는 실로 엄청난 것이었다. 이후에도 사림은 훈구와 척신 세력들 사이에서 진퇴를 반복하며 성장해 나갔다.

선조는 과거 제도를 개편하여 현량과를 부활시키고 기묘사화 때 수난을 당한 조광조를 영의정에 증직贈職하였으며, 그들을 궁지에 몰아넣은 남곤 등의 관작은 추탈시켰다. 또한 문정왕후의 비호 아래 권세를 휘두르던 윤원형, 이기 등은 삭훈시켜 민심을 안정시켰다.

사림 중심으로 국정이 운영되어 문치의 깃발 아래 조정은 조용하고 부드러운 분위기가 흘렀다. 그러나 훈구와 척신이 정치 무대에서 사라지면서 이들은 스스로 분열하여 서서히 붕당을 이루게 되었다. 선조 초기에 인순왕후의 동생인 심의겸의 도움으로 정계에 진출한 선배 사림과 사림 정치하에서 새로이 정계에 진출한 후배 사림들 사이에 분열이 일어난 것이다.

물론 심의겸은 소윤만큼의 척신 세력은 아니었지만, 모든 정치적 역학 관계가 척신의 입장에서 진행된 만큼 신진 사림은 그를 용납하는 선배 사류에 대해 불만을 가질 수밖에 없었던 것이다. 이러한 가운데 양자 간의 대립은 점차 심화되어 마침내 동·서인의 붕당으로 변질되었다.

누가 이조전랑에 오를 것인가

훈신과 척신이 없는 조정에서 김효원金孝元과 심의겸의 대립을 계기로 사림은 동인과 서인으로 분열되었다. 똑같은 사림이지만 동인은 주리 철학자 조식曺植과 이황의 제자들이었고, 서인은 주기 철학자 율곡栗谷 이이李珥와 성혼成渾의 제자들이었다. 이와 같이 사림이 분당되어 세력 다툼이 벌어지자 대사헌 이이가 전면에 나서 쓸데없는 싸움이라고 하여 중재를 했지만 큰 효과를 거두지 못했다.

붕당의 시초는 김효원과 심의겸의 알력으로 이조전랑직 천거 문제에서 비롯되었다. 김효원

▪ 이이(1536~1584)
강원도 강릉에서 이원수와 신사임당의 아들로 태어났다. 어릴 적 신동으로 소문나 있었고 말보다 글을 먼저 깨우쳤다고 한다. 29세 때부터 관직에 들어가 조정의 요직을 두루 거쳤으며, 이후 정치적인 식견과 왕의 두터운 신임으로 정국을 주도하는 인물이 되었다. 사상적으로는 이황에 비해 상대적으로 기의 역할을 강조하여 현실적이고 개혁적인 성격을 나타냈으며, 10만 양병설과 '시무육조時務六條' 등 다양한 개혁 방안을 제시했으나 받아들여지지 않자 모든 벼슬을 그만두고 낙향했다.

이 이조전랑직에 오를 수 있도록 천거되자 심의겸이 드러내놓고 그를 비난했다. 김효원은 조선 3흉의 하나인 윤원형과 가까이 사귀면서 권세에 아부해온 소인배라고 공격한 것이다. 아주 근거 없이 꾸며낸 말은 아닌 것이, 김효원은 윤원형의 사위 이조민李肇敏과 아주 절친한 사이였다. 심의겸이 이것을 갖고 김효원을 비난하여 이조전랑에 오르는 것을 방해한 것이다. 심의겸의 방해 공작으로 김효원은 전랑직 문턱에서 번번이 고배를 마셔야 했다.

그러나 이러한 우여곡절 속에서도 김효원은 1574년에 이조전랑직에 올라가게 된다. 그리고 자신을 반대한 심의겸에 대해 복수의 기회를 노리고 있었다. 얼마 후 김효원의 뒤를 이어 이조전랑의 물망에 오른 인물은 공교롭게도 심의겸의 아우 심충겸沈忠謙이었다. 이번에는 상황이 뒤바뀌어 김효원이 심충겸 형제는 외척이라고 하여 반대하였다. 이와 같이 김효원과 심의겸은 사사건건 대립하였고 기회가 있을 때마다 서로를 비난했다.

이이는 수차례 심의겸과 김효원에게 선비 정신으로 돌아가 화합하도록 했으나, 물거품이 되고 말았다. 그래서 심의겸을 개성유수로, 김효원을 부령부사로 보냈지만, 심의겸이 예조판서직에 오르자, 동인의 정인홍鄭仁弘이 그를 탄핵하였다. 이번에도 율곡의 중재로 사건은 확대되지 않았다.

이씨는 망하고 정씨가 일어난다

이때부터 조정은 동인과 서인의 피를 부르는 싸움판으로 바뀌어 갔다.

서인에 서 있던 율곡이 죽자마자 동인의 탄핵으로 심의겸이 파직되었다. 이로써 세력 판도는 동인이 조정을 거의 장악한 상태였다. 그런데 정여립鄭汝立의 모반 사건이 터지자 동인이 대거 밀려나고 조정 세력은 다시 서인이 장악하게 된다.

정여립은 수찬修撰 벼슬에 오르면서 서인에서 탈당하여 동인으로 들어가 율곡과 박순, 성혼을 거세게 비판하였다. 그리고 지금까지 한 목소리로 정치판에 서 있던 서인 동료들을 특별한 명분도 없이 싸잡아 비판했다. 서인 중심 조정에서 서인 신분으로 수찬에 있는 자가 동인으로 들어가 실세인 서인들을 비난한 것이다. 선조가 그의 이상한 태도와 당을 이탈한 가벼운 행동을 불쾌히 생각했다. 그러나 그는 사직하고 낙향했는데 동인들은 그를 시야가 넓은 자로 평가했다. 그는 진안 죽도竹島에다 서실을 차리고 대동계大同契를 조직하여 매달 한 번씩 만남의 장으로 활용했다.

1587년에 전라도 죽도로 왜선이 침범했을 때 정여립은 대동계원을 동원하여 물리치기도 했다. 이 계는 더욱 발전하여 세력이 전국으로 퍼져나갔다. 그가 매달 모임을 갖고 세력을 과시한 것까지는 탓하는 자가 없었다. 그런데 향사례鄕射禮를 한다는 명목으로 군사 훈련까지 한 것이 정적들에게 공격거리를 제공한 셈이 되었다. 마침내 이들이 목자망전읍흥木子亡奠邑興, 즉 "이씨李氏는 망하고 정씨鄭氏가 일어난다"는 말을 퍼뜨리고 역모를 꾸미고 있다는 소문이 황해도 관찰사의 고변에 의해 선조에게 전해졌다. 선조는 관군에게 그를 체포하라는 명을 내렸다. 그러자 정여립은 죽도로 피신했다가 결국 자살하고 말았다. 이로써 정여립의 이해하기 힘든 돌출 행동과 역모는 떠도는 풍문이 아니라 사실로 굳어지게 되었다.

　서인 정철鄭澈이 위관이 되어 이 사건의 진상을 조사했는데, 이 역모 사건과 관련된 동인을 대거 제거했다. 이때 이발李潑·이호李浩·최영경崔永慶 등이 정여립과 친하다는 이유로 처형되었다. 정언신鄭彦信·정언지鄭彦智 등은 유배되어 동인 1,000여 명이 화를 입었다. 이 사건을 계기로 한때 전라도 출신의 인재를 등용에서 제한한 적이 있었다고 한다. 이 사건이 바로 '기축옥사己丑獄事'이다. 얼마 후 세자 책봉에 관한 문제로 다시 동인이 득세하게 된다.

길고 긴 전쟁

　선조는 사림을 앞세워 명종 때의 문정왕후, 윤원형, 이량 등의 권력 남용과 부정부패로 얼룩진 국정을 정리하고 임꺽정의 출몰로 어수선해진 민심을 수습하는 데 역점을 두었다. 선조는 율곡의 상소를 보고 일본 도요토미 히데요시[豊臣秀吉]의 움직임이 수상하다는 판단으로 통신사 파견을 결정했다. 1590년 3월 통신정사通信正使 황윤길黃允吉, 부사副使 김성일金誠一, 서장관書狀官 허성許筬을 임명하여 보냈다. 그런데 이듬해 돌아온 황윤길과 김성일이 일본 정세에 대해 엇갈린 보고를 하였다. 이에 선조는 당장 백성들에게 부담을 주지 않으려고 전쟁 준비에 역점을 두지 않았다.

　그동안 2백여 년간 조선은 국경에서 부분적인 전쟁은 수차례 있었으나 전면전은 한차례도 없었다. 그 때문에 큰 전쟁에 대한 대비와 불시에 벌어질 수 있는 전쟁이나 천재지변에 대한 준비는 매우 허술했다. 그러나 당시 일본은 도요토미가 전국시대의 혼란을 수습하고 통일 국가를 이룬 시점이었다. 그리고 서양의 근대화 세력이 밀려들어 신흥 상업 국가로 변신하고 있었다.

도요토미는 일본 통일을 성취하고도 남은 힘을 국외로 돌리고 국민의 힘을 한 곳으로 단결시키려는 정책을 모색하고 있었다. 그의 정치적인 목적을 달성하기 위한 수단으로 정한 최종 결정이 외국 침략이었다. 여기에는 국내 신흥 상업 세력을 약화시키고 잉여 전력을 효율적으로 소비하려는 전략이 숨어 있었다.

그리하여 일본은 1592년 4월 13일 20여 만 명의 수륙 병력을 9개 부대로 편성하여 조선으로 침략해 왔다. 이것이 임진왜란이다. 도요토미는 총 병력의 65퍼센트를 조선 침략에 투입하고 나머지 병력은 나고야에 대기시켰다. 일부는 교토를 수비하고 있었다. 조선은 아무 대비도 없이 갑자기 당한 침략으로 한양까지 단시일에 그들의 손에 들어갔고, 선조는 의주성까지 피난해야 했다.

조선은 평안도 일부와 이순신李舜臣이 버티고 있던 전라도 지역 일부를 제외하고 전 지역을 왜구에게 내주었다. 조총으로 무장한 왜군에게 활과 농기구를 든 조선군은 속수무책으로 당할 수밖에 없었다. 그러나 천만다행으로 하늘이 도왔는지 전라좌수사 이순신이 미리부터 전쟁에 대비하여 해전에서 거듭 승리하였다. 남해를 거쳐 육지로 진출하려던 왜구는 보급로와 지원군 등의 통로가 차단되었다.

거북선을 앞세운 이순신의 해군은 백전백승하였다. 당시 일본 해군은 조선의 해군에 대해서는 정보가 거의 없어 무시해 왔다. 이러한 해군의 승전보가 퍼지자, 패전을 거듭하던 조선의 육군들도 희망을 갖게 되었다. 조정에서도 빼앗긴 영토를 되찾기 위한 묘책을 백방으로 찾기 시작했다. 그래서 명나라군의 지원을 받아 평양성을 탈환했고, 이어 권율權慄 장군이 행주산성에서 대승을 거두어 한양을 탈환하기에 이르렀다.

바다에서는 이순신이 왜구의 병참보급로를 물 샐 틈없이 차단하여 적의 전력은 급격히 약화됐다. 육지에서도 조선군의 활약이 처음과는 달랐다. 왜군은 점차 사기가 떨어졌다. 한양에서부터 후퇴하던 왜구는 강원도와 충청도에 주둔했던 병력과 함께 무조건 남쪽으로 후퇴하였다. 왜적은 울산 서생포와 진주 웅천에 성을 쌓고 집결한 다음 화의를 청해왔다.

그런데 명나라 심유경沈惟敬이 조선과는 아무 상의도 없이 일본의 화의 교섭을 수용하고 조선을 대신하여 그가 도요토미를 만났다. 이때 도요토미가 내세운 화의 요구 조건은 다음과 같았다.

- 명나라 황녀를 일본의 후비(왕비)로 삼을 것.
- 무역 허가 증명서인 감합인勘合印을 복원시킬 것.
- 조선 8도 중 4도를 일본에 할양할 것.
- 조선의 왕자와 대신 12명을 인질로 보낼 것.

일본은 이상 네 가지의 요구 조건을 심유경에게 일방적으로 제시하고 인질로 잡아간 왕자 임해군臨海君과 순화군順和君은 돌려보냈다. 그러나 심유경은 이러한 일본의 요구가 명 황제에게 받아들여지지 않을 것으로 생각하고, 본국에 돌아가 황제에게 사실대로 보고하지 않았다. 그는 거짓 보고를 올렸다. "일본 도요토미를 왕으로 책봉하고 조공을 허락한다"는 허무맹랑한 내용으로 황제에게 보고한 것이다.

이에 따라 1596년 명 황제는 일본에 사신을 보내어 도요토미를 일본의 왕으로 인정한다는 책서와 함께 금도장을 보냈다. 이 같은 얼토당토한 내용을 받아본 도요토미는 다시 조선을 침략할 계획을 세웠다. 심유경은 명나라에서 거짓 보고로 나라를 기만한 죄로 처형되었고, 일본과의 화의는 아무것도 이루어진 것이 없었다. 1597년 1월 15일 일본은 15만 명의 군사를 이끌고 다시 조선을 침략해 왔는데 이것이 '정유재란'이다.

이때의 왜군 병력은 임진왜란 때보다 숫자는 적지만 해적과 무술인이 많이 포함된 군인이었다. 선조가 또 피난해야 한다는 논의까지 나왔고 왜구의 기세는 당당했다. 그러나 압록강을 다시 건너온 명나라 원군과 공조체제를 구축하여 필사적으로 대처했다. 모략으로 투옥되었던 이순신이 다시 삼도 수군통제사로 임명되었다. 서해로 진출하려던 명량해협에서 왜적선 133척을 12척으로 완전히 침몰시키고 적의 보급 통로와 서해로 진출하려던 길목을 차단했다. 왜군은 임진왜란 때와는 다르게 작전대로 북진할 수 없었다. 적군이 조선 땅으로 상륙은 했지만 임진왜란 때에는 볼 수 없었던 조선의 의병과 승병, 정규군 모두 소총과 새로운 무기로 무장된 상태였다. 남해 역시 이순신이 지키고 있었기 때문에 전라도와 충청도를 넘지 못했다.

길고 긴 전쟁은 1598년 도요토미가 죽자 왜군이 철군함으로써 종전되었다. 이로써 6년 7개월의 전쟁은 끝났지만 조선은 전쟁으로 인한 인명 피해와 재산상의 손실이 통계를 정확히 산출할 수 없을 정도로 엄청났다. 전쟁 전에 전국적으로 농경지가 170만 결이었는데 농지로 쓸 만한 곳은 54결 밖에 되지 않았다. 농지가 턱없이 줄어든 것은 전쟁으로 농업 인구가 줄어들었기 때문이다. 농사를 지어도 왜놈들에게 불시에 습격당해 빼앗기는 경우가 많아 농사일을 포기하는 경우가 많았다. 나라의 재정도 바닥나 있었지만 백성들의 생활고는 최악의 상태였다.

선조는 우선 재정을 무리 없이 충당한다는 방법으로 납속책을 내놓았다. 정부에 소정의 돈이나 곡물을 바치는 자에게 일정한 특혜를 주는 것이 납속책의 본질이다. 이 제도로 노비, 천민, 서얼, 향리 들의 신분이 상승되었다. 그리고 전쟁에서 공을 세운 자에게는 신분에 관계없이 특혜를 주었기 때문에 신분에 큰 변화를 가져왔다.

- 삼도 수군통제사
조선의 해군 총지휘관. 조선 초기에는 수군을 각 도에서 수군절도사가 지휘했다. 1592년 임진왜란이 일어나자 전라도, 경상도, 충청도를 총지휘할 직책을 두었고, 이순신이 전라좌수사를 겸직하여 최초의 통제사에 올랐다.

- 납속책
조선 초부터 재정 부족을 보충하기 위해 실시한 것으로, 백성에게서 곡물과 돈을 받고 그에 상응한 일정한 특전을 부여한 정책이다.

당시 백성들의 생활이 얼마나 처참했는지 인육을 먹었다는 사례도 있었다. 이와 같은 생활난의 여파 속에서 설상가상으로 송유진宋儒眞의 난 (1594년)과 이몽학李夢鶴의 반란(1596년)까지 일어났다. 문화재 손실도 커서 각종 서적과 미술품이 없어지거나 불에 타고 경복궁과 창경궁도 전쟁 중에 불에 탔다. 그러나 임진왜란을 거친 조선은 자주 국방에 대한 인식이 높아졌고 애국심이 새롭게 나타났다.

178회 제32대 골든벨 문제

우리나라는 격동의 세월이었던 조선 후기에 들어서 많은 부분에 변화가 있었습니다. 세계 지도 역시 크게 변화되었습니다. 1602년, 이탈리아의 선교사 마테오리치가 중국 명나라 학자 이지조와 함께 목판에 새겨 만든 이것은 당시 베이징에 파견되어 있던 이광정과 권희가 우리나라로 귀국할 때 가지고 들어왔습니다. 사실상 한국에 전래된 최초의 세계 지도라고 할 수 있습니다. 이것으로 인해 우리는 중국이 세계 중심이 아닐뿐더러 세계가 무척 넓다는 것을 깨닫고 커다란 충격을 받게 되었으며, 중화 사상이 크게 동요되기 시작되었습니다. 이 지도는 무엇일까요?

정답 : 곤여만국전도

237회 제41대 골든벨 문제

우리는 흔히 임진왜란 때 사용된 군선이라 하면 거북선을 떠올리지만 사실 조선의 주력 전함은 거북선이 아닌 이것이었다고 합니다. 조선 명종 10년 을묘왜변을 계기로 개발된 전투함으로, 배의 네 곳에 기둥을 세우고 사면을 가린 뒤 지붕을 덮어 전투시 안전한 장소를 확보하게 했습니다. 이 배는 무엇일까요?

답 : 판옥선

247회 기출 문제

임금의 대를 이을 적자손이 없을 때 가장 가까운 왕족 중에서 임금을 세우게 됩니다. 이럴 경우에 새로 옹립된 임금의 친아버지를 호칭하던 말입니다. 이 말은 무엇일까요?

답 : 대원군

247회 기출 문제

정철의 가사 〈관동별곡〉을 보면, "호의 현상이 반공에 솟아오르니 서호 옛 주인을 반겨서 넘노는 듯"이라는 부분이 있습니다. 여기서 '호의현상縞衣玄裳'이란 소동파의 〈적벽부〉에서 나오는 말로 이 동물을 비유하여 이르는 말입니다. 여기서 이 동물은 무엇일까요?

답 : 학

역사의 한 페이지
의병, 나라를 위기에서 구하다

임진왜란 당시 수군이 해전에서 승리한 것과 때를 같이하여 전국 각지에서 의병이 일어났다. 의병은 농민이 중심이 되었으나, 그들을 조직하고 지도한 것은 전직 관료, 유학자, 승려 등이었다.

의병은 향토 지리에 익숙하고 그에 알맞은 전술과 전략을 터득하고 있었다. 또한 많지 않은 병력으로 적과 맞서기 위해 정면 충돌보다는 매복 · 기습 · 위장 등과 같은 유격 전술을 많이 써서 적에 큰 피해를 입혔다. 의병은 경상도에서 곽재우郭再祐가 처음 일으킨 후 조헌趙憲, 고경명高敬命, 정문부鄭文孚, 김천일金天鎰, 유정(사명대사) 등이 전국 곳곳에서 왜군과 싸웠다.

곽재우는 경상도 의령에서 의병을 일으켰는데, 붉은 옷을 입고 다녀 홍의장군紅衣將軍이라고 불렸다. 낙동강을 본거지로 일본군과 싸워 의령 · 합천 · 창녕 · 영산 등의 여러 마을을 되찾았다.

조헌은 유생 10여 명과 함께 의병을 모집하여 충청도 옥천에서 봉기했다. 온양 · 정산 · 홍주 · 회덕 등에서 2,000여 명의 의병과 함께 영규靈圭가 이끄는 부대와 합세하여 청주성을 회복했다. 그러나 금산에서 적군과 싸우다 700여 명과 함께 싸우다 전사했다.

고경명은 전라도 담양에서 의병을 일으켜 대장으로 추대되었다. 그는 전국에 격문을 보내고 금산에서 왜군과 정면 대결하였다. 그러나 대패하여 아들

| 행주대첩비와 대첩비각

등과 함께 전사했다. 그 뒤 맏아들 고종후는 그 해 다시 의병을 일으켜 진주성에서 싸웠으나 전사했다.

김천일은 전라도 나주에서 의병을 일으켜 수백 명을 이끌고 강화도에 있는 적진지에 군사들을 잠입시켜 백성들에게서 많은 군자금을 얻었으며, 한강변의 여러 적진지를 급습하여 일본군에 큰 피해를 입혔다.

권율이 이끄는 관군과 백성은 합심하여 행주산성에서 왜군을 물리쳤다. 이 전투는 부녀자들까지 나서서 치마에 돌을 날라 '행주치마'라는 말이 나올 정도로 치열했다. 행주대첩은 김시민金時敏의 진주 대첩, 이순신의 한산도 대첩과 함께 임진왜란 3대 대첩의 하나로 기록되고 있다.

행주대첩에서 패배한 일본군은 서울을 포기하고 경상도 해안 일대로 퇴각하여 명과 화의에 응하였다. 강화 회담은 이후 4년간이나 계속되었다. 이 기간 동안 소규모의 전투는 있었으나 전쟁은 거의 끝나가고 있었다.

제15대 **광해군** 光海君

북인의 시대

광해군(1575~1641)은 선조와 공빈 김씨 사이에 태어났다. 이름은 혼琿이다. 부인은 폐비 유씨와 숙의 윤씨인데, 윤씨에게서는 자식이 없었고 폐비 유씨가 아들 질侄을 나았다. 그런데 강화도 유배 중에 자살하여 후손이 없다. 15년 1개월간 왕위에 있다가 강화도로 유배되었는데, 그 후 18년 동안을 그곳에서 생활하다가 1641년 67세로 제주도에서 생을 마쳤다.

1618	1619		1623
인목대비 유폐	명 · 후금 사이에서 중립 외교		인조반정

광해군이 왕위에 오르기까지

선조는 자신이 방계 혈통으로 왕위에 오른 것을 부담스럽게 생각해왔다. 그래서 의인왕후가 몸이 약해 적자를 볼 수 없다는 사실을 알면서도 세자 책봉을 계속 미루었다. 그러나 선조가 40세가 되자 대신들은 세자 책봉 문제를 서두르기 시작했다. 당시 국왕을 비롯한 사대부 남자들의 평균 수명이 40세 전후인 것을 감안하면 선조의 나이가 적은 것이 아니었다. 지금 세자를 책봉하지 않은 상태에서 갑자기 국왕이 세상을 떠난다면 조정이 혼란에 빠질 것은 뻔했다.

이 문제에 가장 먼저 앞장선 사람이 좌의정 정철이었다. 그는 유성룡柳成龍, 이산해李山海, 이해수李海壽, 이성중李城中 등과 논의하여 공빈 김씨에게서 낳은 차남 광해군을 세자로 책봉하는 것이 현실적이라는 주장을 선조에게 올렸다. 그러나 당시 선조는 후궁 인빈 김씨에게서 얻은 신성군信城君을 무척 총애하고 있었다. 이 같은 선조의 의중을 가장 정확히 파악하고 있던 사람은 동인 이산해였다. 이들은 이를 이용하여 서인 정철을 제거하기 위한 모략을 꾸몄다. 이산해는 인빈 김씨에게 사람을 보내어 "정철 일당이 광해군을 세자로 세우고 나서 인빈 김씨와 신성군을 독살하려는 계략을 꾸미고 있다"고 전했다. 이 사실은 선조의 귀에 들어가 정철의 관직을 추탈하고 기타 서인 세력들을 외직으로 몰아냈다.

얼마 후 임진왜란이 일어나자 선조는 국가와 자신의 운명을 예측하기 어려운 상태에 이르렀다. 대신들도 분조分朝를 원하고 있었다. 선조가 총애하던 신성군은 이미 죽었고 장남 임해군臨海君은 성격이 포악한데다가 행동 하나하나가 즉흥적이고 경솔하여 국왕의 자질이 없었다. 대신들 사이에서 광해군을 지목하여 세자 책봉을 결정해 달라는 목소리가 있었다. 그리하여 선조가 평양성에 머물고 있을 때 광해군을 세자로 책봉했다. 그러나 선조가 결정했다고 하여 세자 책봉 문제가 끝나는 것이 아니었다.

당시 조선은 세자를 책봉하면 명나라의 고명을 받아야 왕세자로 확정되는 것이 관례였다. 그래서 선조는 전란 중이었지만 윤근수尹根壽를 명에 파견하여 세자 책봉을 주청하도록 했다. 명에서는 광해군의 형 임해군이 엄연히 존재하는데, 원칙을 무시하고 동생으로 결정한 조선의 뜻에 동조하지 않았다. 광해군은 세자 책봉을 받았지만 명의 고명을 받지 못해 불완전한 상태의 왕세자 신분이었다.

그러나 선조를 비롯한 대신들은 광해군을 세자로 인정하고 명에 다시 한 번 주청할 생각이었

▪ 분조
임진왜란이 일어나 선조가 유동으로 망명하기 위해 의주 쪽으로 갈 때 왕자 광해군을 본국에 남아 나라를 다스리라는 왕명을 내렸는데, 이때 만들어진 조정이 분조이다. 이는 선조가 있던 의주 행재소의 원조정元朝廷에 대한 대칭 개념이다.

다. 그런데 유영경柳永慶이 영의정에 오르고 때마침 인목왕후仁穆王后가 영창대군永昌大君을 낳았다. 선조가 의인왕후에게서 적자를 기다렸으나 실패하고 다음 왕후에게서 기다리던 적자가 탄생한 것이었다. 유영경은 지금 막 태어난 유아가 적자라는 이유를 내세워 나라의 대통을 이을 왕세자로 책봉해야 한다고 주장하고 분위기 조성에 앞장섰다.

그러자 대북파(광해군 지지 세력)의 이이첨李爾瞻과 정인홍鄭仁弘이 주동이 되어 유영경의 행위는 광해군을 해치우려는 술책이라 하면서 맹공격을 퍼부었다. 그러나 선조는 유영경의 주장은 비록 현실성에서 떨어지지만 명분상으로는 타당하다고 하면서 긍정적으로 받아들였다. 오히려 이이첨과 정인홍을 쓸데없는 바람을 일으켜 분쟁을 조성했다는 책임을 물어 유배시켰다.

명나라에서 광해군을 차남이라고 하여 고명을 받지 못한 상태이므로 적자를 본 선조는 기회를 보아 영창대군을 세자로 책봉할 생각이었다. 유영경을 비롯한 여러 대신들을 모아 놓고 "앞으로 영창대군을 잘 보필해 달라"는 부탁까지

• 영창대군(1606~1614)
선조는 아들이 14명인데 13명은 후궁에게 낳았고 영창대군만 왕비에게서 낳았다. 유일한 정비 소생으로 선조의 특별한 총애를 받았으며, 선조는 광해군을 세자에서 폐하고 그를 세자로 책봉할 생각을 하다가 급사했다. 선조는 대신들에게 앞으로 영창대군을 잘 보필하라는 유언까지 남겼는데 이것은 영창대군의 죽음을 재촉시킨 결과가 되었다. 광해군은 즉위하자마자 9세 된 영창대군을 죽이고 이를 두둔하는 대신들을 모두 밀어내었다.

• 선위 교서
임금이 살아서 왕위를 물려줄 때 신하에게 내린 명령서이다. 조선은 1398년 태조가 정종에게 처음 내리고 정종은 태종에게 내렸다. 마지막으로 1907년 고종 44년에 고종이 순종에게 선위했다.

했다. 선조의 뜻이 이쯤 되자 조정 관리들은 영창대군을 지지하는 소북파와 광해군을 지지하는 대북파로 물결이 갈라지듯 확연히 분리됐다. 하지만 선조가 존재하는 한 소북파들의 입김이 클 수밖에 없었다.

그런데 그동안 아무 탈 없이 건강하던 선조가 갑자기 병이 났다. 응급조치를 하고 유명한 의원을 불렀으나 며칠이 지나도 병세는 나아지는 기색이 없었다. 그러자 선조는 건강에 더는 자신을 가지지 못해 여러 대신들을 다시 부르고 세자 책봉 논의에 들어갔다. 논의 장소에는 소북파와 대북파 대신들이 함께 참여했으므로 의견이 엇갈렸다. 결론은 선조가 내릴 수밖에 없었는데, 선조는 그 자리에서 공개적으로 결론을 내리지 않고 대신들을 모두 물러가도록 한 뒤 영의정 유영경만 남도록 했다.

그동안 선조는 유영경과 뜻을 같이 하면서 영창대군을 세자로 책봉하고 명의 고명을 당당하게 받으려고 했다. 그런데 선조는 마음이 뒤바뀌었다. 유영경을 설득하여 선위 교서'를 광해군에게 내렸다. 선조는 영창이 너무 어리기 때문에 인목대비가 오랜 기간 수렴청정을 할 경우 왕권이 불안해질 것이라는 판단 때문에 평소의 소신을 뒤집은 것이다.

그러나 유영경은 광해군이 다음 왕위에 오를 경우 대북파들의 세상이 될 거라고 생각했다. 그리고 현재 유배된 대북들은 모두 풀려나 조정의 청요직을 녹차지할 것도 분명했다. 그들은 보복하기 위해 자신을 비롯한 소북파를 제거하기 위한 숙청 작업에 착수할 것도 분명했다.

소북파와 대북파는 한때 같은 배를 타고 온 북인 계통으로 정치 이념과 철학이 같았다. 특히 이산해의 사위가 유영경의 친조카이다. 그런데 이산해는 대북파이고 유영경은 소북파로 갈라져 이제는 정적이 되어 죽이고 죽는 원수지간이 된 것이었다.

선조의 선위 교서를 들고 나온 유영경의 심정은 하늘이 무너지는 것 같았다. 왕명에 따라 공포한다는 것은 폭탄을 짊어지고 불길로 뛰어 들어가는 격이었다. 그래서 왕명을 공포하지 않고 일단 선위 교서를 자기 집으로 들고 가 깊이 숨겨 두었다.

그런데 유영경이 선조의 선위 교서를 자기 집에 숨겨 둔 사실이 대북파 정인홍에 의해 발각되었다. 정인홍은 즉시 병중에 있는 선조에게 이 사실을 알리고 유영경을 어명을 거역한 죄로 다스려 사형에 처해야 마땅하다고 간언했다. 그러나 선조는 자신과 뜻을 같이해 오던 영의정을 갑자기 죄인으로 다스려 처형할 수가 없었다.

엄밀히 따지고 보면 선조 자신이 변덕스러운 결정으로 유영경을 배신한 것이다. 그렇다고 그대로 방치할 상황도 아니었다. 세자 책봉도 중요하고 유영경이 어명을 거역한 것도 분명했다. 대북파들의 주장을 잠재울 방법도 없었다. 그렇게 선조는 밤새도록 머리가 터지도록 고심만 하다가 아무 조치도 취하지 못한 상태로 세상을 떠나고 말았다.

그래서 왕위 결정권은 인목왕후 김씨가 인목대비로 되어 그녀에게 넘어갔다. 유영경이 즉시 인목대비를 찾아가 영창대군이 어리지만 그대로 즉위하도록 하고 대비께서 수렴청정할 것을 간청했다. 그러나 대비는 선조께서 이미 선위 교서를 광해군에게 내린 바 있고 이 사실을 대북파까지 모두 알고 있으므로 영의정의 주장대로 받아들이기가 어려웠다. 그리고 자신의 아들 영창대군을 왕위에 오르도록 할 경우 약 20여 년 동안이나 수렴청정을 해야 한다는 것도 불안했다. 그리고 임금자리 문턱에 다가온 30대 중반의 광해군도 두려웠다. 아무리 생각해도 현실성이 없다는 판단에 따라 선조의 뜻대로 광해군에게 언문(한글) 교서를 내려 왕위에 올렸다.

대북파의 득세와 보복

광해군이 왕위에 오르자 예측한 대로 유배된 대북파는 석방되어 조정의 청요직에 배치되었다. 그들은 유영경을 비롯한 소북파 수십 명을 즉각 처형하거나 유배시켜 조정은 온통 그들 세상이 되었다.

광해군과 대북파들이 서둘러 정적을 제거한 데에는 또다른 이유가 있었다. 당시 광해군은 왕권에 대한 위협을 여러 각도에서 받고 있었기 때문이다. 그는 부왕에 이어 적자가 아닌 서자가 왕위를 계승한 것이다. 그리고 명나라에서 고명을 받지도 못했고, 게다가 선조의 선위 교서를 받지 못하고 인목대비의 교서를 받아 왕위에 오른 처지였기 때문이다.

그리고 형 임해군과 부왕의 적자인 영창대군이 엄연히 살아 있었다. 원칙적으로 따지고 보면 자신은 왕위 계승에 세 번째 순위가 된다. 때문에 명분론을 중시한 유교 사회에서 왕권에 대한 위협은 심각한 상태였다. 이런 속셈으로 먼저 정적들을 제거해 나가기 시작했다.

광해군의 첫 번째 제거 대상은 임해군이었다. 임해군은 광해군이 즉위하자마자 동생에게 왕위를 도둑맞았다고 하면서 드러내놓고 광해군을 비방한 인물이었다. 이에 정인홍, 이이첨 등은 임해군부터 제거해야 한다고 간언했으나 광해군은 형을 처형할 수 없어 일단 교동으로 유배시켰다. 그런데 그해 6월 명나라에서 조선 왕에 서얼 출신의 차남이 왕위에 오른 데에 대한 진상 조사를 할 필요가 있다고 하면서 조사관을 파견한다는 통보가 왔다. 명의 목적은 장남을 두고 차남에게 왕권을 넘긴 경위에 대하여 확인하겠다는 것이었다. 이때 대북파는 임해군이 장남의 신분을 내세워 다른 말썽을 일으킬 것을 염려하여 처형시키도록 간언하여 처형했다. 다음 명의 조사관이 조선에 왔으나 임해군은 이미 죽었으므로 더는 이 문제를 거론하지 않고 돌아갔다.

대북파들은 이어 영창대군을 제거하려는 작업에 착수했다. 그래서 이들이 교묘하게 꾸며낸 계략이 1612년에 일어난 '김직재金直哉의 옥獄' 사건이었다. 이 사건은 황해도 봉산군수 신율申慄이 병역을 기피하기 위해 문서를 위조한 김경립金景立을 체포하면서 발단이 됐다. 신율은 그를 잡아 병역 기피와 도장 위조를 조사하는데, 뜻밖에 엄청난 사실을 밝혀냈다. 김경립이 역모 계획을 자백한 것이다. 김백함金白緘을 8도 대장으로 내세워 광해군과 대북 세력을 밀어내고자 역모를 꾸몄다는 것이다.

대북 세력은 김백함과 그의 아버지 김직재를 잡아 허위 자백을 받아냈다. 김직재는 스스로 역모의 주동자라고 했고 소북파들이 이 사건에 관련되었다고 했다. 따라서 이 사건에 관련된 1백여 명의 소북파들이 숙청되었다. 대북파들은 이것으로 사건을 끝내지 않고 영창대군을 연관시켜 이 기회에 제거하려고 했다. 이때 마침 '칠서七庶의 옥옥獄' 이라는 사건이 일어나 대북파의 행보를 도왔다.

이 사건의 발단은 서자 7명이 문경새재에서 사람을 죽이고 돈을 털어간 강도 사건으로 시작됐다. 범인은 박응서朴應犀, 심우영沈友英, 서양갑徐羊甲, 박치의朴致毅, 박치인朴致仁, 이경준李耕俊, 허홍인許弘仁 등 7명인데 이들의 아버지는 영의정을 지낸 박순을 비롯하여 평난공신 박충갑 등 모두 고위급 조정 대신 출신들이었다. 그러나 이들은 모두는 서자였다. 이들은 허균許筠, 이사호, 김경손 등과도 가까이 지내면서 자칭 '강변칠우' 또는 '죽림칠현'이라 하면서 몰려다녔다.

이들은 광해군이 서자 신분으로 왕위에 오른 것을 지지하고 서자의 차별을 없애달라는 상소를 올렸으나 묵살당했다. 여기에 불만을 품고 장사꾼으로 행세를 하면서 전국 장터 곳곳에서 강도 행각을 벌인 것이다. 이들에게 살해된 상인의 아들 하나가 그들의 뒤를 미행하여 포도청에 고발하여 결국 이들은 모두 체포되었는데, 여기에서 나온 말이 '칠서의 옥'이다. 즉, 7명의 서자가 옥에 갇혔다는 뜻이다.

대북파들은 이 사건을 단순한 강도 사건으로 일단락시키지 않았다. 이이첨 등이 영창대군을 처형시킬 수 있도록 연관시켰다. 이이첨은 칠서 중의 한 사람인 박응서를 고문과 회유를 번갈아 하면서 허위 진술을 받아 광해군에게 올렸다. 이때 조작된 진술 내용의 골자는 "자신들은 자금을 비축하여 영창대군을 왕으로 세우고 인목대비가 섭정하도록 하려는 데 큰 목적을 두고 전국 장터를 누비고 다녔다"고 되어 있다.

그리고 자신들의 실질적인 두목은 칠서 중에 있는 것이 아니라 인목대비 김씨의 친정 아버지 김제남金悌男이라고 하였다. 광해군에게 올린 허위 진술 상소문으로 박동량朴東亮을 비롯한 수십 명이 구속되었고, 김제남은 그의 세 아들과 함께 사사되었다. 영창대군은 강화도에 위리안치圍籬安置ᐧ시켰다가 강화부사를 시켜 살해했다. 이 사건으로 좌의정 이항복李恒福과 영의정 이덕형李德馨 등 아까운 인물들이 밀려났고 그밖의 서인과 남인 세력들이 밀려났다. 이제 완전히 대북파 세상이 되었는데 이것을 계축년에 발생한 사건이라 하여 '계축옥사癸丑獄事'라고도 한다.

그들의 다음 탄핵 대상은 능창군陵昌君이었다. 그는 신성군에게 양자로 입적된 선조의 손자이다. 그가 대북파들의 숙청 대상에 오르게 된 것은 한때 세자 책봉의 물망에 올랐던 인물이기 때문이다. 언제나 역모의 중심 인물이 될 수 있다는 대북파들의 불안 요소가 깔려 있었다.

능창군은 키와 체격이 크고 인물이 훤하여 모든 사람들은 그의 집에 왕의 기운이 돌고 있다고 했고, 인빈 묘 자리가 왕을 탄생시킬 수 있는

ᐧ 위리안치
조선시대 형벌의 하나이다. 죄인이 바깥 출입을 못하도록 집 주위에 가시 울타리를 치는 것을 말한다.

명당이라는 소문까지 퍼져 있었다. 이 소문이 광해군과 대북파들의 귀에 들어가, 그렇지 않아도 날카로운 신경을 자극하기에 충분했다.

능창군 제거 작업은 '신경희申景禧의 옥사獄事'를 이용하여 성공시켰다. 당시 신경희가 수안군수로 있었다. 그런데 소명국蘇鳴國이란 자가 나타나 신경희가 몇몇 인물과 모반을 꾸미고 능창군을 추대하려고 한다는 엉뚱한 말로 조작해 대북파에게 밀고하였다. 광해군은 여기에 근거하여 능창군을 처형한 것이다. 능창군의 형이 능양군인데, 뒤에 인조반정仁祖反正의 중심 인물로 왕위에 오른 인조이다.

또한 대북파는 이미 지나 해묵은 계축옥사를 다시 꺼내어 인목대비까지 제거할 목적으로 폐위시켜 서궁西宮으로 유폐시켰다. 이때 이이첨 등은 이 기회에 차라리 인목대비를 처형하자고 주장했으나 광해군은 처형하지는 않았다. 언문 교서를 내려 자신을 왕으로 오르게 한 분이고 부왕을 훌륭하게 보필한 왕후라는 것을 내세워 유배 정도에서 끝냈다. 그러나 이후 이이첨은 사적으로 인목대비를 암살하려고 몇 번이나 시도했고, 번번이 실패했다.

이와 같이 대북파들은 자신들의 권력에 조금이라도 위협을 느낄 만한 정적과 인물은 광해군을 충동질하여 모두 다 밀어냈다. 그러나 이후 광해군은 인조반정에 의해 폐위되고 대북파 역시 비참하게 몰락하였다. 반정은 대북파들이 정적 제거 과정에서 제거할 필요가 없는 인물까지 누명을 뒤집어 씌워 억울하게 많은 사람을 죽인 것이 원인이었다. 이 결과 또다른 적을 지나치게 많이 양산해놓고도 이들에 대한 감시와 감독을 소홀히 했다는 점도 반정이 일어난 이유 중 하나이다.

전후 복구 사업과 중립 외교

광해군은 정적을 무자비하게 제거하면서도 백성들이 피부로 느낄 수 있는 정치를 실현하고자 했다. 여러 대신들의 조언을 경청하여 임진왜란으로 파탄 지경에 이른 국가 재정을 회복하고 조정의 기풍을 바로잡았으며, 왕권 강화에 나섰다. 그런데 덕망 있는 대신과 학자들은 자기 당의 이익에만 혈안이 되어 백성과 국가의 앞날에 대한 생각은 뒷전에 있었다.

붕당 정치의 폐단을 극복하지 못하면 국가의 앞날을 장담할 수 없었다. 우선 붕당 간의 대립부터 종식시켜야 한다는 생각이었다. 그러나 국왕이 생각한 대로 정치가 이루어지지 않고, 대북파 대신들이 명분을 앞세운 음모론에 점차 휘말리게 되었다. 이런 상황에서도 그는 흐트러진 조정 분위기를 정상적으로 바르게 세우기 위해 바닥난 재정 확보에도 전력을 다했다.

초당적인 인사 관리로 남인 이원익李元翼을 영의정에 임명하고 불에 타버린 궁궐을 복원하여 왕실의 권위를 살렸으며, 민생을 구제할 목적으로 대동법大同法을 실시했다. 대동법은 과세 체제를 일원화시키고 백성들의 납세 부담을 조금이라도 줄여주기 위함이었다. 1611년에는 농지를 측량하여 실제 작황을 점검하였다. 양전을 실시해 경작지를 확대하고 백성들의 부담에 큰 무리없이 국가 재원을 확보하기도 했다. 궁궐 복원 과정에서는 많은 인력이 동원되어 백성들의 원성을 사기도 했지만, 당시는 나랏일을 논의할 마땅한 장소조차 없는 실정이었기 때문에 어쩔 수 없이 추진하였다. 이로써 1608년에 창덕궁을 준공하고, 1619년 경덕궁(경희궁), 1621년에는 인경궁을 중건했다.

이 무렵 한반도 주변국의 정세도 변화의 물결을 타고 있었다. 광해군 치세 초기에 만주 여진족은 후금을 건국하였고, 조선은 신무기를 주조하여 국방을 강화함과 동시에 외국과의 교류도 새롭게 방향을 설정했다. 그리고 북방 수비 강화를 목적으로 박엽朴燁을 평양감사, 정충신鄭忠信을 만포첨사에 임명했다.

이때 명나라는 후금과 전쟁에 돌입했는데 조선에 지원병 요청이 들어와 강홍립姜弘立에게 군사 만여 명을 내주고 출병시켰다. 그러나 명나라가 후금과의 잦은 전투에서 패하는 등 점점 밀리는 기색이 역력하자, 강홍립은 적당히 명을 도와주는 척하면서 후금 누르하치에 투항하였다. 이것은 광해군의 계획된 외교 전술로 명의 요청을 들어주면서 후금을 적대시하지 않겠다는 중립 외교의 하나다. 후금과 강홍립은 화의를 맺고 명나라와도 국교는 전과 같이 유지했다.

그런데 평양감사 박엽은 강홍립이 후금에 투항했다는 정보를 입수하고 그의 가족을 모두 채포하여 구속했다. 이에 조정 대신들까지, 강홍립은 명나라를 배신하고 후금에 아부하는 비겁한 행동을 저질렀으므로 처형해야 마땅하다고 일어났다. 그러나 광해군은 박엽과 대신들의 주장을 묵살하고 오히려 강홍립에게 선물을 보내고 공신으로 치하했다.

이것은 강홍립과 광해군이 비밀리에 약속한 전략이었다. 강홍립은 위험을 무릅쓰고 국왕의 명을 철저히 이행한 것이었다. 이 전략으로 조선은 후금의 동태를 면밀히 파악하여 그들의 조선 침략 계획에 철저히 대비할 수 있었는데 이것은 모두 광해군의 실리주의 외교 전술의 일환이라 할 수 있다. 그의 실리적인 외교는 일본과의 관계에도 효과가 있었다. 즉위한 다음해 일본과 조약을 체결하고 중단된 대일 외교를 부활하여 오윤겸吳允謙을 일본에 보내어 실용적인 교역을 했다.

이 무렵 조선은 이씨 왕조의 운세가 끝나가고 정씨 왕조가 대신 들어설 것이라는 소문이 파다하게 퍼지고 있었다. 이에 광해군은 민심을 수습할 목적으로 폐허에 가까운 한양을 복구하는 것보다는 차라리 도성을 옮기는 것이 경비도 절감되고 백성들의 뜻에 부응하는 것이라고 판단하여 도성을 파주 교하로 옮기기로 결심하게 된다. 교하는 임진강을 끼고 있어 물이 풍부하고 넓은 평야로 둘러 싸여 식량 수급이 원활할 뿐만 아니라 도성을 지키는 데도 한양보다 유리하다는 것이었다. 그리고 중국과 교류하기에도 지리적 환경이 한양보다 훨씬 앞선 것으로 보았다.

광해군의 천도 계획은 명나라에 지원군 파병과 산적한 정치 현안 때문에 실행되지는 못했지만 그의 이 같은 발상은 외국과는 실용적인 외교를 하고 내적으로는 왕권의 강화와 경제 성장을 목표로 한 획기적인 발상이라고 평할 수 있다.

문화면에서는 손실된 서적과 자료를 간행하도록 하여 《용비어천가龍飛御天歌》, 《동국신속삼강행실東國新續三綱行實》, 《신증동국여지승람新增東國輿

地勝覽》 등을 출간했다. 《국조보감》은 증보·간행하여 정사 운영에 활용하도록 하였고, 실록 보관을 안전하게 관리하기 위하여 적상산성에 사고史庫를 설치했다.

광해군의 불행한 최후

광해군의 재위 기간 동안 대북파들이 계속 정권을 독차지했다. 그들이 즉위 초부터 무자비하게 제거한 반대파들의 숫자는 엄청나게 많았다. 그러나 소북파들은 아직도 조정 내부나 고향 등지에 흩어져 활동하고 있었다. 그들은 기회만 있으면 광해군을 포함한 대북파들을 전복시킬 계획을 짜고 있었다.

마침내 1623년 김류金瑬, 이귀李貴, 김자점金自點 등이 군사를 동원하여 창덕궁으로 쳐들어가 광해군을 붙잡아 폐위시키고 대북파들을 대거 체포하여 제거하는 데에 성공하였는데 이것이 '인조반정'이다. 이들이 내세운 반정 명분은 명나라에 대한 전통적인 의리를 배반하였고, 적자 영창대군과 친형까지 죽이는 등 정치적인 폭정이 극에 달했으며, 인목대비를 유폐시킨 불효까지 저질렀다는 것이다.

그러나 반정 주모자들의 명분에도 엄청난 착오와 문제점이 내포되어 있었다. 당시 명나라는 국력이 점점 기울고 청나라의 국력은 상승 곡선을 타고 있었기 때문에 광해군이 시도한 외교 전략은 그동안 명나라와의 군신 관계에서 벗어나 대등한 국교를 유지할 수 있는 절호의 기회였던 것이다. 광해군의 중립 외교 전략으로 우리나라의 위상을 몇 단계 높일 수 있었고, 사대주의에서 벗어나 실리적인 무역까지도 가능케 한 사실을 그들은 간과한 것이다.

결국 이들의 대명 사대주의가 광해군의 발목을 붙잡은 것이 되었다. 이들의 반정을 기필코 막는 것이 오히려 국가 발전을 위한 길이었다. 그러나 결국 인조반정이 성공하여 뒤에 인조가 남한산성에서 청나라 왕 앞에 무릎을 꿇고 굽실거린 역사상 두 번 다시 있어서도 안 될 치욕의 결과를 낳았다.

다음에는 광해군의 폭정이 극에 달했다는 부분이다. 폭정이란 독재 권력자들이 권력을 남용하여 백성들을 협박하거나 백성들에게 폭력을 행사하여 목적을 달성하는 것을 말한다. 그러므로 민생을 향한 위협이 아닌 집권 세력을 대상으로 행사한 정치 행위를 폭정으로 간주한 것은 모순이라 할 수 있다. 역대 왕들과 비교하여 살펴보아도 그의 치세를 폭정이나 폭군으로만 매도하는 역사관은 시정해야 옳다. 왕권의 안정을 도모하기 위하여 정적이나 자신에게 반격할 인물을 미리 가려내어 제거한 일은 이전에도 빈번했다.

이방원은 정몽주, 개국공신 정도전, 왕세자를 죽이고 친형제까지 유배시켰다. 그리고 수양대군은 조카 단종을 죽이고 자신과 정치관이 맞지 않는다 하여 김종서 부자를 죽이고 사육신까지 잔인하게 죽이지 않았는가?

광해군은 선량한 백성을 부당하게 위협하거나 억울한 희생을 강요한 일은 없다. 경제를 부흥하여 민생을 안정시키기 위해 전력투구했고 국토 방위를 더욱 튼튼하게 하였으며 한민족의 자존심을 회복하기 위하여 명나라, 청나라와 동시에 동맹 관계를 맺어 중립 외교 정책을 해왔다. 따라서 폭정을 일삼아 온 광해군이라는 표현은 너무 지나친 비판이다.

또한 중종반정과 인조반정을 동일하게 취급하는 역사관은 큰 착각이다. 연산군은 백성을 위한 정치를 포기한 군왕으로 패륜적인 폭군이었다. 그러나 광해군은 대비를 사형해야 한다는 대신들의 탄핵에도 끝까지 그를 지켰고 국가의 위상을 높였으며 왜구와의 관계에서도 백성들의 희생을 줄이기 위해 전쟁보다는 대화 중심으로 풀어간 것을 보아도 연산군과는 전혀 다르다고 할 수 있다. 따라서 인조반정은 명에 대한 사대주의자들이 정치이념이 다른 정적을 제거할 목적으로 일으킨 사건이므로 왕권을 뒤엎은 역모 사건이라 할 수 있다.

인목대비는 광해군에게 36가지의 죄를 들어 강화도에 위리안치시켰다. 광해군은 가족과 함께 유배되었으나 그곳에서 함께 생활하지 못했다. 광해군, 폐비 유씨, 폐세자 질, 세자빈 박씨가 모두 강화도로 갔으나 광해군과 유씨는 동쪽에 위리안치되었고 질과 박씨는 서쪽에 안치되었다. 두 달 정도 지나서 폐세자 질은 담 밑을 파서 그곳을 빠져 나가려다가 잡혔는데, 그의 손에는 황해도 감사에게 보낼 편지 한 장과 뇌물로 쓸 은 장식품이 들려 있었다고 한다.

질은 황해감사와 모의하여 반대파들을 격살하고 대궐로 복귀하려다가 실패한 것이다. 반정에 성공한 세력과 인목대비는 폐세자 질에게 재량을 베풀 필요가 없다는 판단에 따라 사형에 처하는 쪽으로 논의했다. 그러나

이 같은 사실을 알게 된 질은 형이 집행되기도 전에 자살했고 박씨도 7일 동안 금식하다가 스스로 목숨을 끊었다. 그리고 폐비 유씨는 1년 반 정도 지나서 울화병으로 위리안치된 곳에서 사망했다. 그러나 정작 광해군은 정신 상태와 몸가짐이 조금도 흐트러지지 않았다.

인목대비는 광해군에 의해 아들 영창대군을 잃었고 자신은 서궁으로 유폐당한 일이 있었으므로 그에게 원한이 많았다. 인조는 몇 번이나 그를 제거하려고 시도했으나 죽이지 못했다. 반정 이후 영의정에 남인 이원익이 앉았는데 그가 광해군을 죽이려는 데에 적극적으로 반대했고, 또 광해군 심복 대신들이 조정에 남아 있어 생명을 유지할 수 있었다.

인조는 이괄李适의 난이 일어나자마자 광해군이 재등장할 것을 염려하여 충남 태안으로 유배하였는데 이괄이 죽자 다시 강화도로 옮겼다. 이후에도 광해군은 여러 번의 죽을 고비를 넘겼다. 그리고 다시 그는 제주도로 유배되었다. 그러나 그의 자세는 언제나 초연했는데 심부름하는 나인이 영감이라는 호칭으로 심하게 멸시해도 조금도 동요하지 않고 견디어 냈다. 그는 모든 수모를 참고 견디면서 생명을 유지하면 다시 왕위에 오를 기회가 꼭 올 것이라는 희망으로 유배 생활을 했을 것이다.

KBS 도전! 골든벨

223회 기출 문제

《동의보감》에는 "이것의 성질은 약간 따뜻하고 맛이 달며, 독이 없다. 주로 오장의 기가 부족한 데 사용되며, 정신을 안정시키고 기억력을 좋게 한다. 허약한 몸을 보하며 담을 삭힌다"라는 내용이 있습니다. 자 그렇다면, 두릅나뭇과의 다년초인 이것은 무엇일까요?

답 : 인삼

226회 기출 문제

"엇그제 졈엇더니 하마 어이 다 늙거니,
소년행락少年行樂 생각하니 닐너도 속절업다"

위 구절은 《고금가곡》에 전하는 이 가사의 첫머리입니다. 조선 선조 때의 여류 시인이었던 허난설헌이 지은 가사입니다. 불행한 자신의 처지를 달래는 것을 시작으로 하여 여인의 독특한 감상을 섬세한 필치로 노래했습니다. 이 작품은 무엇일까요?

답 : 규원가

역사의 한 페이지
허균과 홍길동의 삶

허균은 허엽許曄의 아들이다. 그는 허엽의 두 번째 부인 김씨에게서 출생했으므로 서자는 아니다. 서자란 정실 부인이 존재한 상태에서 첩을 두어 얻은 자식을 말한다. 김씨는 허엽의 조강지처가 죽은 뒤에 혼인했으므로 후처의 신분이지 첩이 아니었다. 그러나 전처의 자식들이 있었기 때문에 허균은 갈등과 차별에 대한 심리적 고통을 많이 느꼈을 것이다. 허균이 《홍길동전》을 서자 출신 주인공으로 선정한 배경은 자신이 겪은 고통을 고스란히 내보인 것이다.

허균은 왕의 신임을 두텁게 받아 큰 벼슬에 올랐지만, 서자에 대한 차별 대우를 뿌리 뽑고 신분 계급과 붕당 간의 대립을 없애야 한다고 주장한 이상주의자였다. 이것을 실천에 옮기려면 광해군을 제거하는 대혁명이 일어나야 한다고 하면서 친위 세력을 비밀리에 양성했다. 그리고 나서 북쪽에서는 오랑캐가 한양을 향해 쳐들어오고 남쪽에서는 왜구들이 쳐들어온다는 헛소문을 냈다. 도성과 궁궐이 전쟁 분위기로 갈팡질팡하도록 만들고 나서 광해군을 제거한다는 전략이었다. 그러나 그의 모반 계획은 탄로나서 체포되어 능지처참 형에 처해진다.

《홍길동전》은 시대적 배경을 세종 대로 하고, 주인공 홍길동을 홍판서의 서자로 내세워 활약한 내용을 담은 것이다. 주인공 홍길동은 늘 천대를 받고 자란다. 그는 총명하고 학문이 뛰어났고 무술에 능숙했다. 그러나 사람들의 멸시를

ㅣ《홍길동전》

참지 못하여 집을 나와 활빈당活
貧黨을 조직한다. 그는 지방의 탐
관오리들과 부호들의 재물을 빼
앗는 양반들을 괴롭히고 가난한
백성들을 돕다가 부득이 형조판
서직에 오르게 된다. 그리고 마침
내 율도국聿島國이라는 이상적인
왕국을 건설하여 그곳의 왕이 되었다. 허균은 소설을 통해 양반 사회에서 서자
에 대한 차별 대우가 불합리하다는 생각으로 반기를 든 것이다.

또한 임진왜란 이후 집권층의 수탈로 민중들이 저항하게 되었는데, 허균은
이러한 사회적 상황에서 민중의 편에 서서 그들을 옹호하였다.《홍길동전》은 허
균이 지은 우리나라 최초의 국문 소설로 봉건 사회의 문제점을 비판한 사회 소
설이라는 의미를 갖는다.

제16대 인조仁祖

서인의 시대

인조(1595~1649)의 이름은 종倧이고 선조의 손자이자 정원군定遠君의 아들이다. 어머니는 인헌왕후仁獻王后이고, 정비는 한준겸韓浚謙의 딸 인렬왕후仁烈王后 한씨, 계비는 조창원趙昌遠의 딸 장렬왕후莊烈王后 조씨이다. 1623년 서인의 반정으로 왕위에 올랐다. 인조는 세 명의 부인에게서 아들 여섯, 딸 한 명을 두었다. 인렬왕후 한씨가 소현세자, 봉림대군(효종), 인평대군, 용성대군 등 4남을 낳았으며, 장렬왕후는 후사가 없고, 귀인 조씨가 2남 1녀를 낳았다.

광해군과 대북파를 몰아내다

광해군이 왕위에 오르기까지는 많은 어려움이 있었다. 좌의정 정철이 광해군을 세자로 주청할 때에도 선조는 이를 반대하고 인빈 김씨의 소생인 신성군을 지목했다. 그러나 이런 선조의 바람은 대신들의 반발로 이루어지지 않았다. 결국 세자 책봉이 미루어지다가 임진왜란이 일어나자 어쩔 수 없이 광해군에게 세자의 자리가 돌아간 것이다.

인빈 김씨 소생의 왕자들은 이것이 불만이었다. 그래서 이들은 광해군이 왕위에 오른 뒤에도 왕권에 대한 욕심을 버리지 않았는데, 때문에 광해군으로서는 이들이 위협적으로 느껴질 수밖에 없었다. 당시 인빈 김씨의 소생 아들로는 이미 죽은 신성군 이외에도 세 명이나 더 있었다. 그 중에서도 정원군定遠君*의 아들인 능창군은 신성군의 양자로 입적했다.

'신경희의 옥사'가 터지자 대북파들은 능창군을 이 사건과 연관시켜 유배시켰다가 죽여버

■ 정원군(1580~1619)
선조와 인비 김씨 사이에서 태어난 다섯째 아들이다. 8세에 정원군에 봉해지고 좌찬성 구사맹의 딸과 혼인하여 아들 능양대군, 능원대군, 능창대군을 얻었다. 인조반정으로 능창대군이 왕위에 오르자 대원군에 추존되었다가 원종으로 추존되었다.

렸다. 이때부터 능창군의 형인 능양군은 광해군에게 원한을 품기 시작했다. 그는 대북파 반대 진영의 사람들과 만나며 거사를 준비해 나갔다. 그리고 1618년 광해군이 인목대비를 유폐시키자 능양군 일파는 이때를 광해군을 비난할 수 있는 호기로 삼았다. 광해군을 불효와 패륜적인 국왕으로 몰아세우고 반정을 도모했다. 이에 따라 대북파와 서인의 충돌은 불가피했고, 광해군은 서인 세력을 몰아내기 시작했다.

능양군을 중심으로 무장한 서인의 대표적인 무인은 이귀, 김류, 이괄이었다. 당시 이귀는 평산부사였고 이괄은 함경도 병마사, 김류는 강계부사였다. 이귀와 김류는 오래전부터 친밀한 관계를 유지한 사이로 능양군은 이들과 먼저 손을 잡고 이괄은 뒤에 합류했다. 그런데 이들의 반정 모의가 누설되어 이미 파다하게 소문이 난 상태였다. 그러자 이들은 오히려 거사 계획을 앞당겼다.

그리하여 능양군 일파들은 1623년 3월 13일 거사를 실행하기로 하고 전날부터 홍제원에 모여 군사들에게 세부적인 행동 지침을 지시했다. 그러나 이때 조정에서는 훈련도감에 이확李廓을 책임자로 임명하여 역모 주동자 체포에 나섰다.

출전 당일, 반정군의 군사는 약 7백 명 정도였는데 지휘 총책임자 김류가 정해진 시각보다 늦게 나타나는 바람에 군사가 절반도 되지 않은 상태에서 출전해야 할 판이었다. 그러나 뒤늦게 합류한 김류는 모든 책임이 자신에게 있다는 점을 반성하고 병력을 끌고 창의문을 향해 출격했다. 이때 이확 부대는 미리 창의문 주위에 매복하였는데 반정 군사들을 한 군데로 몰아놓고 반격하려는 태세였다. 반정군은 중간에서 능양군이 직접 지휘하는 군대와 합류하여 창의문을 지나 창덕궁으로 진격했다. 이때 창의문 주위에 매복한 이확의 관군들은 예상외로 막강한 반정 군대를 보자 대항을 해보지도 않고 도망쳐 흩어지고 만다.

대궐 밖에서 관군을 통솔하여 방어하던 이흥립李興立 역시도 이미 반정군들과 내통하였기 때문에 방어보다는 그들에 동조하고 있었다. 반정군은 삽시간에 희생자 한 명도 내지 않고 인정전을 지나 창덕궁 금호문까지 쳐들어갔다. 금호문의 수문장 박효립도 이미 반정군을 돕겠다는 뜻을 보내왔다. 아무 충돌 없이 돈화문에 이르러 능양군과 이괄, 김류는 승전을 알리는 횃불을 올렸다.

그때서야 광해군의 주변에 있던 내시와 신하들이 사태의 흐름을 파악하고 소리쳐 달아나기에 바빴다. 광해군도 정신 없이 곤룡포를 입은 채 편전을 나와 대궐의 담을 뛰어 넘었다. 그는 허둥지둥 한참 동안 뛰어 도망치다 어느 집으로 불쑥 들어가 살려달라고 애원했다. 그런데 그가 마침 들어간 집은 초상을 치르고 있었다. 곤룡포 차림의 그가 들어서자 문상객들이 일제히 놀라 당황하였다. 이때 상주가 광해군 앞에 나타났는데, 그는 다름 아닌 의관 안국신安國臣이었다. 그는 장안에서도 유명한 의관으로 궁궐에도 자주 드나들어 선조 때부터 왕족들과는 인연이 깊은 인물이었다.

상황을 짐작한 안국신은 즉시 상복 한 벌을 가지고 나와 광해군에게 갈아입도록 하고 다른 상주 옆에 있도록 했다. 그리고 밖으로 나가 거리의 동정을 살폈는데, 관군들이 떼지어 다니면서 각 집마다 수색 중이었다. 광해군을 비롯한 대북파를 체포하려는 것이 분명해 보였다. 안국신은 잠시 동안 상념에 빠져들었다. 어차피 들통이 날 것은 분명했고 또 숨겨 주었다가 체포되면 자신에게도 큰 화가 닥칠 것은 뻔한 사실이었다. 그리하여 그는 반정군에게 광해군이 자기 집에 있다는 것을 고발하고 말았다. 이렇게 해서 광해군은 상복을 입은 채로 군졸들에게 끌려갔다.

한편 능양군은 재빨리 서궁으로 달려가 유폐된 인목대비를 찾았다. 인목대비를 모시고 궁궐로 들어와 어보御寶*를 바치자 그녀는 감격스런 표정으로 눈물을 글썽였다. 왕위 결정권은 이번에도 인목대비에게 있었다. 대비는 능양군과 여러 신하들을 불러들이고 "능양군은 왕위에 올라 선왕의 뜻을 잘 받들고 백성들이 안정된 생활을 할 수 있도록 선정을 베풀지어다"라고 말하며 어보를 능양군에게 넘겼다. 능양군은 세 번이나 사양했으나 대비의 뜻은 변치 않았다. 결국 이를 받아들였고 능양군을 따르던 신하와 부하들은 일제히 환호했다. 이 사건이 '인조반정'이다.

이들은 광해군을 즉시 강화도로 유배하고 이

■ 어보
임금의 도장으로, 국새國璽, 대보大寶, 어새御璽, 인새印璽라고도 한다.

때 왕비와 그의 아들, 며느리까지 유배지로 보냈다. 이로써 능양군이 조선 제16대 왕위에 오르는데 그가 인조이다. 인조는 즉위 후 인목대비의 존호를 복원했고, 광해군 시절 권력을 독점해 오던 대북 세력 2백여 명을 제거했다. 그리고 반정에 가담한 서인들에게 대거 정사공신의 훈호를 내렸다. 이로써 조선의 조정은 서인들의 세상으로 탈바꿈하고 있었다.

삼일 천하로 끝난 이괄의 반란

반정에 성공한 인조가 왕위에 오르자 조정은 계파 간의 갈등과 반대파의 역모설로 불안한 나날이었다. 당시 조선 주변 정세 중 가장 민감하게 대처해야 할 곳은 청나라였다. 반정의 명분을 내세워 친명 정책으로 일관해 온 인조는 왕위에 오른 뒤에도 여전히 친명배금 정책을 펼쳤다. 그런데 명의 세력은 계속 약화되고 청의 국력은 하루가 다르게 강해졌다. 청의 패권주의 목표는 명을 완전히 제압하려는 것이었다.

그런데 인조는 광해군 때와는 다르게 명을 지원하였고, 이에 청에서는 조선이 명나라를 지원하지 못하도록 압력을 넣은 것이다. 인조 역시 청의 정책 전략을 면밀히 파악하고 북쪽 변방 수비를 더욱 강화하여 청의 조선 침략을 사전에 방어하려는 데 주력하였다.

인조는 당시 변방 수비의 총사령관 격이었던 도원수 장만張晩 밑에 부원수 겸 평안병사로 이괄을 임명했다. 북방에 배치된 총병력은 1만 5천여 명

정도였는데, 도원수는 5천 명을 지휘하여 후방 평양에서 주둔하고 있다가 유사시에 출동하기로 돼 있었고, 부원수는 만 명의 군사를 거느리며 최전방 연변 주변에서 지휘했다. 그러므로 조선의 북방 수비는 사실상 이괄에게 더 큰 지휘권이 있었고 나라의 운명이 그에게 달려 있는 거나 다름없었다.

그러나 이괄은 인조의 뜻을 제대로 받아들이지 않고 불평불만이 쌓여 있는 상태에서 부임했다. 인조는 반정공신에게 모두 일등 공신록을 내리고 이에 상응한 벼슬과 대우를 해주었는데 무슨 이유에서인지 이괄에게는 이등공신으로 대우를 했다. 인조와 이괄은 거사 전에 반정에 성공만 한다면 일등공신으로 병조판서직을 보장하겠다는 약속을 한 바 있었다.

그런데 이등공신으로 부원수직을 주고 변방으로 보낸 것이 그에게 불만으로 쌓인 것이다. 이괄은 노골적인 역심을 품고 인조에게 반격하여 조정을 전복시킬 계획을 세우고 기회를 노렸다. 이괄은 군사 훈련, 성벽 보수 공사와 경비를 배로 늘리고 부대 기강을 강화했다.

한편, 조정에서는 서인들이 북인과 광해군 추종 세력을 밀어내고 요직에 올라 권력을 장악했으나 여전히 불안한 구석이 남아 있었다. 몇몇의 대북파 대신들이 요직에 남아 있던 것이다. 그 중에서 이시언李時言은 원래 대북파로 광해군 때 훈련대장까지 지냈는데 인조 즉위 후에도 순변 부원수로 재직 중이었다. 인조반정에 공이 있다 하여 이와 같이 배려한 것이었다. 기자헌奇自獻도 대북파로 광해군 때 영의정에 있으면서 광해군이 인목대비를 폐위하려고 할 때 반대하여 귀양 갔는데 인조의 신임을 받고 조정에 남아 있었다. 그래서 서인들은 이들을 항상 위협적인 존재로 보고 제거하기 위해 벼르고 있던 터였다.

그러던 중 1624년 1월이었다. 서인들이 역모를 그럴듯하게 꾸며 인조에게 올렸는데 기자헌, 이시언, 정충신鄭忠信, 한명련韓明連, 허통許通, 이우李佑 등이 이괄의 아들 이전李旃과 함께 국가 전복을 꾀하고, 이괄이 지휘하는 군대 만 명을 무기화 한다는 것이었다.

인조는 쉽게 믿지는 않았지만 일단 조사를 시켰고, 허위 조작으로 무고임이 밝혀졌다. 그러나 서인들은 포기하지 않고 이괄을 부원수직에서 해임하고 조사를 다시 해야 한다고 나섰다. 인조는 이괄의 소환 조사는 뒤로 미루고 기자헌, 이시언 등 수십 명을 일단 구속했다. 그리고 당시 한명련과 이괄의 아들 이전은 북쪽 변방 영변 부대에 있었는데 이들을 체포하여 조정으로 끌고 와 수사하기 위해 금부도사를 파견했다.

이괄은 부임 초부터 인조를 포함하여 조정의 서인 일파들에게 불만을 품고 있었는데, 자신을 역모자로 몰고 아들을 먼저 체포하겠다는 서인들을 용납할 수 없었다. 마침내 그는 아들을 잡아가기 위해 온 금부도사를 죽이고 군사를 일으켰다.

이괄은 병력을 총동원하여 한양으로 쳐들어갈 만반의 준비 태세를 세웠다. 이때 평양의 도원수 장만은 이괄이 군대를 이끌고 남하한다는 정보를 접수하고 5천 명으로 만 명의 정예 주력 부대와 싸워 승리할 수 없다는 판단으로 우선 성문을 굳게 닫고 인조에게 알렸다.

이괄은 우선 자신과 함께 역모 혐의를 쓰고 압송되던 한명련을 구해내고 반란에 합세하도록 했다. 그리고 이들은 군사를 이끌고 영변을 떠나 남쪽으로 향했다. 황주에서 관군과 그의 군대가 격돌했으나 관군이 대패하였다. 평산에서 이중노가 지휘하는 관군과 또 충돌했으나 이번에도 관군의 대패였다. 이괄 반란군은 도원수 장만이 지휘하는 평양을 피해 갔다. 이들은 드디어 한양 근처 벽제관까지 쳐들어왔는데 이때 인조는 겁에 질려 충청도 공주로 피신하였다.

이괄 부대는 2월 10일 드디어 한양에 입성했다. 백성들이 뛰어나와 반란군을 환영했다. 인조가 없어진 한양에서 이괄은 흥안군興安君˙을 불러내어 새 왕으로 세우고 이충길李忠吉을 대장으로 명하여 왕을 철저히 경호하도록 했다.

이괄은 변방으로 밀려 났던 북인들을 찾아내어 청요직에 배정하고 정치 구도를 그럴 듯하게 꾸며 놓았다. 그의 뜻대로 반란에 성공한 것이다. 그런데 다음 날 평양에 주둔해 있던 도원수 장만이 군사를 이끌고 이괄의 뒤를 따라 한양으로 들어와 인왕산에 집결하고 이괄 군대의 동태를 살피고 있었다. 장만, 정충신, 남이흥南以興 등이 머

˙ 흥안군
선조의 열번째 아들로, 이괄의 난이 관군에게 진압되자 서울로 압송된 뒤 살해되었다.

리를 맞대고 작전 전략을 수립했다.

이괄이 인왕산 중턱에 퍼져 있는 장만 관군을 자신만만하게 격퇴하겠다고 하며 군대를 두 편으로 나누었다. 이때 선봉장에 한명련을 앞세워 선제 공격을 하면서 올라갔다. 그러나 산 위에서 방어하는 관군이 지형상 유리할 수밖에 없었다. 게다가 갑자기 강한 서풍이 모래와 함께 불어 이괄 부대의 중앙을 초토화 시켰다. 이괄은 한명련과 재빨리 도망쳤는데 위에서 내려보던 관군은 그가 도망치는 것을 보고도 일부러 추격하지 않고 궁궐 안으로 들어갔다.

이괄은 수구문으로 빠져나가 광주까지 도망쳐 광주목사를 죽이고 이천에 도착했는데 그를 연변에서부터 지금까지 따라 다니던 심복 부하들이 보기에는 모든 것을 자포자기하고 운명을 재촉하는 행동으로 보였다. 결국 심복 부하 기익헌奇益獻과 이수백李守白의 칼에 살해되어 그의 삼일천하는 여기에서 끝났고 이괄의 일부 부하들은 관군에 투항했다.

이괄의 반란은 이것으로 막을 내렸지만 백성들의 마음은 불안했다. 국내의 반란 사건으로 왕이 도성을 즉각 비우고 피신했기 때문에 불신이 쌓여 있었고 북쪽 변방을 지키던 1만 5천 명의 관군 병력이 이곳 한양으로 모두 빠져나와 북방 수비는 사실상 텅 비어 있었다. 이때 후금이 조선의 북방 수비가 공백 상태라는 정보를 입수하고 친명 정책으로 일관해온 인조를 치기 위해 일어난 것이 '정묘호란丁卯胡亂'이다.

조선과 여진족의 '불안한' 화친

1627년 1월 조선의 북방 수비가 허술한 틈을 이용하여 여진족은 대규모의 병력을 동원하여 조선 침략에 나섰다. 아무 대비책 없이 내란에 시달려 온 조선은 국력이 약해질 대로 약해져 있었기 때문에 그들의 침입을 막기에는 역부족이었다.

청의 전신은 후금이고 후금의 전신은 여진족이다. 이들은 넓은 곡창 지대인 남만주를 점령하기 위해 명나라를 자주 공략했는데, 결국 명과의 전면전이 벌어진 것이었다. 명은 조선과 국교를 맺고 있었기 때문에 조선에 지원병을 요청했다. 이때 광해군은 강홍립을 총지휘 책임자로 임명하여 명에 파견한 바 있었다.

광해군의 중립 외교 전략은 계획대로 먹혀들어 조선은 한동안 북방의 전란 위험에서 벗어나 있었다. 그러나 인조반정 이후부터 조선과 후금의 관계는 서서히 악화되었다. 인조 즉위 후 조선은 친명배금 정책으로 대명 사대주의를 부활시켰고 명의 장수들을 적극 보호하였다. 이것은 후금을 더욱 자극하게 되어 결국 후금의 침입을 자초한 결과가 되었다.

그리하여 후금은 아민阿敏에게 군사 3만 명을 내주고 조선 침략의 명을 내렸다. 적들은 압록강을 넘고 의주를 거쳐 안주성까지 내려 왔다. 여기에서 적의 일부 병력은 명나라 모문룡毛文龍 부대를 치고 남쪽으로 향했다. 인조는 급히 장만을 도체찰사로 명하고 후금 군대를 막으라고 했다. 그러나 후금은 남진을 계속 강행하여 안주성과 평양성을 지나 황주까지 들어왔다.

이때 평산에다 방어진을 구축하고 전투 준비를 하던 장만은 전세가 불리함을 알고 개성까지 후퇴했다. 개성의 예성강 남쪽에다 진을 치고 적과 대처하였고 김상용金尙容 유도대장에게는 한양을 방어하도록 했다. 그리고 세자는 전주로 내려 보내고 인조는 강화도로 피난했다.

왕이 궁궐을 떠나 피신하게 된 상황에 이르자 각처에서는 관군을 믿을 수 없다는 판단에서 의병이 일어나 후금에게 대항했다. 후금 군대가 가는 곳마다 관군은 보이지 않았으나 관군보다 강한 의병을 만나 싸우면서 전술 전략이 바뀌었다. 의병은 자기 지역 방어에 주력했지만 후금은 동서남북 사방에서 의병이 쳐들어온다고 느꼈다. 후금은 남진을 포기하고 조선과 화의를 위한 다음 세 가지 조건을 내놓았다.

첫째, 후금에 압록강 주변 남쪽 땅을 내줄 것.

둘째, 명나라 장수 모문룡을 조선군이 잡아 후금에 넘길 것.

셋째, 후금이 명나라를 치고 들어갈 때 조선군 만 명을 후금에 보낼 것.

조선은 이와 같은 후금의 요구 조건을 받고 척화파와 화친파가 서로 논쟁을 벌였으나 사실상 전투를 하여 후금을 물리칠 자신이 없었다. 결과는 화친 주장파 최명길崔鳴吉의 주장대로 화친하기로 했다. 이때 조선이 후금에게 내놓은 화친의 조건은 다음과 같았다.

첫째, 후금 군대는 평산을 넘어 오지 말 것.

둘째, 화친 조약 후 후금은 지체 없이 조선에서 철수할 것.

셋째, 철병 후 후금은 압록강을 넘어 오지 말 것.

넷째, 양국을 형제국으로 맺을 것.

다섯째, 후금과 화친을 한 후에도 조선은 전과 같이 명나라와 국교를 유지한다.

조선이 내놓은 조건을 후금은 받아들이고 즉시 철군했다. 이때의 조선과 후금의 화친 조약을 '정묘약조丁卯條約'라고 한다. 후금은 명나라와의 대대적인 전투를 예상하여 조선과는 전면전으로 확대할 수 없었고 조선은 후금의 군대를 밀어낼 힘이 없었기 때문에 화친 조약을 맺었지만 양국의 불만은 그대로 남아 있는 상태였다.

이 화친으로 조선은 후금에 매년 세금을 바쳐야 한다는 경제적 부담이 있었고 후금은 명나라 모문룡 세력을 완전히 꺾어 버리지 않은 상태에서 조선과 맺은 조약이므로 조선의 친명배금 사상은 오히려 더 굳어진 결과가 되었다. 그러므로 명나라가 건재할 경우 이 조약은 언제나 파기될 수 있는 불씨를 안고 있었다.

굴욕적인 역사를 남기다

후금이 화친을 하고 물러간 후에도 일방적으로 이것을 위반하는 사례가 여러 차례 있었다. 형제지간의 조약을 군신 관계로 바꿔야 한다고 하면서 황금과 백금 1만 냥씩을 더 내놓고 군대 3만 명을 보내라고 했다. 또한 압록강을 건너와 조선의 민가를 털어가는 등 그들의 교만한 행동은 도를 넘어서고 있었다. 따라서 조선에서는 이들의 요구를 받아들일 수 없었다. 여차하면 전면전까지 치르기 위해 선전 포고를 보낼 단계에 이르렀다.

이 무렵, 인조 비 한씨가 갑자기 세상을 떠났는데 후금은 조문 사절단을 조선에 보냈다. 이들 사절단은 조선과 후금은 군신 관계이므로 신하가 군왕에 대한 예의를 갖추라고 강요했다. 이에 조선 조정은 분노하여 후금 조문사절단을 잡아 처형해 버리기로 논의하게 되었다. 이러한 분위기를 눈치챈 후금 사신들은 자취를 감추었다가 급히 본국으로 도망쳤다.

이때 마침 조정에서 평안도 관찰사에게 보내는 비밀 문서를 그들에게 탈취당한 것이 화근이었다. 이 문서는 후금을 치기 위한 전략을 담은 전문으로, 군장비를 정비하고 있다가 언제든지 출전할 수 있는 준비 태세를 하라는 내용이었다. 결국 이 비밀 문서가 후금 태종에게 들어갔고 그들은 조선을 재침략할 준비에 돌입했다.

이 해 후금은 국호를 청나라로 바꾸고 연호는 숭덕이라 하였으며, 태종을 황제 호칭으로 격상하였다. 그들은 황제 대관식을 할 때 조선 왕자를 볼모로 보내어 사과하지 않을 경우 즉시 침입하여 공격하겠다고 협박을 했다. 그러나 조선에서는 그들의 제의를 묵살했다. 얼마 후에 청은 왕자와 척화론 대신들을 붙잡아 심양으로 보내라는 최후통첩을 보냈다. 그러나 이때에도 조선은 그들의 요구를 묵살했다.

그리하여 청나라 태종은 12만 명의 대군을 지휘하여 압록강을 건너 조선을 침공했다. 청은 의주 백마산성에서 의주부윤 임경업林慶業이 굳게 방어하고 있다는 것을 미리 알고 그곳을 피해 남진했다. 조선 조정에서는 청나라가 쳐들어온다는 사실을 도원수 김자점金自點이 한양에 연락하여 10여 일 뒤에 알았는데, 그때는 이미 청군이 평양까지 내려 온 상태였다.

급기야 조선 조정은 혼란에 휩싸였다. 한양의 백성들은 피난길에 나섰고 인조는 강화도에 수비령을 내렸다. 그리고 봉림대군(효종), 세자빈 강씨, 원손을 강화도로 피신시켰다. 인조도 그날 밤 대군들의 뒤를 따라 강화도로 피난하려고 했는데 이미 청나라 군대가 먼저 강화도로 가는 길목을 모두 지키고 있었다. 할 수 없이 최명길의 뜻대로 백관들을 대동하고 남한산성으로 피신하였다. 이때 영의정 김류는 밤길을 이용해서라도 남한산성에서 빠져나와 강화도로 피신해야 한다고 주장했으나 폭설과 추위로 더는 움직일 수 없었다.

청 태종은 군사를 20만으로 늘려 남한산성 밑의 탄천에서 진을 치고 있었다. 이때부터 40여 일간을 아무런 싸움도 없이 대치 상태에 있었는데, 성안에서는 식량과 땔감이 떨어지고 견디다 못해 지쳐서 달아나는 군사들이 발생할 정도였다.

그리하여 인조의 어명에 따라 최명길은 화친에 대한 조서를 작성하여 좌의정 홍서봉洪瑞鳳 등을 청군 진영으로 보냈다. 그러나 청 태종은 조선 국왕이 직접 나와 항복하라는 내용과 함께 척화론자들을 체포하여 보내라고 했다. 이후 강화도마저 청군에게 함락되었기 때문에 인조로서는 남한산성 밖으로 나가 항복할 수밖에 없는 상황이었다. 그러자 예조판서 김상헌金尙憲 등은 화의를 반대하며 자결하려다가 실패하기도 했다.

이때 최명길은 적진을 오고 가며 항복 조건을 타협 중이었다. 청군 진영에서도 사신들이 남한산성으로 들어와 화담에 응하였다. 청의 요구 사항은 총 열 가지였는데, 조선은 청에 신하의 예를 갖추라는 것과 명과는 국교를 단절하라는 등의 내용이 큰 골자였다.

그리하여 1637년 1월 30일 인조는 세자와 함께 서문으로 나가 삼전도三田渡에서 청 태종에게 무릎을 꿇고 신하의 예를 갖춘 뒤 항복 문서에 조인하고 한양으로 돌아왔다. 이때부터 청·일전쟁에서 청나라가 패할 때까지 262년간 조선은 청나라와 군신 관계로 이어져 왔다.

청군은 군대를 철수하면서 소현세자昭顯世子, 빈궁, 봉림대군(효종), 인평대군麟坪大君 등을 볼모로 삼고 척화론을 펼치던 대신들을 끌고 심양으로 갔다. 그리고 수만 명의 여자를 끌고 갔다가 돈을 받고 되돌려주기도 했다. 하지만 되돌아온 이 환향녀들은 순결을 지키지 못했다는 이유

• 소현세자(1612~1645)
인조의 장남으로 13세 때 세자로 책봉되었다. 병자호란 때 인조와 삼전도에 나가 항복하고 동생 봉림대군, 척화파들과 함께 청군에게 끌려 인질로 심양으로 들어갔다. 그곳에서 조선의 외교관 역할을 하다가 인질 생활을 끝내고 세자는 귀국했는데 인조는 그가 들어오자마자 박대하기 시작했다. 소현세자가 철저한 친청파가 되었다고 하면서 대화 자체를 거부한 것이다. 세자는 1645년 4월 귀국한 지 두 달 정도 지났을 때 인조와 거친 대화를 하고 나서 갑자기 병으로 쓰러지더니 3일 만에 의문의 죽음을 맞았다.

로 받아들여지지 않아 큰 사회 문제로 번지기도 했다.

이 사건이 조선 역사에 치부를 남긴 병자호란이다. 이와 같은 굴욕적인 역사를 낳게 된 원인은 인조와 서인들의 지나친 명에 대한 사대주의 사상이 결국 청나라를 자극했기 때문이다. 오히려 광해군처럼 명과 청사이에서 중립 외교를 했다면 인조가 청 태종에게 무릎 꿇고 항복하는 굴욕적인 조약을 역사에 남기지 않았을지도 모른다는 것이 많은 역사학자들의 평이다.

역사의 한 페이지
삼전도의 굴욕

병자호란 때 청나라에 항복한 조선이 삼전도에서 강화를 맺은 뒤 그들의 요구에 따라 청나라 태종의 공덕을 새긴 비가 '삼전도비三田渡碑'이다. 이것의 원래 명칭은 '대청황제공덕비大淸皇帝功德碑'이다.

1636년 12월 청 태종은 10만의 군사를 직접 이끌고 조선에 쳐들어와 병자호란을 일으켰다. 인조는 신하들과 함께 한강 이남의 남한산성으로 피신하여 청군과 대치했다. 그러나 이듬해 강화도가 함락되었다는 소식이 들려오고 또 비축해 둔 식량조차 바닥이 나자 인조는 이듬해 1월 30일에 항전을 그치고 청군이 머물고 있던 한강 남쪽의 삼전도 나루로 나와 굴욕적인 강화 협정을 맺었다.

| 삼전도비

당시 청나라의 풍속에 따라 삼배구고두례三拜九敲頭禮(황제에게 한 번 절할 때마다 이마를 땅에 세 번씩 찧는 것)를 올려야 했다. 인조는 세 번 절하고 아홉 번 머리를 바닥에 두드리는 예를 올렸는데, 높은 단 위에 앉아 있는 청 태종의 귀에 절 하는 소리가 들려야 했다. 이때 바닥에 세게 부딪히며 절을 하여 인조의 이마에서는 피가 흘렀다.

병자호란이 수습된 뒤 청 태종은 자신의 공덕비

ı 인조가 청나라 태종에게 항복하는 모습

를 세우라고 조선에 요구했다. 이에 조선은 장유張維·조희일趙希逸이 지은 비문을 청에 보냈으나 번번이 거부되었고, 결국 인조의 특명으로 도승지 겸 예문관 제학이던 이경석李景奭이 지은 비문이 받아들여졌다. 이에 공조工曹는 삼전도의 제단 터를 높여 증축하고 1639년 12월 8일 비석을 세웠다.

비석의 앞면 왼쪽은 몽고 문자, 오른쪽은 만주 글자, 그리고 뒷면은 한자로 새겼다. 비석 위쪽의 이수螭首(용의 모양을 새긴 형상)에는 여의주如意珠를 중심으로 두 마리의 용이 화려하게 새겨졌다. 귀부龜趺(거북 모양으로 만든 비석의 받침돌)는 17세기 석비의 전형을 보여주는데, 몸체에 비해 머리가 지나치게 크고 비석을 받치는 비좌碑座를 연잎 모양으로 새겼다.

삼전도비는 청나라 태종의 침략을 '공덕'이라 찬미한 굴욕적인 내용으로 채워져 있어, 후손들에게 자주 국방의 중요성을 일깨워주는 소중한 역사적 교훈이 된다.

제17대 **효종** 孝宗

조선의 여명

1649
●
효종 즉위

1652
●
북벌 정책 추진

1653
●
하멜 표류

1654
●
제1차 나선 정벌

효종(1619~1659)은 인조와 인렬왕후 사이에서 태어났다. 이름은 호淏, 자는 정연靜淵이다. 1631년 장유의 딸 인선왕후仁宣王后 장씨와 혼인했고, 안빈 이 씨를 비롯한 3명의 후궁을 두었다. 인선왕후 장씨의 소생은 현종을 비롯한 6명 의 공주가 있고, 안빈 이씨에게서 1명의 옹주를 두었다.

친청주의자가 된 소현세자

청은 1637년 병자호란을 마치고 돌아가면서 조선의 왕자 셋을 볼모로 데리고 갔다. 그 중 셋째 아들 인평대군은 이듬해에 돌아왔으나 소현세자와 봉림대군은 8년 뒤에야 돌아올 수 있었다.

1645년 소현세자와 봉림대군이 귀국했을 때 두 사람의 정치에 대한 사고 방식은 정반대였다. 소현세자는 선진화한 청나라의 문물을 수용하고 서양과도 문호를 개방하여 과감하게 조선 사회를 변신해야 한다는 친청親淸주의였다. 그러나 봉림대군은 부왕 인조가 청 태종에게 당한 역사적인 굴욕을 깨끗이 씻고 나라와 조선의 권위를 되찾아야 한다는 친명반청주의자였다. 그리고 인조와 조정 대신들도 봉림대군의 생각과 의견이 일치하였다.

소현세자가 친청주의로 서양 문물에 눈을 뜨게 된 것은 심양에서 아담 샬이라는 천주교 신부와 가까이 사귀면서부터였다. 세자는 아담 샬에게서 천주교와 서양의 과학 문명에 대해 차츰 알아갔다. 이때 그로부터 천주상과 서양의 역서, 물품 자료를 선물로 받기도 했는데, 이를 통해 서양 문물에 더욱 심취하게 된 것이다. 그러나 소현세자와 함께 청에서 새로운 서양 문물을 접하면서도 봉림대군은 그와 생각이 달랐다.

봉림대군은 그곳에서 청의 정치 상황과 군사들의 움직임 등의 전반적인 정보를 입수하여 본국으로 보내는 일을 해왔다. 그는 청나라 대신들에게 패전국에서 볼모로 잡아온 왕자라 하여 멸시를 당했고, 명과 청의 전쟁에서 청이 승리하여 명나라 백성들을 잔인하게 탄압하는 과정을 여러 차례 목격했다. 이와 같은 경험이 반청주의로 굳어진 것이다.

심양에 있는 세자와 봉림대군의 생활은 사은사들이나 역관을 통해 인조에게 수시로 전해졌다. 인조는 세자가 천주교에 깊이 빠져 있다는 보고에 몹시 분개했고, 인조의 후궁인 귀인 조씨는 청에서 세자가 조선의 임금 노릇을 한다고 소문을 내기도 했다. 여기에 김자점까지 조씨의 말을 부추겨 인조를 자극했다. 당시 청나라에서는 병자호란 이후 인조를 반청주의자로 인식하여 논의할 큰 일이 있을 때에는 인조와 대화할 생각을 하지 않고 주로 세자와 대화를 하였다. 청과 세자의 이런 관계도 인조에게 가감 없이 보였고, 귀인 조씨와 김자점은 기회가 있을 때마다 인조 앞에서 세자를 헐뜯고 비난하였다.

명나라가 청에 패하여 거의 멸망 상태일 때 소현세자는 두 아들과 세자빈을 데리고 귀국했다. 그러나 인조는 세자가 철저한 친청주의자라는 이유로 조금도 반기지 않았다. 세자는 인조의 감정을 전혀 모르는 상태에서 귀국하였고 귀국과 동시에 인조를 찾아뵙게 되었다. 그는 부왕을 뵙자마자 청나라의 내부 환경과 그곳에서 접해온 서양의 선진 문물에 대하여 보고 느낀 대로 아뢰었다. 그리고 책과 서양 생산품 몇 가지를 선물로 내놓았다.

인조는 세자에게 "심양에 들어가 그 동안 보고 배운 것이 고작 이것이냐?"고 하면서 큰 소리를 치더니 옆에 있던 벼루를 세자의 얼굴에 던졌다. 그리고 세자는 피를 흘리면서 그 자리에서 물러났다.

이후 세자는 울화병으로 쓰러졌는데 어의가 들어와 진찰을 하더니 학질이라고 했다. 어의 이형익李馨益은 인조의 주치의였는데 우선 침을 놓아 열부터 내려야 한다고 하면서 세 차례 침을 놓았다. 그러나 세자는 결국 3일만에 죽었다. 죽을 때 뱃속에서 피가 터져 입으로 토하고 시체는 검게 변했다고 한다. 세자의 의문사를 주장한 이식李植은 그의 묘지문에 "소현세자는 귀국 이후 한증과 열기가 계속되었는데 의원 이형익의 시술이 잘못 되어 죽게 되었다"고 기록하고 있다.

부자의 상반된 정치 노선

왕이나 세자에게 치료를 잘못하였다면 철저히 조사하여 마땅히 책임 추궁을 해야 하는데도 인조는 어의에게 말 한마디 하지 않았고 오히려 어의를 조사하지 못하도록 했다. 그래서 대사헌 김광현金光炫은 어의가 침을 잘못 놓아 세자가 사망했으므로 이에 대한 벌을 내려야 한다고 탄핵하였다. 그러나 이때도 인조는 그의 탄핵에 화를 냈다. 김광현은 세자빈 강씨의 조카 사위였는데 인조는 두 사람이 친척 관계라는 이유를 내세워 파직시켰다.

세자의 장례식도 평민과 같은 절차로 축소하였고, 조문 인사도 철저히 통제하여 종실 몇 사람만 참관하도록 했다. 세자가 죽고 나서 대신들 사이에서 새로운 세자를 책봉하자는 논의가 나왔는데 이때 여러 대신들은 소현세자의 장남 석철石鐵을 왕세손으로 정하자고 했다. 그러나 인조는 10세 밖에 되지 않아 현실성이 부족하다는 이유로 차남 봉림대군을 세자로 책봉했다. 이것도 국법과 왕실의 관례를 인조가 정면으로 무시한 것이다.

세자의 장례를 치르고 나서 인조는 그를 지지하던 세력들을 가려내어 모두 유배시키고 세자빈 강씨는 별장으로 유폐시켰다가 사사했다. 그리고 세자의 아들 셋은 제주도로 귀양 보내어 둘은 그곳에서 죽이고 막내만 살았다. 그러자 전국에서 소현세자와 세자빈 강씨, 그리고 그의 두 아들의 죽음에 대한 비판의 소문이 퍼졌다. 그러자 인조는 제주도 귀양지에서 손자 셋을 돌보던 나인까지 처형하였다.

세자가 죽은 뒤 주치의에 대한 책임을 묵살하고 또 장례식은 약식으로 했으며 며느리, 두 손자까지 인조가 죽인 것으로 보아 세자는 인조가 독살했다고 추측할 수 있다. 어의 이형익이 오랫동안 인조의 주치의로 있었다는 사실도 그에 의한 독살을 반증하고 있다.

대명 사대주의와 반청주의자였던 인조는 근대화된 청나라를 가까이 한 소현세자를 너그럽게 포용하지 못했다. 그러나 소현세자는 부왕과 함께 삼전도에서 청 태종에게 치욕적인 일을 당했지만 나라의 장래를 위해 과거의 감정에만 집착하지 않았다. 오히려 생각을 몇 단계 뛰어 넘어 실용주의 노선을 선택하여 멸망해 가던 명나라에만 매달리지 말고 청나라와 교류해야 한다고 생각했다. 그러나 인조의 반청 감정이 너무 깊어 어떤 방법이나 명분으로도 바꿀 수 없었다.

이와 같이 왕과 세자 간의 상반된 정치 노선 때문에 비참한 살상극이 벌어진 것이다. 소현세자가 죽자 심양에 있던 봉림대군이 1645년 5월 귀국했다. 그로부터 한 달 뒤 인조는 신하들에게 세자 책봉 의사를 밝히고 봉림대군을 세자에 앉혔다. 그리고 1649년 5월 인조가 죽자 봉림대군이 왕위를 이어 받았는데 그가 효종이다.

실패한 북방 정벌론

효종은 등극 이후에도 반청 사상에는 조금도 변함이 없었다. 그리하여 조정에 남아 있던 친청 세력을 제거하고 과감하게 북벌 정책부터 추진해 나갔다. 결국 그의 정책은 뜻대로 실천에 옮기지 못했지만 국력을 튼튼하게 한 것만은 사실이다.

효종이 북벌과 국방에 주력한 것은 반청 사상이 뿌리 깊게 박히기도 했지만 청의 군사력을 직접 파악한 경험도 있기 때문이다. 그는 청에 머무를 때 서쪽의 몽고와 남쪽의 산해관 등의 전쟁에 직접 참여해 명나라의 패망을 직접 보았다. 또한 철령위, 개원위 등으로 끌려 다니며 많은 고통을 겪은 바 있었다. 반청친명주의자인 그가 청군에 합류하여 명군을 공격하는 전선으로 끌려 다녔으므로 심리적으로 많은 갈등과 고통을 겪었을 것이다. 이런 것들이 쌓이고 싸여 그가 청나라에 원한을 품게 된 것이다.

효종이 북벌을 계획대로 추진하기 위해서는 친청파부터 제거해야만 했는데 당시 친청파의 대표 격인 인물은 김자점이었다. 김자점은 인조반정의 공신이었는데, 이를 바탕으로 지나친 권세를 부리다가 사헌부 등 대간들의 탄핵으로 밀려났다가 김류의 주선으로 다시 조정에 들어온 인물이었다. 그는 자신이 친청파이면서도 인조와는 뜻이 맞아 소현세자가 친청파로 죽게 되었을 때에도 인조를 두둔하였다. 인조의 후궁 귀인 조씨와 밀착되어 소현세자와 세자빈을 수시로 비난하여 궁지에 몰아넣게 된 배경은 귀인 조씨의 딸 효명옹주孝明翁主가 자신의 손자 며느리였기 때문이다.

이와 같이 김자점은 인조 밑에서 권력을 남용하다가 인조가 죽으면서 첫 번째 제거 대상으로 탄핵을 받아 유배되었다. 효종, 송시열宋時烈 등의 친명파에 의해 김자점은 유배지로 밀려나서도 권력에 대한 야욕을 버리지 못했다. 그는 유배지에서 청나라 태종에게 비밀리에 사람을 보내어 '효종은 조정의 친청파를 모두 제거하고 친명파로 바꾸어 놓은 다음에 청나라를 쳐들어갈 계획을 세우고 있다'는 밀서를 보냈다.

청 태종은 김자점의 밀서를 보고 즉시 군대를 동원하여 압록강 주위에 배치해 놓고 조선에 사신을 보내어 진상 조사에 착수했다. 이때 조선의 이시백李時白, 원두표元斗杓, 이경석李景奭이 청의 사신에게 '김자점은 귀인 조씨와 사돈 관계를 맺고 나서 소현세자와 인조 사이를 이간질하였고, 효종에게 역심을 품은 자'라고 하여 사건은 수습되었다.

청의 군대는 곧 압록에서 철수하였고 김자점의 유배지는 평양 쪽으로 옮겨졌다. 그러나 김자점은 여기에서도 귀인 조씨와 연락하여 다시 엄청난 모의를 계획하였다. 수어청守禦廳 군대와 수원 군대가 합세하여 원두표, 송시열 등을 제거하고 효종을 폐위한 다음 숭선군崇善君을 새 왕으로 추대하려고 한 것이다. 이 모의 계획은 사전에 탄로났고, 결국 김자점과 귀인 조씨는 처형되었으며 김자점과 비밀리에 접촉하던 무리들도 조정에서 모두 색출되었다. 이것이 '김자점의 역모 사건'이다.

친청파 세력들을 제거한 효종은 북벌 강화를 위해 국토 방위에 주력했다. 원두표元斗杓 등의 무인들을 등용하여 어영청御營廳을 확충하고 임금의 경호를 맡은 금군禁軍을 기병화하였으며, 군사도 대폭 증원하여 왕권을 강화했다. 궁중을 중심으로 한 어영군과 훈련도감군도 재정비하였고 한양 외곽을 수비하던 수어청도 새롭게 바꾸었다.

효종 6년 3월에는 지방 군인들에게 군사 훈련을 시키기 위해 설치했던 영장營將 제도의 기능을 활성화하였다. 남해안 속오군의 주력 부대를 강화했고 한양 외곽과 강화도에도 병력을 한층 더 충원했다.

이러한 병력과 군 장비를 확충한 뒤 효종은 러시아(나선) 정벌에 나섰다. 조선과 인접한 명, 청나라를 외면하고 러시아 정벌에 나선 것은 러시아가 흑룡강 주변의 풍부한 자원을 확보할 목적으로 불법 노략질을 자행하고 있었기 때문이

• 어영청
임진왜란 뒤 국방력 강화를 목적으로 설치된 5군영(훈련도감, 어영청, 총융청, 수어청, 금위영) 중 하나이다.

다. 청은 자체적으로 러시아군을 격퇴시킬 수 없었으므로 조선의 조총 부대의 지원을 요청했다. 조선은 러시아를 치고 들어갈 계획이 있었으므로 청의 요청을 받아들였다. 정예 조총군 백여 명을 파견하여 조·청 연합군을 편성하고 러시아 군대를 흑룡강 북쪽으로 격퇴시켰다. 이것이 1654년 4월의 첫 번째 나선 정벌이다.

이후 4년 동안 잠잠하던 러시아군은 다시 군함을 이끌고 흑룡강과 송화강이 합류하는 삼각 지점으로 침입했다. 조총 부대와 화력 무기에 열악한 청군은 대적할 엄두도 못 내고 이번에도 조선에 지원 요청을 했다. 조선에서는 즉시 화력 무기를 갖춘 정예 부대를 파병하여 러시아군을 즉각 격퇴하였다. 이후부터 러시아군의 흑룡강 일대 침략과 노략질은 자취를 감추었다.

사기가 높아진 조선군은 계속 군비를 강화하고 표류해 온 네덜란드 하멜 장군을 조선의 훈련도감으로 임명하여 새로운 군사 훈련을 실시했다. 그리고 화력 장비의 개선에도 더 주력하여 성능이 우수한 조총과 화포를 생산하고 화약 생산에 필요한 염초 제조에도 주력했다.

효종은 기회를 포착하여 청나라를 치고 들어가 부왕 인조가 삼전도에서 청 태종에게 당한 수모를 씻으려고 했다. 그러나 청군은 화포와 조총을 제외하고는 모든 군사력이 조선보다는 몇 단계 우수했기 때문에 함부로 북벌을 감행할 수 없었다.

한편, 국방 정책을 지나치게 앞세우다 보니 백성들의 조세 부담이 과중해졌고 경제는 불안정해졌다. 그러자 경제를 더 활성화시키기 위해 민생 안정에 대한 정책으로 눈을 돌렸다. 먼저 남해안 일대의 조세 부담을 줄여

주고 대동법을 확대 실시하여 가뭄과 흉년에도 적절히 대처하도록 했다.

농업과 일반 생활의 편의를 위하여 《농가집성農家集成》 등을 내놓고 태음력과 태양력의 원리를 종합하여 24절기를 계산한 시헌력時憲曆을 활용하도록 했다. 또한 해이해진 윤리와 도덕을 바로잡기 위해 인수대비(소혜왕후)가 쓴 《내훈內訓》을 증보, 간행하기도 했다.

효종은 백성을 위한 선정을 베풀기 위한 다양한 정책을 시도했지만 북벌의 뜻을 제대로 펼치지 못했다. 비록 북벌은 뜻대로 이루지 못했지만 화약 무기를 비롯한 강한 국방력을 마련하였고, 이를 바탕으로 사회 안정의 기반을 마련하는 성과를 거두었다.

역사의 한 페이지
조선시대의 '돈'이 탄생하다

1678년 1월 숙종은 영의정 허적許積과 좌의정 권대운權大運 등에게 상평통보를 주조하게 했다. 그리고 한양과 일부 지역에 유통시켰다. 그 뒤 점차 전국적으로 확대되어 조선 말기에 현대식 화폐가 나올 때까지 통용되었다.

I 상평통보

사실 조선의 화폐에 대한 논의는 광해군 시절로 거슬러 올라간다. 그 뒤 인조 때에는 김신국金藎國·김육金堉 등의 건의에 따라 상평청常平廳을 설치하고 화폐를 유통시켰는데, 화폐의 개념이 낯설은 당시 상황에서 유통이 중지되었다. 쌀이나 포목 같은 물품을 화폐 대용으로 사용하기에 불편함이 없었기 때문이다. 그 후 본격적으로 상평통보를 주조한 것은 효종 때인데, 이때는 일부가 발행되어 시장에 유통되기도 했다. 따라서 숙종 때 상평통보가 전국적으로 유통되었지만, 이것이 나온 것은 효종 때라고 해야 맞다.

상평통보는 구리와 주석의 합금으로 만들었으며, 각각 크기가 다른 3종이 있었다. 모양은 둥근 엽전으로 가운데에는 정사각형의 구멍을 뚫고, 앞면에는 구멍을 둘러싸고 상하좌우에 '상평통보常平通寶'라는 한자를 한 자씩 넣었으며, 뒷면의 구멍 위에 주조한 관청의 이름을 박았다.

제18대 현종 顯宗

예송 논쟁 시대

현종(1641~1674)은 이름이 연淵, 자는 경직景直이다. 1649년에 왕세손에 책봉되고 1651년 왕세자가 되었다가 19세의 나이로 왕위에 올랐다. 현종은 부인으로 명성왕후明聖王后 김씨만을 두었으며 숙종과 3명의 공주를 얻었다.

1674
●
현종 사망

1년상인가, 3년상인가

현종 즉위 후 조선에는 평화로운 시기가 도래했다. 남북 어느 곳에서도 외세의 침입은 없었고 어떤 내부적인 반란도 없어 사회가 점차 안정을 되찾았다. 그러나 현종 개인적으로는 좌불안석의 심정으로 15년간의 치세를 이어가야 했는데, 그 이유는 현종 대는 예송禮訟을 둘러싼 서인과 남인의 치열한 정쟁의 시기였기 때문이다. 한편 이처럼 조정 내에서 예송 논쟁*이 활발히 진행되었다는 사실은 조선 사회가 그만큼 안정을 되찾았다는 것을 반증한다.

당시 조선 조정은 인조반정으로 정권을 장악한 서인 세력과 인조에 의해 등용된 남인 세력으로 나뉘어 있었다. 처음 이들의 논쟁은 주로 영남 학파의 주리론과 기호 학파의 주기론을 내세우는 학문적인 대립을 펼쳤으나, 점차 정치적인 대립 양상으로 변모해 나갔다. 예송 논쟁은 이들 남인과 서인의 복제服制 문제를 둘러싼 의견 충돌에서 기인하였다. 효종이 죽자 인조의 계비 자

* 예송 논쟁
효종과 효종비가 죽은 후 인조의 계비가 어떤 상복을 입을 것인지를 둘러싸고 서인과 남인 간에 벌어진 논쟁이다. 이는 차남으로 왕위를 이은 효종의 정통성 문제와 관련된 것으로서, 신권 중심의 서인, 왕권 중심의 남인의 견해가 대립한 것이다.

의대비慈懿大妃(장렬왕후 조씨)가 상복을 어떤 규범에 따라 입어야 하는가 하는 문제가 쟁점화된 것이다.

당시 평범한 백성들은 《주자가례朱子家禮》에 의한 사례를 중심으로 치르면 아무 탈이 없었지만, 왕실의 경우 이와 같은 예송 문제가 대두되면 성종 때 제도화한 《국조오례의國朝五禮儀》에 따라 결정해 왔다. 그런데 이번과 같은 대비의 복례에 해당하는 사례는 《국조오례의》에도 없었기 때문에 문제가 된 것이다.

문제는 효종이 인조의 차남이라는 데에 있었다. 게다가 자의대비는 이미 인조의 맏아들인 소현세자의 상중에 3년 상복을 입은 터였다. 따라서 효종은 차남으로 왕위에 올랐기 때문에 자의대비에게는 장남에게 해당하는 예로 3년 상복을 입을 수 없으므로 1년 동안만 상복을 입어야 한다는 주장이 있었고, 다른 한편에서는 효종은 비록 차남의 신분이지만 장남의 신분과 같이 정식으로 왕위에 올랐으므로 3년 상복을 입어야 마땅하다는 반론이 있던 것이다.

기년상(1년상)을 주장한 사람은 서인의 이조판서 송시열, 우참판 송준길宋浚吉 등이었고, 3년상을 주장한 사람은 남인의 허목許穆과 윤휴尹鑴 등이었다. 송시열은 왕과 사족, 서민의 의례가 원칙적인 종법에서 벗어나서는 안 된다는 이유로 1년 상복을 입을 것을 주장하였다. 조선 사회의 지배 이념인 성리학에 근거한 예론禮論에서는 자식이 부모에 앞서 죽었을 때 그 부모는 자식이 적장자嫡長子인 경우에는 3년 상복을, 그 이하인 경우에는 1년 상복을 입도록 규정하였다. 따라서 효종이 왕위는 계승을 하였어도 차남이 분명하므로 1년 상복이 마땅하다는 것이다. 이에 대하여 윤휴는 큰 아들이 죽은 후에 차남을 장남처럼 내세우면 이것이 곧 장남이 되므로 예우라는 차원에서 3년 동안 상복을 입어야 한다고 주장했다. 이는 왕과 사족, 서민의 의례가 같을 수 없으며, 왕가의 의례에서는 종법이 변칙적으로 적용될 수 있다는 것이었다.

영의정 정태화鄭太和가 윤휴의 주장을 송시열에게 전했다. 이때 송시열은 윤휴의 주장이 터무니없는 것은 아니지만 그 부분은 확실히 알지 못하는 것이 있다고 했다. 장남이 죽으면 차남이 장자와 똑같은 신분이 된다는 윤휴의 말은 장남이 미혼 상태의 미성년으로 죽었을 때 적용되는 것이므로 소현세자와 효종의 형제 문제에는 그의 주장에 해당되지 않는다고 했다. 이번에는 허목이 윤휴의 주장에 동조하여 송시열을 반박했다. 소현세자가 장남인 것만은 사실이지만 인조 생존시에 죽어 차남이 대통을 이어온 이상 장남으로서 예우를 해야 마땅하다고 했다.

그러나 현종은 결국 송시열의 주장대로 대비의 상복을 1년 입도록 결론을 내렸다. 그리고 송시열은 좌의정에, 송준길은 이조판서에 임명하였다. 그럼에도 남인의 반발이 꺾이지 않자 현종은 1666년 기년상을 확정지으며, 더는 예송 문제를 거론하지 말라고 명을 내리기까지 했다. 그런데 이번에는 효종 비 인선왕후가 죽자 다시 복상 문제가 벌어졌다. 이와 같이 현종은 재위 15년 동안 끊임없이 예송 논쟁에 시달리며 고단한 세월을 보내야 했다.

예송 논쟁은 이념 논쟁

효종이 죽고 자의대비가 효종을 장남으로 간주하여 3년간 상복을 입느냐, 차남이므로 1년을 입느냐 하는 예송 문제로 남인과 서인들의 논쟁이 있었다. 이러한 논쟁은 현종, 숙종에 걸쳐 효종 비에 대한 자의대비 복상 기간을 두고 계속 이어졌다. 이는 율곡학파 서인과 퇴계학파 남인 간의 정권 주도권을 둘러싼 이념 논쟁이기도 하였다. 또한 단순한 학문적 대립이나 정치 논쟁을 떠나 유교를 숭배하여 예를 가장 큰 덕목으로 삼던 성리학자들 간에는 유학의 정통성 문제와도 관련된 사안이었다.

먼저 효종의 죽음으로 인한 복상 문제는 서인들의 주장이 관철됨으로써 남인 세력이 급격히 약해진 상태였다. 그러나 이 일이 있은 뒤 15년 후 효종 비 인선왕후가 세상을 떠나자 또다시 예송 논쟁에 불이 붙기 시작하였다.

이번에도 자의대비가 살아 있으므로 그녀가 상복을 얼마나 입어야 하는지를 놓고 논쟁이 벌어졌다. 대비가 상복을 1년 입느냐, 9개월 입느냐 하는 문제였다. 《주자가례》에 따라 효종을 장자로 간주하여 장자부로 보면 기년상(1년)이고, 차자부로 보면 대공상(9개월)이었기 때문이다. 말하자면 제1차 예송의 반복인 셈인데, 이를 '제2차 예송' 또는 '갑인 예송'이라고 한다.

효종이 죽었을 때에 서인들의 주장에 따라 차남으로 간주하여 자의대비는 3년 상복에 따르지 않고 1년 상복을 입었다. 이번에도 서인들은 효종은 차남이고 인선왕후는 작은 며느리가 되므로 9개월만 상복을 입어야 한다는 대공상을 주장했다. 그러나 남인들은 인선왕후가 비록 자의대비의 둘째 며느리이지만 중전에 올랐으므로 큰 며느리나 다름없으므로 자의대비가 1년 상복을 입는 기년상을 주장했다. 그러니까 시어머니로서는 큰 며느리가 죽었을 때에는 상복을 1년 입도록 되어 있었고 작은 며느리의 죽음에는 9개월 동안 입도록 되어 있었다. 인선왕후를 큰 며느리로 보느냐, 작은 며느리로 보느냐 하는 문제였다. 그리고 죽은 며느리가 큰 며느리라 하더라도 복을 입을 당사자인 시어머니가 첫 번째 부인인지 아닌지를 놓고도 따져 보아야 했다.

현종은 장인 김우명金佑明과 그의 조카 김석주金錫冑를 불러 의견을 물었다. 그때 두 사람은 남인의 기년설에 따라 1년 상복을 입도록 주장했다. 이들은 송시열을 제거하고 정권의 주도권을 잡기 위하여 남인과 결탁하여 기년설을 주장하고 나선 것이었다. 그리하여 현종은 남인들의 기년설을 받아들이고 결론을 내렸다.

이렇게 해서 조정에는 서인 세력이 후퇴하고 남인 세력의 힘이 한층 강력해졌다. 그런데 현종이 죽자 또 다시 예송에 대한 논란이 벌어졌다. 서인 송시열이 또 다시 예송을 들고 나선 것이다. 그러나 현종의 아들 숙종은 송시열을 유배시키고 남인의 윤휴, 허적許積 중심 세력으로 조정의 요직을 다시 개편했다. 그래도 예송 문제는 이것으로 끝나지 않았고, 성균관 유생들은 송시열의 주장이 옳다고 하면서 구명 운동을 벌였다.

그리고 서인으로 있다가 등을 돌리고 남인 주장을 두둔한 김석주가 이번에는 남인들에게 따돌림을 당하게 되었다. 그러자 그는 다시 서인 세력과 결탁하여 결국 남인 윤휴, 허적을 역모로 몰아 제거하는데 이것이 '경술대출척庚戌大黜斥'이다. 이 사건을 계기로 예송은 일단락된다.

이후 숙종은 예송을 거론하는 자에게는 누구를 막론하고 엄벌에 처한다는 명을 내려 예송은 잠잠해졌다. 이와 같은 남인과 서인 간의 성리학 이념 논쟁은 조선의 가장 특유한 붕당 정치 형태로 기록되고 있다.

ㅣ붕당 계보도

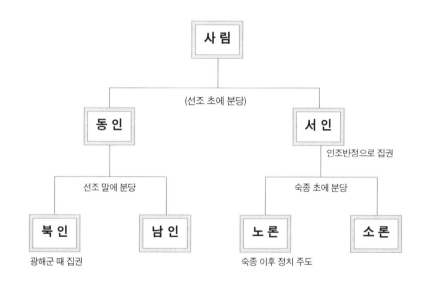

역사의 한 페이지

벽안碧眼의 외국인이 본 조선의 사회

"왕은 추위를 피할 수 있는 것은 무엇이든 사도록 허락해 주었다. 우리는 가죽을 가지고 두세 사람이 살 수 있는 집을 사기로 했다. 왜냐하면 고약한 주인들이 우리에게 매일 땔감을 구해오도록 잔소리를 했으며, 혹독한 추위에서 몇 킬로미터를 오가며 이것을 구하는 일은 익숙하지 않았기 때문이다."

"우리는 여생을 노예처럼 보내고 싶지 않았다. 그래서 이곳을 벗어나야 한다고 결심했다. 배가 필요했지만 누구도 우리에게 팔려고 하지 않았다. 우리는 이웃 중 한 명을 설득했으나 그것도 여의치 않았다. 그래서 다른 섬으로 양모를 구입하러 간다고 하자 다음날 배 한 척을 가지고 왔다. 어부는 우리가 많은 장비를 배에 싣자 다시 배를 되돌려 주길 바랐다. 우리가 탈출한다면 어부는 여지없이 죽임을 당할 것이 뻔하기 때문이었다."

네덜란드 인 H. 하멜은 1653년 1월 네덜란드를 출발하여 7월경 타이완에 도착했다. 거기에서 일본을 향해 가던 중 폭풍에 난파되어 8월 중순 제주도 부근으

| 하멜기념비

로 떠밀려왔다. 선원 64명 중 28명은 죽고, 하멜을 포함한 36명이 제주도에 들어왔지만 조선 관원에게 체포되었다.

그들은 제주도에 도착한 다음 해인 1654년 5월에 서울로 호송되었다가 전라도로 분산되어 이송되었다. 그리고 나서 1666년 9월 하멜 등은 읍성을 탈출하여 해변에 있는 배를 타고 일본으로 도망쳤고 1668년 7월에서야 네덜란드로 귀국했다.

하멜은 당시 조선에서 생활한 것을 토대로 《하멜 표류기》를 썼는데, 이 책은 한국을 유럽에 소개한 최초의 문헌일 뿐만 아니라, 14년간의 조선 생활과 조선의 여러 곳의 풍속과 사정을 상세하게 기록하고 있어 귀중한 자료로 평가받는다.

제19대 숙종 肅宗

붕당정치의 변질

숙종(1661~1720)은 현종과 명성왕후 김씨 사이에서 태어났다. 이름은 순煊, 자는 명보明譜이다. 7세 때 세자로 책봉되고 14세의 어린 나이로 왕위에 올랐다. 인경왕후仁敬王后 김씨를 비롯해 9명의 부인에게서 6남 2녀의 자녀를 두었다. 이들 중에서 인경왕후 김씨가 2녀, 인현왕후仁顯王后 민씨와 인원왕후仁元王后 김씨는 소생이 없었고, 희빈 장씨가 경종을 비롯하여 2남을 두었으며, 숙빈 최씨가 영조를 비롯한 3남을 낳았다.

사회 전반에 걸친 개혁

　수많은 정쟁은 당대의 수많은 인재와 명사들을 죽음으로 몰고 갔으며 붕당 정치의 폐단을 여실히 보여주었다. 정쟁의 격화는 붕당 정치의 온갖 폐단들이 폭발하면서 나타난 현상이기는 하나, 한편으로 보면 숙종이 왕권을 강화하기 위해 벌인 환국換局 정치의 결과이기도 했다. 또한 이런 왕권 강화는 숙종 대의 사회 체제 전반의 정비 사업에도 영향을 미치게 된다. 당시는 그때까지도 임진왜란의 후유증이 전국 곳곳에 남아 있었는데, 숙종은 왕권 강화를 바탕으로 획기적인 제도를 도입하여 민생 안정을 위하여 주력을 다한 것이다.

　먼저 전국적으로 대동법˙을 실시하여 농민의 부담을 덜어주었고, 광해군 때에 시작된 양전 사업을 다시 추진하여 서북 지방을 제외한 전국에 걸친 양전을 사실상 종결하였다.

　상업을 장려하기 위해 '상평통보'를 발행하여 유통시켰는데, 이는 조선 후기 상업 발달과

˙ 대동법
조선시대에 지방의 특산물을 바치던 공납 제도를 개선하여 토지 1결당 12두를 징수한 제도이다. 대동법의 시행으로 토지가 없거나 적은 농민에게 과중하게 부과되던 공물 부담이 줄어들었으나 이후 대동법의 운영 과정에서 폐단이 나타나 농민들은 다시 어려움을 겪게 되었다.

경제적 발전에 큰 영향을 미치게 된다. 또한 1676년에는 대흥산성, 황룡산성 등을 수축하였고, 1712년 북한산성을 수축하는 등 국방 문제에 대한 여러 조치를 취하였다. 국방 문제와 관련하여 영토 문제가 대두되자 1721년에는 청나라와의 국경을 확정하여 백두산 정계비를 세웠다.

문화적인 면에서는 성삼문 등 사육신이 복관되었고 노산군을 복위시켜 묘호를 단종으로 올렸다. 또한 소현세자 빈 강씨를 회빈으로 하는 등 왕실의 충역忠逆 관계를 재정립하기도 하였다. 또한 이 시기에《선원계보璿源系譜》,《대명례집大明集禮》,《열조수교列朝受敎》,《북관지北關誌》등이 편찬되었고,《신증동국여지승람新增東國輿地勝覽》,《대전속록大典續錄》,《신전자초방新傳煮硝方》등이 간행되었다.

노론과 소론으로 나뉘다

효종과 현종 대까지 송시열을 중심으로 뭉쳤던 서인 세력은 숙종 대에 이르러 노론과 소론으로 갈라지게 된다. 이들이 갈라서게 된 계기는 김석주가 서인으로 복귀하여 남인의 거두 허적이 유악(기름칠한 천막)을 남용한 사건과 허적의 서자 허견許堅의 역모 사건(삼복의 변)으로 남인을 대거 숙청한 경신환국庚申換局 후에 발생한 일이다.

경신환국 때, 서인들 사이에서는 남인을 탄압하는 방법과 강도에 대하여 격론이 벌어졌다. 서인의 노장과 김익훈金益勳은 남인을 강력하게 탄압해야 한다고 했고 소장파 한태동韓泰東은 유연하게 처리하자고 한 것이다. 이때 송시열은 노장파 계열이었으나 송시열의 제자 윤증尹拯은 소장파 계열이었다. 이들은 강온파로 나뉘어 사적인 감정 대립 상태까지 이른 터였다. 송시열과 윤증은 사제지간이지만 이때 이 두 세력의 관계는 돌아오지 못할 강을 건너고 만 것이었다.

이때부터 서인은 노장파 송시열 중심의 노론과 소장파 한태동 중심의 소론으로 분열되었다. 노론의 대표적인 인물은 송시열, 김만기金萬基, 김만중金萬重, 김석주, 김수항金壽抗, 김익훈 등이었고, 소론의 대표적 인물은 남구만, 박세채朴世采, 박태보朴泰輔, 오도일吳道一, 윤증, 한태동 등이었다. 그리하여 조정은 남인, 북인, 노론, 소론의 사색당파로 갈라졌다.

네 정파 중 정권의 주도권은 노론이 잡아 운영해왔다. 그러다가 1688년 숙종의 총애를 받던 장옥정이 왕자 윤昀을 낳자 숙종은 그녀를 희빈으로 봉하게 된다. 그리고 숙종은 윤을 왕세자로 책봉하려고 했는데, 이때 노론과 소론이 합세하여 반대하였다.

- 인현왕후 민씨(1667~1701)
15세 때에 가례를 올려 숙종의 계비가 되었다. 아름다운 외모와 바른 예의, 높은 덕성을 고루 갖춘 국모로서 숙종의 총애는 물론 백성들에게 존경을 받았다. 그러나 아이를 낳지 못해 숙종과의 사이가 점점 벌어지다가 소의昭儀 장옥정이 왕자 윤을 낳고부터 많은 수난을 겪었다. 1694년 갑술환국으로 복위되어 다시 궁궐로 돌아왔으나 젊은 나이에 요절하였다.
- 원자
임금의 맏아들

이때 송시열이 인현왕후 민씨가 아직 나이가 젊기 때문에 얼마든지 원자元子를 낳을 수 있다며 중국 송나라 때 철종의 예까지 들었다. 그러나 숙종은 이 말을 내놓은 지 5일 만에 반대파의 목소리를 누르고 윤을 왕세자로 책봉했다. 이때 숙종의 왕명에 정면으로 도전한다고 송시열, 김수항 등이 처형되었다. 또한 인현왕후 민씨는 폐위되었고 희빈 장씨가 중전으로 오르게 되었다.

노론과 소론의 격돌은 이후 경종과 영조 대까지 계속되었는데, 경종 대에는 소론이 우세한 경향이었고 영조 대에는 노론이 약간 우세했다. 한편 영조 대에 노론은 장헌세자 폐위와 관련하여 의견이 양분되어 다시 시파와 벽파로 갈라진다. 벽파는 사도세자의 죽음은 당연한 사실이라고 했고 시파는 불행한 죽음이라고 했다. 이때 소론은 시파의 주장을 두둔하였다.

이와 같이 시파와 벽파의 대립도 점차 치열해졌는데, 영조 치세 중에는 벽파의 세력이 막강했으나 정조 대에 와서 시파 세력이 강해지더니 순조 대에 와서는 다시 벽파의 세력이 강했다.

중전에 오른 장희빈

경신환국으로 조정의 주도권은 서인에게로 넘어갔다. 그러나 1689년 숙종의 후궁 희빈 장씨의 소생을 원자로 책봉하는 문제를 계기로 또다시 남인이 정권을 장악하는 사건이 일어나는데, 이것이 '기사환국己巳換局'이다.

숙종의 첫 번째 비는 인경왕후 김씨로 그녀는 서인의 노론파 김만기의 딸이었다. 그러나 숙종 6년에 자녀 없이 세상을 떠났고 다음에 맞이한 계비가 인현왕후 민씨였다. 그녀 역시 노론파 민유중閔維重의 딸인데 안타깝게도 자녀를 낳지 못했다. 그런 와중에 숙종이 총애하던 소의 장씨가 아들을 낳은 것이다. 이에 숙종은 소의 장옥정이 낳은 왕자 윤을 인현왕후의 양자로 입적시켜 원자로 결정하려고 했는데 서인들이 이를 반대하였다.

후궁 소생을 원자로 정하여 왕세자로 책봉하려는 것은 부당하다는 것이었다. 영의정을 비롯하여 이조, 호조, 병조, 공조, 대사간에 소속된 서인들이 모두 반기를 들고 일어났다. 그러나 숙종은 서인의 거센 반대에도 윤의 정호를 종묘사직에 올리고 소의 장씨를 빈으로 봉했다.

이에 노론의 송시열이 중국 송나라 신종의 고사를 인용하여 재차 상소를 올렸다. 송시열의 상소를 본 숙종은 국왕이 결정하여 이미 종묘사직에 고하여 원자로 확정한 사실을 놓고 부당하다고 하는 것은 왕을 능멸한 태도라고 하면서 분노했다. 그래서 숙종은 즉시 송시열의 관작官爵을 삭탈하여 외지로 보내고 서인 세력을 모두 제거했다. 숙종은 이번 사건에는 인현왕후 민씨에게도 책임이 있다고 하여 그녀를 폐비시키려고 하였다.

그러자 남아 있던 서인 86명이 민씨 폐비 반대를 위한 상소를 올렸다. 숙종은 여기에서도 굽히지 않고 노론측 박태보를 비롯하여 주동자를 유배시키고 중전 민씨를 즉시 폐위하였다. 또한 희빈 장씨를 중전으로 봉함과 동시에 윤을 왕세자로 책봉했다. 궁녀 장옥정이 중전까지 오르게 된 것은 왕자 윤을 낳은 공로도 있지만 정치권의 당쟁이 이 같은 결과를 이끌어낸 것이다.

희빈 장씨를 이용하여 여기까지 이르게 한 장본인은 조사석趙師錫과 동평군東平君 항杭이었다. 조사석은 인조의 계비 장렬왕후의 동생으로 남인 세력을 장옥정에게 연결한 인물이다. 조사석은 한동안 장옥정의 어머니와 내연 관계였으므로 장옥정이 조사석의 딸이라는 설도 나돌았다.

한편 동평군 항은 종친으로 당시 선혜청 제조提調를 보고 있었기 때문에 궁중을 자유롭게 출입할 수 있는 인물이었다. 장옥정의 오빠 장희재張希載가 이 점을 이용하려고 그에게 접근한 것이었다. 남인을 등에 업고 인현왕후 폐출에도 성공한 희빈 장씨가 중전에 오르자 남인 세력이 조정의 주도권을 장악하게 되었다.

중전으로 복위한 인현왕후

갑술환국甲戌換局은 서인들이 폐비된 인현왕후 민씨를 다시 중전으로 복위시키고 남인을 밀어낸 후 정권을 장악한 사건이다. 서인의 노론파 김춘택金春澤과 소론파 한중혁韓重爀이 1694년 폐비 민씨 복위를 주도했는데, 두 사람은 숙종이 희빈 장씨에게 크게 실망을 하고 인현왕후를 폐비시킨 것에 대해 후회하고 있다는 정보를 입수했다.

이들은 서인 세력을 다시 모아 인현왕후를 폐비에서 구원해야 자신들의 세력이 되살아날 수 있다고 생각했다. 그런데 얼마 지나지 않아 이들의 계획이 남인 민암閔黯에게 들통이 나고 말았다. 민암은 즉시 김춘택과 한중혁을 체포하여 조사를 시작했고, 이번 기회에 그는 서인들의 잔당을 뿌리 뽑으려고 했다.

그러나 숙종은 인현왕후가 폐비되고 희빈 장씨가 중전에 오른 후 그녀와는 오히려 멀어진 상태였다. 또한 남인들의 세력이 커지자 탄핵이나 견제할 만한 반대파가 없었기 때문에 권력 남용과 직무 태만 등 병폐가 하나씩 터져 나와 숙종은 불안한 상태로 접어들었다.

이때 숙종은 서인 세력이 폐비 민씨 복위 운동을 전개하고 있다는 사실을 숙빈 최씨를 통해 들었다. 그는 남인들이 서인의 잔당까지 모조리 제거하려고 한다는 최씨의 말을 듣고, 민암 등 남인의 거물급부터 제거해 나갔다. 그리고 훈련청, 어영청 등에 서인 중 소론을 물색하여 교체하였다.

서인들은 전부터 중전 장씨와 숙빈 최씨 사이가 나쁘다는 사실을 알고 최씨에게 접근하여 정보를 교환해 오던 터였다. 그래서 그녀에게 숙종에게 희빈 장씨의 교만과 방자를 낱낱이 고하도록 조정한 것이다. 그리하여 숙빈 최씨는 중전 장씨에게 시달려 온 사실 등을 숙종에게 알렸고, 동시에 서인들의 민씨 복위 운동에 관한 상황도 세세히 보고했다.

숙종은 점차 중전 장씨와 남인들을 신뢰하지 않게 되었고, 결국 남인들의 민씨 복위 운동에 관한 보고를 듣기도 전에 남인 중진들을 유배시키고 장씨를 중전에서 희빈으로 강등시켰다. 그리고 폐비 민씨는 중전으로 복위되었고 송시열을 비롯한 서인 노론파 등은 복관되었다. 이에 따라 남인은 완전히 정권에서 밀려났으며 조정은 서인 중 소론이 주도권을 잡게 되는

데, 이것이 '갑술환국'이다.

그런데 소론은 '무고巫蠱의 옥'으로 인해 다시 노론에 주도권을 내주고 만다. 무고의 옥은 희빈 장씨가 취선당에 신당을 꾸며 놓고 중전을 저주했다 하여 결국 사사되는 사건을 말하는데, 이로 인해 장희빈을 지지하던 남인 세력이 조정에서 거의 제거되어 조정의 세력 판도가 뒤바뀌게 된다.

갑술환국으로 서인 중 소론이 주로 청요직에 올라 정치 주도권을 쥐고 있었다. 그러나 소론파는 장씨 소생 세자를 은연중에 지지하는 상태였고 희빈 장씨에게도 약간의 동정심을 가진 상태였다.

갑술년에 숙종은 특별히 비망기備忘記를 내려 중전 민씨가 입궐하면 즉시 별궁에 거처하도록 하고 예복을 준비하여 중전 민씨에게 보냈다. 그리고 중전 행차에 따른 예우를 하여 입궐하도록 했다. 그러나 중전 민씨는 대궐에서 보낸 화려한 연輦(왕이 거동할 때 탄 가마)을 사양하고 죄인의 신분으로 궁궐을 나올 때 타고 나온 교자를 그대로 타고 들어가겠다고 했다. 이것은 평소 인현왕후의 겸손함과 덕망을 보여주는 것이라 하겠다.

중전이 입궐하자 숙종은 직접 마중 나가 가마의 발을 올리고 부채를 흔들었다. 이에 중전 민씨는 감격하여 울먹이면서 땅바닥에 엎드렸고, 왕은 나인들에게 그녀를 급히 안으로 모시도록 했다.

중전 민씨는 지난날의 고초는 조금도 생각하지 않고 젊은 날의 꿈으로 흘려보냈다. 다만 진정으로 숙종을 섬기는 데에 정성을 다했다. 그녀는 중전으로서 품위를 잃지 않고 세자와 궁궐의 궁녀들에게도 자상함을 보였다. 그런데 조용하고 화평한 궁궐 분위기를 이끌면서 숙종을 극진히 섬기던 민씨가 병이 들었다. 내의와 어의들이 번갈아 가면서 명약을 처방하고 치료를 했지만 병세는 조금도 나아지지 않았다. 병상에 누워 있은 지도 벌써 수개월이 지나자 아름답고 단아한 본래의 모습은 보이지 않았다. 뼈만 앙상하고 피부는 탄력을 잃었다.

더는 병상에서도 버틸 수 없었고 회복될 희망을 잃은 지 오래되었다. 숙종도 중전 민씨의 안타까운 모습이나마 오래 더 볼 수 없다는 것을 알고 뵙기를 청했다. 연락을 받은 중전은 궁녀들의 부축으로 겨우 일어나 몸을 깨끗이 씻고 단정히 앉아 임금을 기다렸다.

임금이 들어오자마자 중전은 아무 말 없이 눈물만 흘리다가 "성상의 천은과도 같은 은혜를 입고 한 점도 갚아드리지 못하고 신첩이 먼저 눈을 감게 된 것을 용서하십시오. 바라옵건대 성왕께서는 백세까지 평안하시고 건강하시어 만백성에게 무궁한 복이 되게 하소서"라고 말했다. 이어 숙빈 최씨와 세자에게도 성상을 극진히 모시라는 유언을 남기고 고요히 눈을 감았다. 이때가 1701년 중전 민씨의 나이 35세 때이다.

숙종은 물론이고 나라 전체가 슬픔에 잠겨 있었다. 이때 취선당 서쪽에서 신당이 발견되었다. 정황을 알아보니 희빈 장씨가 신당을 차리고 무당을 불러 굿을 하고 중전 민씨가 하루 속히 죽기를 저주하던 곳이었다. 희빈 장씨는 그곳에서 다시 중전으로 복위할 날을 간절히 빌고 있었던 것이다.

이와 같은 취선당의 신당은 엄청난 정치 쟁점으로 확대되었다. 숙종은 이 사건의 진상을 보고 받고 진노하여 즉시 장희빈과 그의 오빠 장희재를 사형하도록 명을 내렸다. 그런데 소론파 남구만이 앞장서서 후에 세자에게 정신적으로 닥쳐 올 충격을 생각하여 사형까지는 시키지 말자고 했다.

그러나 노론측은 숙종의 명대로 실천에 옮겨야 한다고 했다. 숙종은 노론측의 주장대로 장희빈에게 사약을 내렸고 장희재와 무속인 그리고 여기에 동조한 궁녀들까지 모두 처형했는데, 이 사건을 무속 신앙에서 비롯되었다 하여 '무고의 옥'이라 한다. '무고의 옥'으로 조정에서 주도권을 잡고 있던 소론이 파면되거나 유배되었고, 노론이 대거 조정에 진출하게 된다.

붕당 정치의 재구성

붕당 정치 초기에는 언론 기관인 3사를 중심으로 토론을 통해 공론을 형성하였다. 상대 당의 존재와 비판을 인정하고 합리적인 정책을 제시하여 건전한 정치를 전개한 것이다. 그런데 점차 학풍이 다양해지면서 붕당도 증가하여 학문적 경쟁과 정책 경쟁이 전개되었고, 붕당 간의 대립과 다툼이 격화되었다.

이에 따라 숙종 대에 서인은 노론과 소론으로 갈라졌다. 노론은 송시열을 중심으로 하는 노장파로 성리학만을 고집했다. 반면 소론은 한태동을 중심으로 하는 소장파로 기존 성리학에 양명학이나 노장 사상 등을 융통성 있게 수용할 줄 알았다.

동인도 남인과 북인으로 나뉘었다. 선조 이후 새롭게 등장한 동인 세력들은 원칙에 철저하여 척신 세력을 완전하게 없애야 한다고 주장했으며, 사림 정치의 실현을 강력하게 주장했다. 이들은 이황과 조식, 서경덕의 학문을 계승한 다수의 신진 세력들이 참여했고, 일명 영남 학파라고도 한다. 그리하여 조정은 남인, 북인, 노론, 소론의 사색당파로 갈라졌다.

기사환국 때는 남인이 정권을 장악했지만, 곧 갑술환국으로 남인이 대거 축출되고 노론과 소론이 정계를 주도하게 되었다. 그 후 영조 대에는 실질적으로 노론이 정계를 장악하게 되어 소론과 남인들이 그들을 비판하면서 노론을 반대했다. 그러나 노론과 남인은 사도세자의 죽음으로 이합집산이 된다. 사도세자에 대한 영조의 처분은 당연하다는 벽파와 사도세자의 잘못은 인정하지만 죽음은 지나친 처사라는 시파로 나뉘게 된 것이다.

┃ 우암 송시열(국립중앙박물관 소장)

이처럼 조선시대에는 자신들의 정치적 의견에 따라 이합집산을 하고, 다시 같은 의견을 갖는 사람끼리 붕당을 만들게 되었다.

일제 식민사학자들은 이러한 붕당의 원인을 우리 민족의 당파성 때문이라고 하였다. 요즘에는 이런 시각이 많이 개선되었지만 여전히 붕당에 대한 곱지 않은 시각이 많다. 하지만 당시에 붕당이 생겨난 것은 다양한 의견과 견해 차이 때문이었다. 실제로 《당의통략黨議痛略》에서는 붕당의 원인을 '싸움의 규칙이 너무 깨끗하고 높았기 때문'이라고 지적하고 있다. 그러므로 붕당 간의 치열한 대립은 무조건 나쁘다는 선입견을 버리고 조선시대에 오랫동안 지속되어 온 정치의 형태라고 받아들일 필요가 있다.

제20대 경종景宗

노·소 대립의 격화

1720
경종 즉위

1721
신축옥사

1722
임인옥사

1724
경종 사망

경종(1688~1724)은 숙종과 희빈 장씨 사이에서 태어났다. 이름은 윤昀이고 자는 휘서輝瑞이다. 정비는 청은부원군靑恩府院君 심호沈浩의 딸 단의왕후端懿王后 심씨이다. 1690년 송시열 등이 반대하는 가운데 세자에 책봉되었으며, 1720년 왕위에 올랐다. 부인은 2명으로 정비는 단의왕후이고 계비는 어유구魚有龜의 딸 선의왕후宣懿王后인데, 자녀는 두지 못했다.

심신이 나약한 왕

경종은 즉위 3년 후 독도가 조선의 영토임을 확증시키는 《약천집藥泉集》을 약천 남구만에 의해 출간시키는 등 국정에 노력했다. 그러나 잔병이 많아 육체적으로 많은 고통을 겪었고 아이를 낳지 못하였으며 재위 기간 동안 당쟁이 계속되어 뚜렷한 치적을 남기지도 못했다. 결국 그는 4년이라는 짧은 치세를 마치고 승하하였고, 게다가 아버지 숙종에 의해 어머니 장희빈이 사사되는 것을 보고 왕위에 오른 비운의 왕이었다. 장희빈이 사사될 때 그의 나이는 14세 소년이었는데, 그 뒤로 그는 계속 원인을 알 수 없는 의문의 병으로 시달렸다.

숙종은 1716년 노론 중심으로 조정을 구성하고, 다음 해에 좌의정 이이명李頤命을 불러 숙빈 최씨의 소생 연잉군延礽君(영조)을 후사로 정할 것을 부탁했다. 이는 세자의 몸이 허약한데다 아이를 낳지 못할 것 같으므로 일찍부터 후사를 바꾸어 결정해놓자는 것이었다. 그리고 숙종은 연잉군을 세자로 바꾸지도 않은 상태에서 대리청정을 명하기도 했다. 윤을 사실상의 세자로 인정하지 않은 결정이었다.

그러자 세자를 두둔하던 소론측의 반발이 일어났다. 소론은 이미 오래전에 결정한 세자를 몸이 약하다고 트집 잡아 교체하려고 한다며 반발하고 나섰다. 이에 따라 조정은 세자 윤을 지지하는 소론과 숙빈 최씨의 소생인 연잉군을 지지하는 노론으로 갈라져 당쟁이 치열해졌다.

세자 윤은 나이도 30세가 되었고, 정사에도 어느 정도 익숙한 편이었다. 그리고 조정 대신들의 충성심도 흔들리지 않았다. 그런데 몸이 본래부터 약한데다 부왕의 장례에 너무 무리하여 병세가 더 악화되었다. 사람들은 그가 성격도 부드럽고 인정이 많아 몸만 건강했다면 백성을 위한 어진 정치도 가능했을 것이라고 했다.

당시 조정의 권력은 노론측이 독점한 상태였고 경종은 병석에 누워서 국정 보고를 받는 경우가 많았다. 의식이 희미할 때에는 그나마도 대신들의 보고나 국정에 관여하지 못했다. 승지나 사관 궁녀와 내시들까지 경종의 건강으로 정사 처리가 혼탁한 틈을 이용하여 상소문이나 중요한 주청이 들어올 때에는 즉시 올리지 않았다.

한동안 제멋대로 유보시켰다가 왕의 건강이 회복되면 자신들에 유리한 방향으로 진행하였고 생색을 내어 처리했다. 관료들의 당쟁 위에 서 있는 임금이 육체와 정신까지 모두 나약하게 되자 국정 운영은 약삭빠른 관리나 사리사욕에 밝은 측근 손에 따라 움직이는 꼴이 되었다.

왕권 교체를 꿈꾸는 자들

경종이 즉위할 당시부터 노론 세력이 정권을 장악하고 있었다. 이들은 경종의 건강이 갈수록 악화되고, 또한 30세가 넘도록 자녀를 낳지 못한 약점을 내세워 세제를 책봉할 것을 주장하고 나섰다.

결론은 경종 자신이 결정할 문제였다. 그러나 경종은 망설일 필요도 없이 노론의 주장을 받아들여 연잉군을 세제로 책봉했다. 그런데 연잉군이 세제로 오르고 두 달 뒤 노론은 연잉군이 다음 임금 자리에 오를 것이 확정됐으므로 대리청정을 해야 국정이 순리대로 움직인다고 주장하였다. 즉각 소론의 반발이 터져 나왔다. 이들은 임금을 적극 보호하여 왕권의 혼란을 사전에 막아야 한다고 나섰다.

이번 결정 역시 경종이 해야 했다. 그는 자신의 건강에 자신이 없었던지 이번에도 노론의 주장대로 세제의 대리청정을 받아들였다. 그러자 소론은 더욱 강하게 반발하였다. 경종은 소론측의 반발이 너무 거세지자 대리청정을 취소하고 다시 친정 체제로 돌아섰다.

그러다가 또다시 병이 악화되어 대리청정으로 국정을 움직이다가 건강이 약간 회복되면서 다시 친정 체제로 돌아섰다. 이와 같은 대리청정 번복을 몇 차례 거듭하는 동안 노론과 소론 간의 당쟁은 더욱 깊어졌다.

이런 와중에 1721년 소론 중에서 경종의 신임을 받던 김일경金一鏡이 노론을 공격하는 상소를 올렸는데, 그 파장은 실로 엄청난 것이었다. 이 탄핵 상소는 노론의 영의정 김창집金昌集, 좌의정 이건명李健命, 판중추부사 조태채趙泰采, 영중추부사 이이명 등 4대신을 '왕권 교체를 위한 역모의 주동자'라고 공격하는 내용이었다.

이 사건으로 노론의 네 사람은 파직되어 김창집은 거제로, 이이명은 남해로, 조태채는 진도로, 이건명은 나도로 유배되었다. 그 밖에도 노론측 관리들이 파직되거나 지방으로 좌천되었다. 그리고 나서 경종은 소론 대신을 삼정승에 올렸는데 영의정에는 조태구趙泰耈, 좌의정에는 최규서崔奎瑞, 우의정에는 최석항崔錫恒을 임명했다.

이렇듯 소론이 조정의 청요직을 장악한 뒤에 노론 제거 작업에 더욱 박차를 가했다. 그러던 중에 남인 출신 목호룡睦虎龍이 노론을 탄핵하는 사건을 들고 나섰다. 노론이 환관·궁녀들과 결탁하여 자객을 침투시켜 왕을 시해하는 대급수大急手, 음식에 독약을 타서 독살하려는 소급수小急手, 경종의 폐출을 도모하는 평지수平地手의 이른바 3급수三急手로 경종을 시해하려고 모의까지 했다는 것이다. 그는 모의 관련자들이 노론에서 파직되어 유배된 4대신들의 아들이거나 측근들이라고 하며 구체적 내용까지 터뜨렸다.

목호룡이 터트린 사건을 소론이 철저히 조사하고 국청을 설치하였다. 유배된 4대신을 한양으로 압송하여 조사 하고 처형했다. 그밖에 50여 명이 맞아 죽거나 처형됐고 가족이라는 이유만으로도 처형된 자가 십여 명이었다. 그리고 스스로 목숨을 끊은 자도 십여 명이었다. 이때 화를 당한 사람이 무려 173명이나 되었고 목호룡은 이 사건을 터트리고 나서 소론의 천거로 동지중추부사의 벼슬을 받았다. 이 사건이 신축년(1721년)과 임인년(1722년)에 걸쳐 발생된 사건이라 하여 '신임옥사辛壬獄事'라고 한다.

경종을 죽음으로 몰고 간 게장과 생감

신임옥사로 노론의 4대신을 제거한 소론은 경종의 왕위를 넘보고 있었다. 또한 소론의 김일경과 선의왕후 어씨는 양자를 들여 후사로 삼고 경종을 왕위에서 끌어내리려고 하기도 했다.

이런 와중에 경종은 갑작스럽게 죽음을 맞았다. 경종의 죽음은 엄청난 파문을 일으켰고, 그가 독살되었을지도 모른다는 소리가 하나둘 들리기 시작했다. 정치적으로도 경종은 노론의 제거 대상이었고, 의학적으로도 검안시 시체의 피부가 검은색이었다고 한다.

경종은 어머니 희빈 장씨가 죽은 뒤부터 점점 내성적으로 변해갔다고 한다. 누적된 근심과 두려움이 병이 되어 급기야 화병이라는 형태로 표출되었고, 상태가 더욱 악화되었다. 경연도 오랫동안 폐지하고 말수도 점점 적어져 침묵으로 일관한 경우가 많았다고 한다.

재위 4년째로 접어든 1724년, 경종은 수라 들기를 꺼리고 한열寒熱의 증세가 심해졌다. 어의들이 온갖 약재를 써도 소용이 없었고, 가슴과 배가 조이듯이 아프다고도 했다. 경종의 식욕이 부진하자 대비와 연잉군이 게장과 생감을 올렸다. 그런데 경종은 게장과 생감을 먹은 뒤 다음날부터 복통과 설사에 시달리다가 의식마저 잃어버리더니, 갑자기 상태가 나빠져 5일 만에 사망하고 말았다. 경종이 죽고 영조가 왕위에 오르자 전국에서 경종이 독살당했다는 벽서가 끊임없이 붙기 시작했다. 실제로 신치운申致雲은 "신은 (경종이 죽은) 갑진년부터 게장을 먹지 않았다"고 영조의 면전에서 대들기도 했다.

경종 독살설은 신임옥사 이후 왕실의 후계권을 둘러싼 노론과 소론 간의 대립과 갈등의 산물이었다. 영조의 즉위는 노론의 재집권을 의미했고, 이에 대한 불만이 독살설이란 형태로 표출된 것이다. 그러나 경종 독살설은 영조 때에도 끊임없이 제기되었고, 이에 울분을 표시한 사대부와 백성들도 많이 있었다. 영조는 이들을 제거하는 방식으로 경종의 독살설을 무마하였다.

제21대 영조 英祖

탕평의 시대

영조(1694~1776)는 숙종과 숙빈 최씨 사이에서 태어났다. 이름은 금昑이고, 자는 광숙光叔이며 6세 때 연잉군에 봉해졌고 27세 때 왕세제로 책봉되었다. 조선 역대 왕 중 가장 장수를 누렸으며 왕위에만 52년 동안 있었다. 영조는 부인이 6명이고 2남 7녀를 두었다. 그러나 정비 정성왕후貞聖王后와 정순왕후貞純王后는 아이를 낳지 못하고, 정빈 이씨가 효장세자孝章世子를 비롯해 1남 1녀, 영빈 이씨가 사도세자思悼世子를 비롯해 1남 3녀를 두었으며 다른 후궁에게서 2녀를 얻었다.

1750
균역법 실시

1762
사도세자 사망

1776
영조 사망

보복은 보복을 부를 뿐

'탕평'이란 《서경書經》의 〈홍범주구洪範九疇〉 편에 나오는 '탕탕평평蕩蕩平平'에서 각각 '탕蕩'자와 '평平'자를 따서 배합한 용어로 왕도는 공평무사하다는 뜻을 나타내는 말이다. 숙종 20년에 붕당의 폐단을 시정키 위해 소론의 박세채가 가장 처음 탕평책이란 말을 사용했지만, 당시에는 누구도 이에 관심이 없었다.

영조는 등극하자마자 세자 시절 자신을 곤궁에 빠뜨린 신임옥사에 대한 책임을 추궁했다. 이때 마침 노론의 송재후宋載厚가 신임옥사의 주모자급인 소론의 김일경을 단죄해야 한다고 상소를 올렸는데, 김일경이 직접 작성한 문건 내용 중에 세 문건에는 연잉군이 경종을 죽이려는 극악무도한 인간으로 기록되어 있었다는 것이다.

이 사실이 전국에 퍼져 김일경에 대한 비판이 일어났다. 영조는 직접 그를 불러 국문하고, 남인의 목호룡도 이때 함께 잡아다가 처형했다. 다음 해에는 신임옥사 때 노론 4대신을 역적으로 모는 데에 동조한 이진유李眞儒 등 6명을 밝혀내어 유배시켰다. 영조는 소론의 월권 행위를 계속 파헤쳐 영의정 이광자, 우의정 조태억趙泰億 등을 밀어내고 노론의 민진원閔鎭遠, 정호 등을 조정에 등용했는데 이것을 '을사처분乙巳處分'이라고 한다. 을사처분을 통해 노론이 집권의 명분을 인정받았다면, 영조는 왕권의 합법성을 확보한 셈이었다.

정호와 민진원이 조정에 등용되자 신임옥사에 대한 보복을 주장했다. 그러나 영조는 이를 반대하고 나섰다. 그는 즉위 후 인재를 고르게 등용하는 탕평책을 펼치고 있었기 때문에 더는 노론의 보복으로 조정을 시끄럽게 하고 싶지 않았다. 그래서 그는 오히려 보복을 들고 나온 노론의 민진원과 정호를 파직하고, 집권 초기에 내보냈던 소론의 이광좌, 조태억을 다시 불러 정승자리에 올렸다. 이 사건을 '정미환국丁未換局'이라 한다.

이처럼 영조는 탕평책이라는 정치 수단을 이용하여 보복은 다시 보복을 불러들이고 폭력을 폭력으로 대처하려는 당쟁의 병폐를 바꾸어 놓으려 시도한 것이다. 그가 을사처분으로 소론을 제거한 것은 정치적 보복이 아니고 명예 회복을 위한 것이었다. 그러자 노론은 지금이 소론을 완전히 제거해 버리기에 적당한 때라고 생각했지만, 영조는 정치 보복이 있어서는 안 된다는 굳은 신념에는 변함이 없었다. 그래서 결국 영조는 정권을 쥔 노론 세력을 갈아 치워야만 사태가 잠잠해질 것이라 생각하여 을사처분의 내용을 뒤엎고 소론 인사들을 대대적으로 석방·등용하였다.

이로써 정권을 잡은 소론은 영조의 눈치를 살피며 이전처럼 노론을 치죄하자고 나오지는 못하였다. 따라서 영조 치하의 소론 정권은 노론 세력과 공생을 도모하는 수밖에 없었다. 이는 노론과 소론 간의 오랜 당쟁과 정치적 보복의 악순환을 단절할 수 있는 좋은 기회였다. 그러나 1728년 이러한 소론의 좁은 입지에 찬물을 끼얹은 사건이 일어나는데, 그것이 '무신란戊申亂'이다.

노론과 소론을 고루 등용하다

경종이 죽고 나서 정치적 입지를 잃게 된 소론은 노론이 지지하던 영조가 즉위하자 심각한 부담을 느끼게 되었다. 이에 박필현朴弼顯 등 소론의 과격파들은 영조가 숙종의 아들이 아니라며 무력으로 영조와 노론 세력을 제거하고자 했다. 그리고 나서 밀풍군密豊君 탄坦(소현세자의 증손자)을 왕으로 추대하려고 하였다. 이 사건은 많은 지방의 사족과 토호들의 열렬한 호응을 받았다. 반란의 주모자는 호남의 박필현, 호서의 이인좌李麟佐, 영남의 정희량鄭希亮 등 3인이었다.

이인좌는 1728년 3월 15일 청주성을 함락하고 한양으로 북상하였지만 안성과 죽산에서 관군에 의해 격파되었다. 영남에서는 정희량이 군사를 일으켜 영남 지역 일부를 점령하였으나 관군에 의해 토벌당했다. 호남에서는 모의가 사전에 노출되어 박필현 등이 체포되어 처형당하였다. 이 사건은 무신년에 일어났다고 하여 '무신란'이라고 한다.

무신란으로 소론은 더욱 약화될 수밖에 없었다. 그러나 영조는 이를 소론 탄압에 이용하지 않았다. 오히려 이를 탕평의 명분으로 삼았고, 이후 탕평책은 영조 대의 정국 운영에 가장 큰 원칙이 될 수 있었다. 또한 이로써 영조는 왕권을 강화하고 정국 안정을 도모할 수도 있었던 것이다.

영조는 1729년 기유처분己酉處分으로 노론과 소론을 고르게 등용하여 정국의 기초를 튼튼하게 다져나갔다. 다시 말해 노론 한 사람을 기용하면 소론도 한 사람을 기용하는 식으로 탕평책을 실시하였는데, 이를 '쌍거호대雙擧互對'라고 한다. 그는 이런 방침에 따라 두 당을 모두 기용하고 때로는 남인과 소북도 적절히 기용하였다.

당시에 이렇게 기용된 인물들을 '탕평당'이라고 부르기도 하였다. 이러한 영조의 비상한 노력과 인내를 바탕으로 이룩한 탕평책은 이후 한층 강화된 왕권 속에서 쌍거호대의 방식을 극복하고 인재 중심의 인사 정책으로 발전해 나갔다.

조선의 르네상스

영조 대에 가장 주목할 만한 것은 탕평책의 실시로 인해 왕권을 강화시킬 수 있었다는 점이다. 또한 이를 바탕으로 사회 전반에 걸쳐 새로운 발전을 이룩하는 성과를 낳기도 했다. 먼저 1725년 영조는 죄수들의 인권 신장을 위해 압슬형壓膝刑을 폐지하고, 사형을 받지 않은 자가 죽었을 때 죄를 추가로 내려 또다시 죽이는 부관참시 형벌을 금했다.

▪ 쌍거호대
쌍거호대는 영조가 유일하게 사용한 탕평책의 대표적인 정책이다. 이 외에도 죄를 주더라도 함께 주는 '양치양해兩治兩解'와 노론과 소론 중 어느 쪽이 충직한지 관여하지 않는 '시비불분是非不分'이 있다.
▪ 압슬형
조선시대 고문의 일종. 무거운 널판을 무릎에 올려놓고 그 위에 무거운 물건을 또 올려놓아 짓누르는 형벌이다.

4년 뒤에는 사형수에게 삼복법三覆法을 실시하도록 하여 초심, 재심, 삼심을 거치도록 하였다. 그리고 정식 판결을 거치지 않고 사적으로 사람을 함부로 죽이는 개인 형벌은 누구를 막론하고 금지했다. 또한 백성들의 억울한 사정을 영조가 직접 알아보기 위해 한때 실시했다가 없어진 신문고를 부활시켰다.

또한 영조는 균역법均役法을 실시하였는데, 이 제도의 실시로 양민들이 제3자에게 국방의 의무를 대신하도록 하고 내는 세금을 포목 2필에서 1필로 줄여 백성들의 군역에 대한 부담을 덜어주었다. 또한 탈세 방지를 위해 오가작통법五家作統法을 철저히 실시하였고 가뭄과 홍수에 대비하여 농업 생산성을 높이기 위해 방죽과 수리 사업에도 치중했다. 그리고 1729년에는 궁궐 소속의 농지와 병영에서 관리해온 둔전에도 일정량은 공제하고 나머지 생산량에 따른 수확에는 세금을 부과했다. 1763년에는 조엄趙曮이 통신사로 일본에 갔을 때 우연히 고구마를 가지고 와 재배에 성공하여 이후 흉년 시에 굶주린 백성들을 위한 구황 식량으로 큰 역할을 하게 되었다.

사회적인 신분에 따른 불공평한 폐단도 개선되었다. 본래 천민들에게는 국가에 대한 의무와 권리가 거의 적용되지 않았거나 분명한 규칙이 없었는데, 공사천법公私賤法을 만들어 신분에 알맞은 권리와 의무를 가지도록 했다. 또한 남자가 천민이라도 양민의 배우자와 혼인을 하여 낳은 딸이면 양민 신분이 되도록 하고 아들일 때에는 천민으로 남도록 했다. 반대로 남자가 양민일 경우는 아들은 아버지 신분을 이어받고 딸은 어머니 신분을 이어받도록 하였다. 서자 출신은 학문이나 부모 신분과 관계없이 관리로 등용될 수 없었던 것을 바꾸어 관리 등용의 길을 터놓았다.

국방 정책에서는 국방을 튼튼히 하기 위해 수어청에서 새로운 조총을 생산하도록 하고 화기를 개량 생산했다. 임진왜란 때 이순신 장군에 의해 용맹을 떨치던 해군력을 부활시키려고 해골선海鶻船을 제작하여 통영 앞바다에 띄웠다. 또한 평양에 중성을 구축하고 강화도 외곽 성벽을 개축했다.

문화 면에서는 《퇴도언행록退陶言行錄》을 출간, 퇴계 이황의 학문을 널리 보급하고 《경국대전》을 증보, 개정하여 출간토록 했다. 1770년에는 우리나라 최초의 백과 사전인 《동국문헌비고東國文獻備考》를 출간하였다. 영조 자신이 쓴 글도 많았는데 《악학궤범樂學軌範》 서문을 비롯하여, 자서전인 《어제자성편御製自省篇》, 《위장필람爲將必覽》, 《어제경세문답御製警世問答》, 《백행원百行源》, 《어제경세편御製警世編》 등 10여 권이 있다.

영조는 학문에 깊은 관심을 가지고 직접 연구하면서 신학문 학자들을 많이 지원했다. 그 결과로 유형원柳馨遠의 《반계수록磻溪隨錄》, 신경준申景濬의 《도로고道路考》, 홍대용洪大容의 《연행록燕行錄》 등의 책이 출간되었다.

■ 홍대용(1731~1783)
홍대용은 북학파 실학자인 박지원, 박제가와 친교를 맺었으며, 43세 때 처음 관직에 나가 사헌부 감찰을 거쳐 태인현감과 영천군수 등을 지냈다. 그는 평소에 선진국의 신학문에 매력을 느끼다가 숙부 홍억洪檍을 따라 청나라 북경에 들어갔다. 그곳에서 문인 육비陸飛, 엄성嚴誠, 반정균潘庭筠 등과 역사, 종교, 풍속 등의 학문을 깊이 있게 논하였다. 홍대용의 학문 사상을 집약시킨 책이 《담헌서湛軒書》인데, 여기에는 지구가 움직인다는 지전설과 우주 무한론이 나오고 인간의 생명론에 대한 새로운 시각이 들어 있다.

뒤주에서 죽은 사도세자

1762년 5월 영조는 창경궁 휘영전에서 사도세자를 불렀다. 세자는 영조가 화가 난 상태에서 자신을 찾는다는 말을 듣고 무서워 동궁에서 꼼짝하지 않았다. 그러자 영조는 휘영전이 떠나갈 듯 다시 세자를 불렀다. 그 목소리가 동궁까지 쩌렁쩌렁 울리자, 세자는 급히 달려가 부왕 앞에 엎드렸다.

"너의 죄는 네가 더 잘 알 것이다. 궁녀를 함부로 죽인 죄, 기녀와 비구니를 농락한 죄, 임금에게도 알리지 않고 관서 지방을 다녀온 죄, 이 밖에도 입에 담을 수 없이 망측한 죄를 범했다. 네가 한시라도 빨리 죽어야 나라가 평온할 것이다. 만약 죽지 않고 이대로 살아간다면 이 나라는 반드시 망하고 말 것이다. 그러니 너의 이름과 종묘사직을 더럽히지 않으려면 스스로 목숨을 끊어라."

영조가 이렇게 호령하자, 세자는 울먹이며 애원하였다.

"제발 한 번만 용서해주시면 다시는 그런 일을 되풀이하지 않겠나이다."

그러나 영조의 결심은 요지부동이었다. 옆에 있던 혜빈 홍씨가 영조의 마음을 풀어드리기 위해 세손을 휘영전으로 데려왔다.

세손이 영조의 곤룡포를 붙잡고 애원하였다.

"할아버지, 제발 제 아비를 살려 주시옵소서."

하지만 영조는 세손의 말을 들은 체도 하지 않았다. 그는 내관을 부르더니 명을 내렸다.

"어서 가서 뒤주를 가지고 오너라."

그러자 내관들이 소주방燒廚房(궁궐 안의 음식을 만들던 곳)으로 가 뒤주를 들고 나왔다. 혜빈 홍씨도 남편을 살릴 수 있는 방법이 없다고 생각하고 먼저 자결하려고 했으나, 주변 궁녀들의 만류로 그렇게 하지 못하였다. 이때 세자가 다시 한 번 애절하게 울먹이며 말했다.

"아바마마, 한 번만 용서해주시면 앞으로는 글도 열심히 읽고 하라는 대로만 하겠사옵니다."

영조는 세자를 번쩍 들어 뒤주에 넣은 다음 뚜껑을 덮고 사방에다 대못을 박았다. 그러고 나서 풀을 그 위에 쌓아올렸다. 뒤주 속에 갇힌 세자의 비명소리가 들렸고, 그가 몸부림치는 바람에 뒤주가 들썩거렸다. 고통을 호소하는 세자의 절규가 들렸지만 왕명에 따라 아무도 접근할 수 없었다. 그렇게 일주일이 흘렀고 뒤주 속에서는 아무런 소리도 들리지 않았다. 대궐 내의 분위기는 싸늘해지기 시작했다.

이렇게 사도세자는 28세의 나이에 비참한 모습으로 세상을 떠났다. 세손도 이 광경을 지켜볼 수밖에 없었다. 그 후 세손(정조)이 왕위에 올라 어머니를 위해 자경궁을 지어 그곳에 모시고, 아버지 사도思悼를 장헌莊獻으로 추존하였다가 다시 장조莊祖로 추존하였다. 또한 장헌왕의 사당이라 하여 경모궁을 세워 그곳에 모셨다.

제22대 정조 正祖

문예 부흥의 시대

정조(1752~1800)는 영조의 손자로 아버지는 사도세자이며, 어머니는 영의
정 홍봉한의 딸 혜경궁 홍씨이다. 이름은 산祘이고 자는 형운亨運이다. 8세 때
왕세손에 책봉되고, 25세 때 왕위에 올랐다. 청원부원군青原府院君 김시묵金
時默의 딸 효의왕후孝懿王后를 아내로 맞았는데, 부인은 5명이고 이들에게서
4명의 자녀를 얻었다.

홍국영의 세도 정치와 그의 몰락

정조는 즉위와 동시에 영조의 탕평책을 계승할 것임을 밝혔다. 또한 탕평을 위해 측근 세력을 철저히 배제하려고 했다. 그래서 정조는 즉위하자마자 외척 세력인 홍인한洪麟漢과 정후겸鄭厚謙 등을 제거하였다. 그리고 홍국영을 동부승지를 거쳐 도승지로 올리고 숙위대장직을 겸하도록 하여 자신을 경호하도록 했다.

홍국영은 정조와 세손 시절부터 인연을 맺어 정조의 스승이고, 친구이며, 정치적인 대변자가 되었다. 그런데 홍국영은 점차 정조의 신임을 등에 업고 막강한 권세를 휘두르기 시작했다. 삼사의 전랑직 인사권까지 그가 쥐고 있었기 때문에 대신들과 지방 수령들까지도 그에게 굽실거렸다. 그는 자신의 권세를 더욱 견고히 하기 위해 누이 동생을 정조의 후궁으로 삼게 했으나, 그녀는 입궁하자마자 사망했다. 당시 조정의 관리들은 정조의 명령보다 홍국영의 말을 더 무서워했다. 그리하여 사람들은 이를 홍국영의 세도勢道

• 규장각
1776년 정조가 즉위 직후 설치했으며, 역대 국왕의 시문, 친필, 서화 등을 관리했다. 정조가 자신의 권력과 정책을 뒷받침할 수 있는 정치 기구로 삼기 위해 설치한 것으로, 왕실 도서관 겸 연구 기관이었다.

• 효의왕후 김씨(1753~1821)
김시묵의 딸로 10세에 정조와 가례를 올리고 세손비로 책봉되었다가 24세에 정조가 왕위에 오르자 왕비로 올랐다. 시어머니 혜빈 홍씨를 정성껏 모셔 그의 효심은 궁중에서뿐만 아니라 백성들까지 모르는 사람이 없었다. 조용하고 차분한 성격으로 사사로운 감정이나 수다스런 말에 치우치지 않았고 물건을 아껴 사용했다. 불행하게도 자녀를 두지 못하고 세상을 떠났다.

정치라고 불렀다.

홍국영의 세도 정치가 도를 넘어서자 여러 곳에서 비난의 목소리가 들려왔다. 정조는 이에 개의치 않았는데, 나름의 대책을 가지고 있었기 때문이다. 정조는 규장각奎章閣을 설치하여 인재를 등용시켰다. 이는 자신에게 충성을 다할 인재를 양성하기 위한 것이었다. 그리하여 그는 홍국영을 비롯하여 여러 대신들의 권력 남용과 외척의 횡포까지 한꺼번에 뿌리 뽑으려고 한 것이다.

규장각의 기능이 제자리를 찾아갈 무렵 홍국영을 탄핵해야 한다는 목소리가 날이 갈수록 높아져 갔다. 정조도 적절한 때만을 기다리고 있던 터였다. 연이어 탄핵 상소문이 빗발치고 사간원의 간쟁도 심해졌다. 정조는 결국 홍국영을 불러 조정에서 스스로 물러날 것을 종용하였다. 그러나 홍국영은 정조의 말을 듣지 않고 오히려 정권을 독점하기 위해 정조와 효의왕후 김씨를 독살하려는 끔찍한 음모를 꾸몄다. 이것은 정조와 왕비를 제거하고 정조의 이복동생인 은언군恩彦君의 아들 상계군常溪君을 왕으로 세우려는 역모였다. 그러나 이 계획은 사전에 발각되어 실패로 돌아가고 만다. 이로써 몇 년간 세도 정치의 중앙에 서 있던 홍국영은 은퇴의 형식으로 추방되었다.

규장각 설치와 혁신 정치

정조가 즉위 초에 설치한 규장각은 세조 때의 시설과 숙종 때의 법제를 이용한 왕실 도서관이었다. 벽파의 의구심을 풀기 위해 규장각은 새로운 기구가 아니고 선왕 대에 있던 기구를 손질하여 운용한 것이라고 했다. 그러나 정조의 의도는 다른 데에 있었다. 당색에 물들지 않은 학자를 규장각을 통해 양성하여 왕권 강화의 기반으로 삼으려고 한 것이다.

관료들의 부정부패가 일상화되어 죄의식을 조금도 느끼지 않는다는 사실을 정조는 알고 있었다. 과거제도까지 답안지가 누출되어 발각되는 사건이 빈번하였다. 정조는 부패에 물들지 않은 새로운 관료의 양성이 급선무라고 생각한 것이다.

신설된 규장각의 인원은 6명으로 구성되었다. 이들을 보좌하는 자가 100여 명이나 되었는데, 이때의 규장각 인원은 홍문관원보다 많은 수였다. 규장각 관료들은 혁신 정치의 선도자로서 정조의 신망을 받았다.

규장각에는 왕의 어제御製, 어진御眞 등을 봉안했다. 이것은 규장각을 통해 왕실의 존엄성을 극대화하여 왕권을 강화하려는 것이었다. 그리고 각종 서적의 수집과 편찬도 규장각의 고유 업무 중 하나였다. 몇 년 만에 규장각에서는 수만 권의 도서를 소장하기에 이르렀다.

여기에서는 관료들의 재교육도 담당하였는데, 젊은 관료가 교육 대상이었다. 의정부에서 선발하여 재교육시켜 그들의 업무 능력을 신장시키고 부패를 방지하려 한 것이다. 정조는 규장각에서 왕자의 학문 연구도 주관하도록 했다. 규장각은 국가 이념과 정책, 정치 현안까지도 다루는 개혁 정치의 산실이 되었다.

1779년에는 규장각 외각에 검서관을 두고 그곳에 박제가朴齊家* 등의 학자들을 배치하여 새로운 바람을 일으켰다. 능력에 상관없이 벼슬길이 막혀 있던 서얼들에게 길을 열어주었다. 이 같은 정조의 국정 운영으로 인재를 능력 중심으로 선발할 수 있었다.

▪어제
임금이 몸소 그린 그림이나 만든 물건
▪어진
임금의 모습을 그린 그림이나 사진
▪박제가(1750~1805)
박제가는 승지 박평朴坪의 서자로 박지원 문하에서 공부를 했다. 정조가 서얼의 차별대우를 전면적으로 철폐하는 '서얼허통절목'을 공포하자, 벼슬 길에 오를 수 있었다. 이후 박제가는 영의정 채제공을 수행하여 청나라 사은사 행렬에 끼어 북경에도 다녀와 《북학의》를 편찬했다. 박제가는 홍대용, 박지원 등과 함께 청나라의 선진적인 문물을 받아들여 상공업을 장려해야 한다는 북학파의 한 사람이었다.

시파와 벽파의 대립

정조가 즉위할 무렵, 조정은 시파와 벽파의 조직과 갈등이 새로운 인맥으로 구성되었다. 벽파는 영조 때의 외척 중심의 노론들이 당론을 고수해오면서 이어진 세력이고, 시파는 정조의 정치 노선을 따르던 남인과 소론, 일부 노론 세력들이 모인 것이다.

당시 남인들은 순수 유학을 바탕으로 실학

을 연구한 학자들이 많았다. 그들은 예론을 논할 때에 항상 왕권 중심 이론에 서 있었다. 따라서 정조는 남인들의 학통을 두둔하였다. 그러나 한편으로는 노론파 중에서 북학 사상을 주장하는 젊은 학자들은 옹호하였다. 이에 따라 정조가 중용한 인물은 남인의 채제공蔡濟恭, 정약용丁若鏞, 이가환李家煥 등이 대표적이었고, 북학파 중에서는 박제가, 유득공柳得恭, 이덕무李德懋 등이 대표적인 인물이었다.

정조가 새로 구성한 인물은 주로 실학파 중심의 남인과 북학파 중심의 노론이었으므로 시파가 중심이 되어 국정이 운영될 수밖에 없었다. 이로써 벽파들의 위기 의식은 날이 갈수록 더 했다. 그들은 자구책으로 서로 힘을 합치고 정보를 교환하면서 뭉치기 시작했다.

그런 와중에서 신해박해辛亥迫害(1791년)를 계기로 벽파들은 세력을 회복하기 시작한다. 신해박해는 천주교 수용 여부를 놓고 의견이 대립할 때 조정에서 수용 불가로 결정되어 일어난 사건이다. 이 사건으로 서양 문화 도입을 찬성하는 신서파信西派와 반대하는 공서파攻西派(벽파)로 갈

• 정약용(1762~1836)
조선 후기의 실학자로 학문과 행정에서 정조의 신임을 얻으며 측근으로 활동했다. 그러나 정약용은 정조가 죽은 뒤 유배되었고, 긴 유배 기간 동안 500권이 넘는 책을 저술하였다. 대표적으로 《목민심서牧民心書》, 《경세유표經世遺表》, 《흠흠신서欽欽新書》 등이 있다.

라졌다. 그런데 정조는 남인의 개혁적인 정치 철학과 서양 문물 도입을 옹호하는 북학파를 두둔하면서도 천주교의 수용만은 반대하였다. 이것이 정조가 벽파를 두둔한 계기가 되었다. 정조는 천주교 교세 확장의 심각함을 인식하고 관련된 시파 주모자들을 직접 국문하여 권상연權尙然, 윤치중尹持忠을 사형시켰다. 조정은 벽파들의 세상이 되었다.

이때 남인의 실학자로서 차기 정권의 주자로 인식되던 정약용이 정치적으로 수세에 몰려 외직으로 나가게 되었고, 체제공 등의 중신들도 입지가 크게 약화되었다. 1799년 채제공이 죽자 남인 세력은 완전히 위축되었고 이듬 해 정조가 죽음으로써 남인은 거의 축출당한다. 그나마 정조의 친위 세력을 형성하고 있던 시파 역시 일부 노론 출신의 외척 세력만 남고 대부분 정계에서 밀려나게 된다.

문화를 부흥시키다

정조가 즉위 직후 설치한 규장각은 문예 부흥과 개혁 정치의 중심이 되었다. 그동안 규장각에서는 정치 엘리트를 양성했을 뿐만 아니라 새로운 인쇄 활자가 만들어졌고, 그 결과 훌륭한 저서들이 무더기로 출간되었다. 이러한 결과로 출간된 책은 《속오례의續五禮儀》,《증보동국문헌비고增補東國文獻備考》,《국조보감國朝寶鑑》,《대전통편大典通編》,《문원보불文苑黼黻》,《동문휘고同文彙考》,《규장전운奎章全韻》,《오륜행실五倫行實》 등이다.

편찬 사업과 병행하여 활자도 개량되었고, 천문 과학과 미술 분야에서도 뛰어난 작품이 나왔다. 지도 제작에서도 당시의 과학 수준을 반영하여 정밀하고 아름다운 채색 지도가 많이 등장하였다.

정조의 문화 정치는 일반 백성들에게 영향을 미쳐 대중 문학을 탄생시킨 계기가 되었다. 문학을 귀족의 전유물로만 여기던 것에서 벗어나 모든 백성들이 함께 향유할 수 있게 되어 《춘향전》, 《심청전》 등 국문 소설이 유행을 타고 독자를 확보하였다. 음악에서는 직업적인 가객歌客이 등장하여 판소리가 최초로 등장하였고, 그림에서는 진경 산수화와 풍속화가 등장하였다. 또한 전통적 생활 습관에서도 차츰 다양한 놀이 문화를 발달시켰다. 통과의례도 간소화를 표방하였으며, 세시풍속도 농경 문화 중심으로 전개되었다. 오늘날의 전통적 풍속과 놀이는 대부분 이 무렵에 정리되어 계승되거나 재현된 것이다.

정조 대는 양반, 중인, 서얼, 평민 들이 자유롭게 문화에 대한 관심을 가질 수 있도록 한 조선의 문예 부흥기였다. 정조가 조선 역사상 최고의 문예 부흥을 이룩할 수 있었던 또 하나의 이유가 있었다. 중국에 대한 사대주의 문화 사상에서 과감히 벗어나 민족주의를 고취시킨 문화로 자긍심을 일으키려는 정책을 일관되게 전개했기 때문이다. 이것은 정조의 학자적인 소양과 그의 해박한 문화 정책이 있었기 때문에 가능했다.

KBS
도전! 골든벨

72회 제18대 골든벨 문제

조선 정조 때 새로 편찬된 이 법전은 《경국대전》을 원전으로 하고 있습니다. 그러나 조선 후기의 사회 변화에 따라 사문화된 《경국대전》의 규정과 기구를 폐지하고, 《경국대전》 이후 새로이 추가된 법률들을 수집, 정리하여 법전으로 편찬한 것입니다. '찬집청'이라는 관청을 설치하여 1781년부터 4년간의 작업 끝에 1785년에 완성되었습니다. 이 법전은 무엇일까요?

답 : 대전통편(大典通編)

212회 기출 문제

조선 후기, 연암 박지원은 자신의 소설 《호질》에 나오는 이 인물을 통해 양반 계급의 위선을 비판했습니다. 이 인물은 겉으론 벼슬을 싫어하는 체 행동하지만, 남몰래 젊은 과부와 사랑을 속삭이다, 그녀의 다섯 아들에게 봉변을 당하기도 합니다. 《호질》에 등장하는 이 인물은 누구일까요?

답 : 북곽 선생

조선, 천주교를 박해하다

천주교가 처음 소개된 것은 16세기 말에서 17세기 초였다. 명에 다녀온 사신들이 서양의 과학 서적과 함께 천주교에 관한 서적을 얻어왔다. 인조 때에도 청나라에서 8년 동안 지낸 소현세자와 홍대용 등이 북경에서 천주교 신부들과 가까이 지내다가 천주교 서적을 가지고 입국했다. 천주학 서적들이 들어와 연구 대상으로 삼기는 했지만, 천주교는 종교로서보다는 서양 학문으로 이해되어 서학西學이라 불렸다. 그러다가 18세기 후반 정조 때에 이르러 정약용 형제와 이승훈, 이가환 등의 남인 지식층 사이에서 조심스럽게 퍼졌고, 점차 일부 양반과 여성, 하층민을 중심으로 전파되어 신자 수가 불어나기 시작하더니 정조 말기에는 그 수가 수만 명에 달했다.

1791년 전라도 진산군에서 윤지충과 권상연이 윤지충의 모친 장례를 당해 천주교 의식에 따라 치렀다. 그러자 선비의 위신을 손상시켰다며 벽파의 맹렬한 비판을 받았다. 그 신도들의 대부분이 당시 집권파인 남인 계통이었기 때문에 문제는 더욱 심각하게 번져갔다.

이 문제로 신서파(가톨릭교 신봉을 묵인)와 공서파(가톨릭교 탄압)로 대립하게 되었다. 이에 조정에서는 두 사람을 체포하여 사회 도덕을 문란하게 하고 무부무군無父無君의 사상을 신봉하였다는 죄명을 씌워 사형에 처했다. 정조는 가톨릭

교의 교주教主인 권일신權日身을 유배시
키는 것으로 가톨릭에 대한 박해를 확대
시키지는 않았다.

그러나 조정에서는 이 사건을 둘러
싸고 남인 계통이면서 당시 채제공을 중
심으로 한 신서파와 이를 반대하는 홍의
호洪義浩·홍낙안洪樂安 등의 공서파가
대립하여 결국 최초의 천주교도 박해 사
건인 신해박해가 일어났다.

이후 정조의 뒤를 이어 순조가 즉위
한 후 정권을 잡은 벽파는 남인 시파를

1866년 병인박해 때 숨진 프랑스 주교와 신
부 12명

제거하는 과정에서 천주교에 대한 대대적인 탄압을 가하였다. 이후 천주교는 신
유박해(1801년), 기해박해(1839년), 병오박해(1846년), 병인박해(1866년) 등의 여
러 차례 탄압을 받고 수많은 신도들이 목숨을 잃었다. 유교 사회인 조선에서 천
주교가 내세운 조상에 대한 제사 거부, 여성들의 활발한 활동 등은 상상도 하지
못할 '금기'였기 때문이다.

제23대 순조 純祖

세도 정치의 시작

순조(1790~1834)는 정조와 순빈 박씨 사이에서 태어났다. 이름은 공玜이고, 자는 공보公寶이다. 11세 때 왕세자로 책봉되고 그해 왕위에 올랐다. 부인은 순원왕후純元王后 김씨와 숙의 박씨가 있었는데, 순원왕후 김씨가 효명세자 孝明世子를 비롯하여 1남 4녀를 낳고, 숙의 박씨가 1녀를 낳았다.

안동 김씨의 세도 정치

1803년 12월에 정순왕후 김씨가 수렴청정을 거두자 경주 김씨와 이를 중심으로 한 벽파의 정치 세력은 급격히 약화되었다. 그 대신 김조순金祖淳을 중심으로 하는 시파가 점차 정계에 등장하였다. 김조순은 시파였으나 순조의 섭정 기간에는 당색을 드러내지 않았다. 이것은 수렴청정하던 정순왕후가 벽파를 옹호했기 때문이다. 이런 처세술로 시파와 천주교인들이 수난을 당했을 때에도 그는 무사할 수 있었다. 정순왕후가 정치에서 손을 떼자 김조순을 둘러싼 안동 김씨 세력은 60년간 온갖 세도를 부리며 번창했다.

이제 정권은 순조의 외척인 안동 김씨의 손아귀에 모든 권력이 집중되었다. 김조순은 조정의 청요직에 김이도金履度, 김이익金履翼, 김달순金達淳, 김명순金明淳 등의 안동 김씨들로 채워 넣었다. 순식간에 조정은 이들의 천국이 되었다. 이들을 견제할 세력이 모두 밀려나자 안동 김씨들의 부정부패와 권력 남용이 나타나기 시작했다.

이들이 정권을 휘어잡자 과거 제도는 형식에 불과했고 매관매직이 공공연하게 성행했다. 삽시간에 명분을 그처럼 중시하던 정치 기강은 무너지고 신분 제도까지 와해되고 말았다. 순조는 이 같이 변질된 정치 풍토를 크게 염려했지만 국왕으로서도 바로잡을 방법이 없었다. 그러자 안동 김씨 세도의 모순에 제동을 걸기 위해 아들 효명세자의 비를 풍양 조씨의 딸로 간택한다.

순조의 이 같은 결심으로 효명세자가 대리청정을 한 동안에는 조정의 권력이 잠시 풍양 조씨에게로 넘어갔다. 그러나 효명세자가 일찍 죽고 그의 아들 헌종이 왕위에 오르자 김조순의 딸인 순원왕후의 수렴청정이 시작되었다. 그렇게 해서 안동 김씨의 세도 정치는 다시 이어져 나갔다. 그 뒤 철종의 비 철인왕후 김씨도 안동 김씨였으므로 그들의 외척 세도 정치는 1801년에서부터 1863년 대원군의 등장 전까지 60여 년을 이어왔다.

순조 대에는 김조순이 정권을 독점하다가 헌종 대에는 그의 아들 김좌근金左根이 정권을 휘둘렀다. 그러다가 철종 때에는 김좌근의 양아들 김병기金柄冀가 대를 이어가 안동 김씨 3대가 세도 정치를 해온 것이다.

안동 김씨의 세도가 등장하기 전 조선의 정치는 붕당 중심의 정치 형태였다. 사헌부, 사간원, 홍문관 등 대간과 언관들의 탄핵과 감찰로 권력 남용을 비롯한 부정부패를 사전에 바로잡을 수 있었다. 그리고 임금의 부당한 인사 관리나 국법을 무시한 권력 남용까지도 간쟁을 하여

• 효명세자(1809~1830)
순원왕후 김씨와 순조 사이에서 장남으로 태어났다. 4세 때 왕세자에 책봉되고 11세 때 풍양 조씨 조만영趙萬永의 딸과 가례를 올렸다. 19세 때 세자 대리청정을 했으나 22세에 세상을 떠났다. 비록 왕위에 오르지는 못했지만 짧은 대리청정 기간 동안 안동 김씨 세력을 효과적으로 견제하였고, 궁중 무용을 집대성하는 데 큰 공헌을 남겼다. 헌종이 즉위하여 익종으로, 고종에 의해 문조익 황제에 추존되었다.

바로잡을 수 있었다. 그러나 안동 김씨의 세도 정치에서는 이러한 견제 세력을 모두 제거하여 탄핵, 감찰, 간쟁, 상소 등이 전혀 먹혀들지 않았다.

안동 김씨들은 어린 왕을 허수아비처럼 앉혀놓고 정치 일선에서는 배제시켰다. 그 결과 정치권의 부패와 사회 제도는 허물어졌다. 선량한 백성을 상대로 한 수탈 행위가 성행했고, 원칙 없는 조세 제도, 부역 등으로 민생은 점차 도탄에 빠지게 되었다. 안동 김씨들은 관직에 올라 있지 않아도 단지 안동 김씨라는 것만 내세워 백성들에게 부당한 부역과 수탈을 자행했다. 그들에게 가장 큰 수난을 당한 이들은 다름 아닌 농민이었다.

이들은 더는 밀려날 곳도 없었을 뿐만 아니라 기댈 곳도 없었다. 그들이 마음속에 간직하고 있는 것은 불만과 원망뿐이었다. 이 무렵 전국적으로 규모가 큰 민란이 다섯 차례나 일어났다. 특히 삼정의 부패와 문란으로 인해 백성들의 분노는 극에 달했다. 결국 이러한 불만이 '홍경래의 난(1811년)'으로 이어졌다. 이 난은 전국적으로 퍼진 대대적인 민란으로 안동 김씨의 독재 정권을 궁지에 몰아넣기도 하였다. 그러나 그들의 세도를 꺾지 못했다.

많은 사람들이 이후에도 안동 김씨에게 불만은 많았지만 말 한마디 제대로 못하고 죽은 듯 지내야 했다. 조대비도 안동 김씨들의 세도 정치 하에서 대비의 대접을 받기는커녕 때로는 목숨이 위험한 상태였다. 그러나 이하응李昰應(흥선대원군)과는 비밀리에 접촉해왔다. 안동 김씨는 세도가 장기간 하늘을 찌를 듯 이어지자 만약에 닥쳐올 재난이나 불행에 대해서는 무방비 상태였다. 이런 틈을 잘 파악하여 조대비와 이하응의 밀약으로 고종이 왕위에 오르면서 고질적인 안동 김씨의 세도 정치는 막을 내리게 되었다.

204회 기출 문제

"조선에서는 매우 긴 자루를 가진 이것을 사용하고 있다. 이것으로 음식을 떠서 점잖게 운반하게 되니 그 모습이 중국인보다 훨씬 우아하고 아름답다."

위 글은 1800년 독일 상인이 지은 《조선기행》 중 일부분입니다. 이것은 무엇일까요?

답 : 놋숟가락

232회 기출 문제

이것은 1834년에 김정호가 만든 지도입니다. 정조 때 천문 관측에 의해 정해진 경·위도를 근거로 국토를 나타내고 있습니다. 당시로서는 가장 정밀한 전국도로, 후년에 제작된 〈대동여지도〉에 영향을 주었습니다. 이 지도는 무엇일까요?

답 : 청구도(靑邱圖)

역사의 한 페이지
실패한 혁명, 홍경래의 난

홍경래洪景來(1771~1812)는 평안도 용강 양반 가문에서 태어났다. 그는 몇 차례나 과거 시험에 응시했으나 서북인에 대한 부당한 차별로 인해 번번이 낙방했다. 특히 안동 김씨가 세도 정치를 하고 있는 상황에서는 실력으로 과거에 합격할 수 없음을 깨달았다. 그리하여 그는 평안도 가산의 서자 출신 우군칙禹君則과 깊이 사귀며 농민 봉기를 계획하게 되었다.

이들은 부농들에게 접근하여 자금을 마련하고 상인들과도 접촉했다. 당시 상인들도 세도 정치와 조선왕조에 불만이 많았기 때문에 그들에게 협조적이었다. 홍경래는 이들에게 자금을 조달하면서 이들을 전국 홍보 요원으로 삼겠다고 생각했다. 그는 가산 다복동을 봉기군의 본부로 삼고 자금과 식량, 동지들을 끌어들였다. 재상 출신 김재찬을 포섭하고 운산 촛대봉에 광산을 열어 유민들까지 흡수시켰다. 그리고 격문을 선포하는데, 주요 내용은 다음과 같다.

첫째, 서북인 차별을 철폐한다.

둘째, 안동 김씨의 세도 정치를 타도한다.

셋째, 신인 정씨가 출현했으니 그를 새 임금으로 추대한다.

홍경래는 자신을 평서대원수平西大元帥라고 부르고 전국 각지에 격문을 띄워 자원병을 모집했다. 그들 중에는 농민을 비롯한 몰락한 양반, 유랑 지식인, 서민, 지도층, 광산 노동자, 빈농, 유민 들까지 몰려들었다. 1811년 12월 18일에 일어난 홍경래의 난은 단순한 농민들의 불만을 표출한 것이 아니라 안동 김씨의 세도 정치에 정면으로 도전한 것이었다. 또한 조선의 정치 제도 자체를 변혁하려는 정치 반란이었다. 홍경래는 거병 후 순식간에 청천강 이북의 10여 개 지방을 점령했지만, 몇 개월 동안 관군과 대처하면서 식량 부족과 보급로 단절로 그 기세가 점점 약해졌다.

당시 부익부 빈익빈으로 사회는 양극화로 치닫고 신분 질서는 무너져 내렸다. 봉기군에 가담한 하급 봉기군은 빈민, 노동자, 유랑민 들이 많았고, 이들을 지휘하는 사람들은 지식인, 상인, 지주 들로 구성되었다. 하급 봉기군은 삼정 문란을 혁파하고 민생의 안정을 원했다면, 지도층은 조선왕조를 전복시켜 안동 김씨의 세도까지 한꺼번에 타도하는 것이 목표였다.

그런데 하급 봉기군은 관군이 무자비한 살육전을 전개하자 갑자기 태도를 돌변하였다. 지도부는 자신들의 재산을 하급 봉기군을 위해 선뜻 내놓으며 그들의 뜻에 동조하기 시작했다. 그러나 군비와 병력이 턱없이 부족한 봉기군은 더는 버틸 수가 없었다. 1812년 4월 19일 조선왕조 자체를 부정하고 세도 정치 타파를 기치로 봉기한 홍경래의 난은 관군에 의해 실패로 끝나고 만다.

제24대 **헌종**憲宗

조선에 먹구름이 끼다

헌종(1827~1849)은 순조의 손자이자 익종의 아들로, 어머니는 풍은부원군
豊恩府院君 조만영의 딸 신정왕후神貞王后 조씨이다. 이름은 환奐이고 자는 문
응文應이다. 4세 때 왕세손에 책봉되고 8세의 나이로 왕위에 올랐다. 부인은
효현왕후孝懸王后 김씨, 명헌왕후明憲王后 홍씨, 후궁 2명을 두었으나 후사가
없었다.

1846	1848	1849
김대건 신부 순교	이양선 출몰	헌종 사망

도탄에 빠진 백성들

당시 조선은 안동 김씨의 세도 정치로 국가 정책의 기본 질서가 와해되었다. 부패된 과거 제도로 능력자들이 국가에 등을 돌린 지는 오래되었고, 매관매직이 판을 치더니 급기야 삼정三政의 문란으로 나라가 혼란에 휩싸이게 되었다. 또한 오랫동안 자연 재해가 이어져 백성들의 생활은 도탄에 빠졌다. 더욱이 천주교에 대한 탄압과 이양선異樣船의 출몰로 민심은 갈수록 어수선해져 갔다. 조선 사회는 안팎으로 걷잡을 수 없이 혼란 그 자체였다.

농민들은 농토와 가정, 고향을 등지고 도시나 광산 등으로 흩어져 노동으로 근근이 삶을 지탱하고 있었다. 반면에 부농과 재력 있는 상인들이 등장하고, 돈만 있으면 백정이나 천민이라도 양민이 되었다. 이는 조선 사회를 지탱해온 신분 질서와 봉건 제도가 송두리째 무너져 내리고 있음을 의미했다.

대왕대비의 수렴청정은 1840년 12월에 끝

▪ 삼정
조선시대에 국가 재정의 근간을 이루었던 것으로 농토에 부과되는 세금인 전정, 16~60세의 남자에게 군역 의무를 면제해주는 대신 군포 1필을 받은 군정, 봄에 백성들에게 곡식을 빌려주었다가 가을에 1/10의 이자를 붙여 돌려받은 환곡이 있었다.

▪ 신정왕후 조씨(1808~1890)
헌종의 어머니이자 효명세자의 비이다. 순원왕후 김씨가 죽고 나서 평소부터 안동 김씨의 세도 정치를 못마땅하게 여기던 대왕대비는 그들이 손을 쓰기 전에 이하응과 결탁하고 조카 조성하와 상의하여 이하응의 둘째 아들을 왕위에 올리는 데 성공했다. 그가 바로 고종이다.

나고 헌종의 친정 체제로 들어섰다. 그러자 헌종의 생모 신정왕후 조씨가 친정아버지 조만영을 훈련대장과 어영대장御營大將에, 그의 동생, 조카, 아들을 비롯한 친정 세력을 청요직에 포진시켰다. 그러나 풍양 조씨 역시 민생 문제와 사회 문제 등에는 도외시하고 오직 안동 김씨들과 세력 쟁탈전에만 치중하였다. 그 결과 부정부패는 조금도 개선되지 않았고, 삼정은 더욱 심하게 부패되었다.

두 차례의 모반 사건

이 같은 무풍 지대의 헌종 치세 중에 설상가상으로 두 차례의 모반 사건이 일어났다. 바로 '남응중南膺中의 모반'과 '민진용閔晉鏞의 옥'이다.

1836년에 일어난 남응중의 모반 사건은 충청도에 있던 남응중이 남경중南慶中, 남공언南公彦 등과 모의하여 은언군恩彦君(정조의 동생)의 손자를 왕으로 추대하고 자신은 도총집, 남경중을 좌총집으로 하여 청주성을 점령하려고 한 사건이다. 그러나 지방 아전의 밀고로 이들은 곧 체포되어 처형되었다.

1844년에 민진용이 주도한 역모 사건은 안동 김씨가 풍양 조씨에게 다소 밀려나는 정치 공백기에 일어났다. 민진용은 의원이었는데, 그는 의술로 이원덕李遠德, 박순수朴醇壽 등을 포섭하여 은언군의 손자를 왕으로 세우려는 계획을 세웠다. 이는 지휘관급 무인들에게 접근하지 못하여 하급직 무관들을 포섭하여 세력을 모은 다음 계획을 관철시키려는 전략이었지만,

사전에 누출되어 실패로 돌아갔다. 이 결과 민진용을 비롯한 주모자급 인물들은 모두 체포되어 처형되고 은언군의 손자 원경마저도 사사된다.

이 두 사건은 정치적인 영향력이 없던 중인이나 몰락 양반이 일으킨 사건으로 당시의 백성들에게 왕권이나 정치권이 얼마나 허술했는지를 말해 주는 것이기도 하다.

풍양 조씨의 세도 정치

풍양 조씨 세도 정치의 시작은 1819년 효명세자의 빈에 조만영의 딸이 책봉된 뒤부터이다. 조만영은 이조판서 직에 올라 인사권을 거머쥐었다. 순조가 안동 김씨의 세도를 견제할 목적으로 효명세자에게 대리청정을 명하자, 조만영이 어영대장을 겸직하면서 실력자로 부상하고 풍양 조씨 세도의 기초를 마련하였다. 그는 또 훈련대장으로 옮겨 군사권을 장악하고 호조판서직에 겸직되어 경제권마저 장악하였다.

그런데 불행하게도 효명세자가 갑자기 죽자 풍양 조씨 세력은 한풀 꺾였다. 그러나 조만영이 건재함에 따라 권력은 유지될 수 있었다. 조만영은 동생 조인영趙寅永과 조병현趙秉鉉을 판서직으로 등용시켰다. 정치적 실권을 장악안 두 사람은 척사斥邪 정책을 강력히 전개하였다. 이 과정에서 평소의 혐의와 원한에 따라 많은 사람을 죽이거나 귀양 보냈다. 척사 정책이 정치적 보복 수단으로 사용된 것이다. 한편, 조인영은 이 기회를 이용하여 평소 천주교 배척에 소극적이던 안동 김씨에게 정치적으로 반격을 가하고자 하였다. 1839년 조인영은 기해박해己亥迫害¹를 주도하고 나서 우의정에 임명되고 '척사윤음斥邪綸音'을 지어 헌종에게 반포하도록 했다.

기해박해를 계기로 안동 김씨 세력이 무너지고 풍양 조씨의 세도가 굳어졌다. 조인영은 그 뒤 영의정에서 물러났다가 1842년과 1844년에 다시 영의정에 복귀하였다.

이때 조만영의 아들 조병구趙秉龜가 풍양 조씨 세도의 중심 인물로 부각되었다. 특히 그는 삼촌 조인영이 영의정에 오르자 안동 김씨 세도와 정면으로 권력을 다투게 되었다. 조만영, 조인영, 조병구, 조병현 등의 풍양 조씨가 똘똘 뭉쳐 핵심이 되어 안동 김씨 김흥근, 김유근 등과 권력 다툼을 전개한 것이다. 그러나 헌종이 죽자 풍양 조씨의 세력은 안동 김씨에 뒤질 수밖에 없었다.

이후 철종이 후사 없이 죽었을 때 왕위 계승을 둘러싸고 안동 김씨와 풍양 조씨 두 척족이 대립하게 되었다. 철종비 철인왕후의 척족 안동 김씨와 익종비 신정왕후의 친정 풍양 조씨 간에

▪ 기해박해
제2차 천주교 박해 사건으로, 실제로는 안동 김씨에게서 권력을 탈취하기 위해 풍양 조씨가 일으킨 것이다.
▪ 척사윤음
헌종이 가톨릭을 배척하기 위해 전국의 백성에게 내린 문서

정치 싸움이 벌어진 것이다. 당시 왕위 계승 지명권을 쥐고 있던 신정왕후는 풍양 조씨였다. 그는 안동 김씨 세력들이 아무 대책없이 우왕좌왕하는 사이에 장헌세자의 증손 흥선군 이하응과 결탁하여 그의 둘째 아들 명복(고종)을 왕위에 오르게 하였다.

신정왕후는 고종이 즉위하자 수렴청정을 했다. 그리고 고종이 익종의 대통을 잇게 해 자신의 아들로 삼았다. 그러나 정권이 곧바로 풍양 조씨에게 돌아갈 수 없었다. 이후 신정왕후의 조카인 조성하趙成夏와 조영하趙寧夏가 고종을 모실 기회가 있었고, 고종이 신정왕후를 어머니로 섬겼기 때문에 풍양 조씨 세도는 겨우 명맥만 유지되었다.

풍양 조씨 세력은 한때 안동 김씨의 견제 세력이 되어 무법천지인 정국 안정을 도모한 일면도 있다. 그러나 풍양 조씨가 실각하고 안동 김씨가 다시 원상태로 정권을 독주했을 때에는 오히려 정국이 혼란에 빠졌다.

196회 기출 문제

조선 후기, '포구'가 상업 중심지로 새롭게 성장함에 따라 '선상'의 활동도 두드러지게 됐습니다. 이들 중에서 운송업에 종사하다가 거상으로 성장한 이 사람들을 대표적인 선상으로 꼽습니다. 한강을 근거지로 하여, 주로 서남 연해안을 오가며 미곡·소금·어물 등을 거래한 이 선상을 무엇이라고 할까요?

답 : 경강 상인

232회 기출 문제

조선 후기 상업에서도 새로운 변화들이 나타났습니다. 교통 요지와 포구 등지에 큰 시장들이 들어서며, 국가의 보호를 받았던 시전 상인들은 점차 이들에게 밀려났습니다. 이들은 매점매석과 개인의 막대한 자본으로 상업 활동을 벌였습니다. 이들을 무엇이라고 할까요?

답 : 사상 또는 사상 도고

역사의 한 페이지
이양선을 몰고 온 서양

이양선이 조선에 들어온 이유는 일본이나 중국으로 가려다가 항로를 잘못 잡아 들어온 경우가 있다. 또한 심한 풍랑으로 표류하다가 해안에 들어오거나 해안을 측량하려고 들어온 경우도 있었다. 순조 16년인 1816년에는 서양의 이양선이 들어와 남해안에 상륙하여 조선의 관리들과 이야기를 나누기도 했다. 물론 언어가 통하지 않았으니 손짓과 발짓으로 의사 소통을 한 것으로 보인다. 서양인이 조선에 들어온 것은 17세기로 거슬러 올라간다.

1845년에는 영국 군함 사마랑Samarang 호가 불법으로 조선의 해안에 들어와 서해안 일대와 제주도 전역을 측량하고 돌아갔다. 조선은 청나라를 통해 광둥에 주둔한 영국인에게 항의하였다. 다음 해에는 프랑스 제독 세실이 군함 3척

ㅣ이양선

을 이끌고 조선의 서해안으로 들어왔다. 그들은 조선에서 천주교를 탄압한 것을 문제 삼아 조선 국왕에게 국서를 전하고 돌아갔다.

두 사건이 발생한 후 조정은 긴장하게 되었는데, 당시

조선 후기 서양의 이양선이 출몰한 지역

조선에서는 최초의 신부 김대건金大建을 처형한 일이 있었기 때문이다. 그에게 적용된 죄명은 국법을 어기고 사교邪敎를 퍼뜨려 나라를 혼란시킨 죄였다. 조정에서는 청나라를 통해 프랑스 제독 세실에게 답장을 보냈다. 이때의 문서가 우리나라가 공식적으로 서양에 보낸 최초의 외교 문서로 기록되었다.

뒤이어 이양선들은 경상도, 전라도, 황해도, 강원도, 함경도 해안 등 어느 곳을 가리지 않고 불시에 들락날락거렸다. 이양선을 앞세운 서양인들은 한결같이 문호 개방을 요구했다. 그러나 당시 조선에서는 외국어를 구사할 만한 인재가 전무한 상태여서 외세의 침입에 제대로 대응하지 못했다.

제25대 철종哲宗

조선의 총체적 위기

철종(1831~1863)은 전계대원군全溪大院君 광炎과 용성부대부인龍城府大夫人 염씨 사이에서 태어났다. 이름은 변昪이고 자는 도승道升이다. 헌종이 후사 없이 죽자 순원왕후의 명으로 19세의 나이로 왕위에 올랐다. 부인은 철인왕후哲仁王后를 비롯하여 8명이다. 자녀는 5남 1녀인데, 이들은 모두 일찍 죽었다.

1860	1861	1862	1863
최제우, 동학 창시	김정희, 〈대동여지도〉 완성	진주 농민 봉기 발생	철종 사망

왕위를 이은 강화도의 농사꾼

철종은 원래 강화도에서 농사를 짓는 농사꾼에 불과했다. 그는 왕족의 한 사람이었지만, 불안한 정국 속에서 목숨을 부지하기 위해 학문도 하지 못했고 자신의 신분을 드러내지 않았다. 그러나 헌종이 죽자 왕위를 이을 만한 인물이 없어 결국 은언군의 셋째 아들인 전계군全溪君의 막내 원범元範에게 왕위가 돌아간 것이다.

그런데 원범이 왕위에 오르도록 적극 지원한 것은 안동 김씨 일파였다. 이들은 자신들의 세도 정치를 연장하기 위해서는 아무것도 모르는 농부 출신 임금이 최고의 조건이라고 생각한 것이다. 게다가 안동 김씨인 순원왕후가 계속 수렴청정을 할 수 있었으므로 권력 유지를 위해서는 이보다 적합한 인물이 없었다.

그리하여 옥새를 쥐고 있던 순원왕후가 1849년 원범을 양자로 입적시켜 덕완군德完君으로 봉한 다음 왕위에 올렸다. 그는 농사를 짓다가 갑자기 왕이 되었으므로 처음에는 순원왕후가 수렴청정을 하였다. 1851년에는 김문근金汶根의 딸을 왕비로 맞이하였다. 그가 명순왕후明純王后이고 이로써 안동 김씨가 순조 · 헌종 · 철종 3대에 걸쳐 왕비를 배출하게 되었다. 이때부터 김문근이 영은부원군永恩府院君이 되어 국구國舅로서 왕을 돕게 되니 순조 때부터 시작된 안동 김씨 세도 정치가 재연되었다.

이와 같이 안동 김씨의 세도 정치가 이어지자 정치는 더욱 혼란스러워졌다. 사회 기강은 파탄이 났고 탐관오리들이 기승을 부려 백성들의 생활은 형용할 수 없을 정도로 어려웠다. 그리하여 전국 곳곳에서 백성들의 크고 작은 반란이 일어났다.

안동 김씨의 부활

김문근은 무식한 임금을 보필한다는 명분을 내세워 나랏일 전반에 안동 김씨 세도의 극치를 보여주었다. 그는 조카 김병학金炳學을 대제학, 김병국金炳國을 훈련대장, 김병기金炳冀를 좌찬성에 올려 청요직을 완전히 독점하였다. 왕권을 배제시키고 세도를 부린 것이다. 남자를 여자로 바꾸어 놓는 것 이외에는 그들 손에서 못할 것이 없다는 소문이 떠돌 정도였다. 대간들의 탄핵이나 언관들의 언론은 있으나마나 한 것으로 되어 버렸다.

철종은 나랏일에 대한 권한을 외숙부격인 김좌근에게 위임했다. 그러자 안동 김씨 일파에 의해 무슨 일이든지 좌지우지 되었다. 철종은 안동

* 국구
왕비의 친정 아버지, 곧 임금의 장인

김씨 세력을 두려워 해 어떤 일도 독자적으로 처리하지 못하였다. 신하에게 관직을 임명할 때도 "교동 아저씨(김좌근)가 아는 일인가"라고 물을 정도였다. 이렇듯 안동 김씨의 세력이 점점 강해지고 나라의 기본법이 무너지면서 그들 나름으로 키워온 권력과 재력은 결국 삼정의 문란으로 나타났다.

돈만 있으면 벼슬은 얼마든지 사고팔 수 있었고 뇌물을 공공연하게 주고 받았다. 그들에게 뇌물을 주고 관직을 얻은 자는 그것을 보충하기 위해 몇 배 이상을 탈취하는 악순환이 이어졌다. 이러한 부정부패가 전국 곳곳에 난무해도 처벌하는 자가 없었고 처벌할 수도 없었다. 범인을 잡아 놓으면 범죄자의 배후나 주변에는 여지없이 안동 김씨가 끼어 있었다. 범죄를 추궁하는 자 역시 안동 김씨였으므로 수사가 필요없었다. 도학을 생명처럼 여기던 서원의 학자들까지 세도 정치에 물들어 교묘한 방법으로 백성들의 고혈을 빨아먹었다. 화살 한 개 날려보지 않은 자가 안동 김씨의 후손이라 하여 무관 벼슬에 오르는 웃지 못할 일들이 많았다.

뇌물을 준 대가로 받은 고을의 벼슬직에 부임하려고 가면 그 사이 또 다른 방법으로 벼슬을 얻은 자가 먼저 그 자리에 앉아 있는 경우도 있었다. 이 같은 세도 정치의 극치가 내놓은 결과는 백성들을 도탄에 몰아넣는 것뿐이었다.

안동 김씨 세도 정치의 병폐는 그 여파가 전국 구석구석까지 미치지 않는 곳이 없었다. 국가 재정 지출은 매년 늘어났지만 가뭄과 수재, 전염병의 발생으로 생산성은 줄고 관리들의 수탈은 점점 늘어나 극에 달했다. 농민들은 농토와 집, 처자까지 버리고 떠돌아다녔다. 결국 백성들은 농민 봉기에 동참하게 되었고 19세기 조선 후기에 대규모의 농민 봉기가 일어났다.

그리하여 1862년에는 삼남 지방의 약 71개 지역에서 농민 봉기가 일어났다. 이러한 농민 봉기에 불을 당긴 결정적인 계기는 탐관오리 백낙신白樂莘의 실정과 부정부패로 일어난 '진주 농민 봉기'였다. 이에 철종은 삼정의 문란을 시정하기 위해 '삼정이정청三政釐整廳'을 설치하고 백성들의 의사대로 환곡을 실시하는 등 농민의 부담을 완화하는 조치를 취했으나 근본적인 해결이 이루어지지 않았다.

좌절된 세도 정치 타파

순원왕후에게 3년간 섭정을 받다가 친정을 하게 된 철종은 안동 김씨의 세도 정치 속에서 민생을 구하기에 나섰다. 그런데 친정을 시작한 다음 해에 관서 지방에 큰 흉년이 들었다. 백성들은 세금 낼 곡식이 문제가 아니라 당장에 먹고 살 수가 없었다. 철종은 백성들에게 선혜청

▪ 삼정이정청
1862년에 일어난 삼남 지방의 농민 봉기와 관련해서 수습 방안을 마련하고자 만들어진 관청이다. 이때 안핵사按覈使·선무사宣撫使·암행어사 등을 파견하였다. 그리고 전국에서 의견을 수렴한다는 교서를 내렸는데, 이정청釐整廳은 이것을 반영하여 삼정을 전면적으로 개혁하였다.

돈 5만 냥과 사역원 삼포세 6만 냥을 무이자로 빌려주었다. 그런데 그해 여름 가뭄이 심한데다 전염병까지 퍼졌다.

철종은 지방 관리와 양반층, 부호들에게 가난한 백성들과 식량을 나누어 먹도록 권장했다. 그리고 탐관오리에 대한 부정부패는 엄하게 다스리도록 명했다. 관서 지방에 큰 산불이 발생하여 민가 수천 호가 잿더미가 되었다. 그는 은전과 약재를 풀어 최대한 복구 작업에 나서고 생활필수품도 준비해 보냈다.

그러나 정치 실권은 여전히 안동 김씨 일파가 쥐고 있었다. 탐관오리들의 권력 남용과 삼정의 문란은 조금 개선되었지만, 지난 세월 탐관오리의 수탈과 안동 김씨들의 세도에 의한 부정부패로 단시일 내에 큰 효과가 나타나지 않았다. 안동 김씨 세력은 자신의 권력에 조금이라도 걸림돌이 될 만한 자는 미리 색출하여 처형해 버렸기 때문이다.

철종은 온갖 수단과 방법을 다 동원하여 안동 김씨의 세도 정치를 타파하고 삼정의 문란을 바로잡아 보려고 했으나 역부족이었다. 차선책으로 그들의 권력 남용을 다소라도 제지하려고도 했으나 조금도 효과를 볼 수 없었다. 민생 안정에 열정을 더 보일수록 점점 벽에 부딪혔다. 본래 학문을 한 것도 아니었고 그동안 정치도 대비의 섭정에 의존해 왔기 때문에 국왕의 정치 능력으로는 사실상 부족했다. 그리고 안동 김씨 세도가들은 철종이 왕권을 행사하지 못하도록 압박해 왔다. 그리하여 철종은 목숨까지 위협을 느꼈다.

201회 기출 문제

조선시대 화가인 조희룡의 그림을 보고 계십니다. 이 그림은 이것 중 난
초를 그린 것입니다. 우리 선조들은 '매화·난초·국화·대나무'의 품성
이 고결하다 하여 이것이라 이름 붙이고, 그림의 주된 소재로 삼았습니
다. 이것에 해당되는 석자의 말을 한자로 적어주세요.

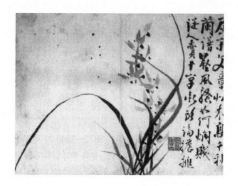

정 : 四君子

사람이 곧 하늘이다

1860년 최제우는 '동학東學'을 창시했다. 그는 시천주侍天主 사상에 바탕을 두고 '보국안민輔國安民(나라를 돕고 백성을 편안하게 한다)'과 '광제창생廣濟蒼生(세상의 모든 잘못을 바로잡고 흐트러진 세상을 구제한다)'을 목표로 했다. 서양의 종교인 천주교에 대항하여 동양의 종교는 동학이라고 생각한 것이다. 시천주 사상은 인간은 누구나 각자 천주天主를 모실 수 있는 존재이므로 인간이 곧 천주의 주체라고 했다. 백성들도 신분이나 계층에 구애받지 않고 누구나 천주 밑에서는 평등하므로 자유롭게 입도할 수 있었다. 동학교인이 되면 언제나 군자의 인격을 다듬어 나갈 수 있는 길이 열려 있다고 하였다.

서민이나 서자, 노비, 천민 들에게는 더없이 반가운 소리였다. 이들은 신분 평등을 앞세운 동학 사상에 공감하여 나날이 몰려들었다. 조정에서는 처음에는 시시한 사교 정도로 알고 크게 관심을 두지 않고 있다가 교인과 교세가 팽창하자 동학도 천주교와 같은 방법으로 박해하기 시작했다.

조선 정부는 동학이 군신유의와 장유유서를 근간으로 해온 조선의 유교 사상을 정면에서 부정하여 민심을 현혹시킨다는 이유로 탄압하였다. 조정에서 정식으로 금지 명령을 내리고 1862년 9월 교조 최제우를 경상도 경주에서 체포했다. 그러자 전국 각지에서 수많은 동학교인들이 최제우의 무죄와 석방을 청원하면서 일어났다.

조정에서는 왕권에
대한 도전과 유교 사상
을 정면으로 부정하는
교리에 대한 몇 조목 정
도를 수정하라는 명을
내리고 최제우를 무죄
석방했다. 이것으로 동

ㅣ 동학을 창시한 최제우와 제2대 교주 최시형

학은 국가에서 정식으로 정당성을 인정받아 허락한 것이나 다름없었다. 동학교
도는 더욱더 몰려 1863년에는 교인 3,000여 명을 확보하였다. 교주 최제우는
1863년 8월에 최시형을 동학 제2대 교주로 삼아 교통敎統을 전수하고 자신은
물러났다.

최시형에게 물려준 뒤 동학은 더욱 확장하여 하루가 다르게 퍼져나갔다. 다
음 해 조정에서는 아무래도 두렵고 불안하여 다시 최제우를 체포하여 한양으로
압송했다. 그때 마침 철종이 죽자 중죄인을 한양까지 압송할 필요가 없다고 하
여 대구 감영으로 이송했다. 여기에서 최제우는 사도난정邪道亂正(사악한 가르침
으로 세상을 어지럽힌다)이란 죄로 처형되어 41세로 생을 마쳤다. 2대 교주 최시형
은 사인여천事人如天이라는 사상을 내걸었다. 즉, "사람 섬기기를 한울 같이 하
라"는 것이었다. 제3대 교주 손병희는 인내천人乃天 즉, "사람이 곧 하늘"이라는
사상을 내걸었다.

제26대 고종高宗

망국의 그림자가 드리우다

1863	1866	1871	1876	1882	1884
고종 즉위 흥선대원군 집권	병인양요	신미양요	강화도 조약	임오군란	갑신정변

고종(1852~1919)은 남연군의 아들 흥선군 이하응과 여흥부대부인驪興府大夫人 민씨 사이에서 태어났다. 아명은 명복命福이고 자는 성임聖臨이다. 12세 때 왕위에 올랐다. 부인은 명성황후明成皇后 민씨를 비롯하여 7명이고, 이들에게서 6남 1녀의 자녀를 두었다.

1894	1895	1896	1897	1905	1907
동학농민운동 갑오개혁	을미사변	독립협회 결성	대한제국 성립	을사조약	고종, 물러남

궁도령 흥선군

철종이 후사 없이 세상을 떠났을 때 궁중에는 효명세자 비 신정왕후 조대비, 헌종의 계비 효정왕후 홍씨, 철종비 철인왕후 김씨 등 미망인만 남았을 뿐 남자는 없었다. 궁궐 밖과 조정에는 안동 김씨, 풍양 조씨, 남양 홍씨들이, 영의정에는 안동 김씨 김좌근이 버티고 있었다. 그러나 다음 왕위 결정권은 궁중에서 제일 어른인 신정왕후 조대비가 쥐고 있었다.

철종의 장례가 끝나고 조대비는 여러 대신과 종친, 삼정승을 모이도록 하고 새 왕을 선정하는 문제를 논의했다. 안동 김씨들도 오늘과 같은 비상사태에 대해서는 조금도 예측하지 못했고 아무런 준비가 없었다. 그들 생각은 왕실의 누가 왕위에 오르더라도 철종의 양자로 입적해야 하고, 또 철종비가 안동 김씨이므로 정권 유지에는 아무 탈이 없을 것으로 확신했다.

조대비가 주관한 회의장은 조용하고 침묵만 흘렀다. 이때 조정의 최고 원로 격이고 나이가 가장 많은 영중추부사 정원종이 "오늘의 결정은 국새를 보존하시고 궁중에서 제일 어르신인 조대비께서 내리시는 것이 타당하옵니다" 하고 말했다. 그러자 그의 말에 동조하는 자가 있고 반대의 목소리가 없었다. 조대비는 더는 주저할 것이 없다는 판단으로 말했다. "어차피 내가 결정한 일이고 어떤 의견을 내놓지 않으니 결정하겠소. 왕위 자리는 한시도 비워둘 자리가 아니므로 흥선군의 차남 명복命福에게 익종의 대통을 받도록 하겠소"라고 했다. 조대비는 익종의 정비이므로 명복이 익종의 대를 이어받았다면 곧 조대비 자신의 양아들로 입적한다는 뜻이었다.

흥선군은 평소에 안동 김씨 모임에 가끔 나타나 공짜 술이나 마시고 횡설수설 헛소리나 하면서 세월을 보내던 인물이다. 왕족의 한 사람이었지만 안동 김씨의 세도 정치 밑에서는 먹고 살만한 관직 한 자리도 얻을 수 없었다. 당시 왕족 중에 제대로 학식을 갖춘 사람은 그들에게 죽임을 당하거나 고립될 수밖에 없었다. 따라서 흥선군은 목숨을 유지하기 위한 보신책으로 바보나 건달, 폐인의 인상을 뿌리면서 지내왔다.

척신들이 '궁도령'이라는 별칭으로 천대를 해도 그는 조금도 흥분하지 않고 맞장구를 쳐주었다. 일부러 추운 겨울에 남루한 옷차림과 맨발로 부호들의 문전을 찾아가 구걸하기도 하고 시장바닥의 거지나 불량배와도 어울렸다. 혈통은 분명한 왕족이지만 누가 보아도 정상적인 사람으로 보이지 않았다.

한편 신정왕후 조씨는 궁궐 내명부에서 최고 어른으로 품위와 체통에 어긋나지 않도록 몸가짐을 조심했다. 그리고 안동 김씨의 정치에 일체 관여하지 않았다. 특별히 관여해야 할 일이 있어도 늙은 몸이라는 핑계로 거절했다. 그러므로 평소에 안동 김씨들은 조대비를 앞으로 나랏일의 흐름을 바꾸어놓을 만한 인물로 보지 않았다. 그러나 흥선군과 조대비는 비밀리에 자주 만나 국정 흐름에 대한 문제를 걱정하고 정보를 교환해 왔다. 흥선군은 국새를 보존한 조대비는 비상 사태가 발생할 경우 국정 전반에 대한 결정권자라는 것을 잘 알고 있었다. 그런데도 안동 김씨들은 조금도 눈치를 채지 못하였다.

이 두 사람의 인내와 치밀한 비밀 전략에 따라 조대비는 명복을 왕위에 올리고 자신이 수렴청정을 하였다. 그러다가 이하응을 흥선대원군興宣大院 君에 봉하고 섭정의 권한을 그에게 위임시켰다. 또한 대원군의 처 민씨는 여흥부대부인으로 봉했다.

조선 역사상 왕의 아버지를 대원군으로 봉한 경우는 철종과 선조에 이어 세 번째이다. 그러나 앞의 두 왕은 즉위하기 전에 이미 그의 아버지가 죽은 경우였고 생존한 임금의 아버지를 대원군으로 봉한 경우는 이번이 처음이었다.

흥선대원군의 10년 정치

흥선대원군은 1820년 남연군 이구李球의 4남으로 태어났다. 영조의 현손玄孫(증손의 아들)으로 이름은 시백時伯이고 호는 석파石坡이다. 고종이 즉위하고 그가 정권을 장악하면서 국정 전반에 새로운 활력소를 불어넣었다.

그 당시 조선에서는 흩어진 민심을 수습하고 국가 재정을 확립하는 것이 시급한 과제였다. 흥선대원군은 경제, 행정 분야를 개혁하고 안동 김씨의 세도 정치로 인한 병폐를 제거하려고 했다. 당색과 문벌을 배제하고 인재를 고르게 등용하였다. 서원을 철폐하고 탐관오리들을 처벌하였으며, 양반과 토호의 면세 전결을 철저히 조사하여 국가 재정에 충당하였다. 이밖에 법으로 정하지 않은 잡세와 왕에게 올리는 진상 제도를 없앴다. 광산 개발을 허용하여 재정에 충당했고, 군포세와 호포세를 변경하여 양반도 세금을 부담하도록 했다.

또한 《대전회통大典會通》,《육전조례六典條例》,《양전편고兩銓便攷》 등의 법전을 편찬하고 법질서를 확립시켰다. 비변사는 폐지하고 의정부 기능을 부활시켰다. 삼군부를 별도로 두어 여기에서 군국 기무를 전담시켜 정무와 군무를 분리하였다.

이처럼 대원군의 집정 제일 목표는 안동 김씨에 의한 세도 정치 타파와 왕권 확립이었다. 오랜 세월 이들의 수탈과 횡포를 당한 민심을 안정시키려 한 것이다. 그러나 한편으로 그의 무리한 정책과 지나친 통상 수교 거부 정책으로 인해 어려움을 겪기도 하였다. 왕권 확립 차원에서 경복궁을 중건하기 위해 양반이나 일반 백성들에게서 원납전을 징수하고, 이를 내지 못할 경우 부역을 시켜 원성을 사기도 한 것이다.

그리고 천주교도에 대한 박해가 지나쳐 1866년부터 6년 동안 8천여 명의 신자들을 학살하였다. 이 사건이 '병인박해丙寅迫害'인데, 이 같은 천주교 박해로 인해 또 다른 사건을 불러일으켰다. 1866년 10월 프랑스는 조선에서 신부 9명을 죽인 것에 대한 보복으로 군함 7척에 병력 1천 명을 이끌고 강화도를 점령했다. 이때 조선군의 적절한 대응으로 큰 희생자 없이 프랑스 군함을 격퇴시켰는데, 이 사건이 '병인양요丙寅洋擾'이다.

또한 미국의 상선 제너럴 서면호가 들어왔을 때 평양 군민들이 불을 질러 격퇴시킨 사건이 있었다. 이 사건에 대한 보복으로 미국이 1871년에 조선을 침공하는데, 이 사건이 '신미양요辛未洋擾'이다. 이들은 군함 5척과 병력

1,200여 명을 동원하여 강화도 해협으로 침입해 왔으나, 홍선대원군의 강력한 통상 수교 거부 정책에 밀려 한 달여 만에 물러갔다.

병인양요와 신미양요는 프랑스와 미국이 조선과 통상 무역을 하기 위해 벌인 일방적인 무역 전쟁이었다. 그러나 이는 조선의 감정만 자극시켰고, 홍선대원군은 척화비斥和碑를 세우는 등 통상 수교 거부 정책을 한층 강화하였다. 이러한 홍선대원군에 대한 정치적인 평가는 다양하다.

한쪽에서는 그를 무자비한 천주교도 학살과 철저한 통상 수교 거부 정책을 펼친 독재자로 보았다. 그러나 조선 역사상 정권이 비정상적으로 바뀔 때마다 많은 희생자를 내는 경우가 많았는데, 그는 비교적 보복 정치를 하지 않았다. 자신도 안동 김씨의 세도 정치 밑에서 수난과 멸시를 당하다가 권좌에 올랐지만 과거의 문제를 가지고 목숨을 함부로 하는 일은 하지 않았다.

한편 대원군을 세계적인 근대화 추세를 무시한 자로 보는 시각도 있다. 그것은 당시의 정치를 세심하게 파악하지 않고 본 편견일 수 있다. 그는 분명히 구습을 내던지고 근대화를 외친 바 있다.

■ 척화비
홍선대원군이 서양인을 배척하기 위해 세운 비석이다. "서양 오랑캐가 침범했을 때 싸우지 않음은 곧 화의하자는 것이요, 화의를 주장함은 나라를 파는 것이다"라는 내용이 새겨져 있다.

고종의 수렴청정을 조대비가 했을 때에도 실질적인 정치는 대원군이 주도해왔다. 조대비가 백성들에게 내린 전교 역시 대원군이 써준 원고였는데, "앞으로 우리 조선의 백성들은 함께 유신維新을 해야 산다"는 글이 들어 있었다. 이것은 대원군의 근대화 개혁 정치 철학을 입증할 수 있는 대목이다. 물론 대원군은 이를 포부대로 이룩하지는 못했지만 곳곳에 그의 개혁 의지는 숨어 있었다.

몰락하는 조선 왕실

고종은 20세가 지나자 직접 정치를 관장하였다. 그러자 병인 · 신미양요 후 강화된 통상 수교 거부 정책은 대원군의 퇴진과 함께 서서히 누그러졌다. 일본은 1875년 2월 군함을 이끌고 조선의 동해, 서해, 남해안으로 들어와 개방을 요청했다. 그러다가 강화도로 침입하자 조선에서는 발포 명령을 내려 일본군에 반격을 했으나 일본군은 영종도까지 상륙했다.

일본군은 영종도를 장악하고 한동안 그곳에서 머물다가 조선의 감정이 더욱 악화되자 일단 물러났다. 그러나 그들이 완전히 물러난 것은 아니었다. 이후에도 그들은 군함을 몰고 영해에 들어와 해상 무력 시위를 벌이면서 조선의 개항을 계속 요청했다.

마침내 1876년 조선은 일본의 국교 요청을 받아들여 '강화도 조약'을 맺었다. 이 조약에 따라 인천 제물포항을 먼저 개항하고 다음에 부산항과 원산항을 개항하였다.

그런데 개항 이후 일본의 노련하고 교묘한 경제 정책과 정치적 수단에 조선은 차츰 말려드는 추세가 되었다. 또한 아무런 사전 준비 없이 외세를 받아들인 조선 정부는 일본의 교활한 경제 수탈을 목표로 한 침투를 뒤늦게 발견할 수 있었다. 이에 따라 국내에서는 즉각 일본과의 개항, 개방을 취소해야 옳다는 수구파와 개방을 진행하면서 모순된 점을 시정해 나가자는 개화파로 갈라져 심각한 대립이 벌어졌다.

1881년 수구파의 위정척사파들은 민씨 세력을 규탄하는 척사 상소 운동까지 전개했다. 이들은 이때 민씨 정권을 뒤집고 고종의 이복형제 이재선李載先을 새 임금으로 세우려고 쿠데타를 모의하기도 했다. 이 사건은 사전에 발각되어 관련자를 전원 체포하고 수구파의 과도한 주장을 가까스로 제압하는 것으로 마무리 되었다. 그러나 수구파의 위정척사파와 개화파의 갈등과 알력은 끝나지 않았다.

1882년에 개화파들이 구식 군대를 폐지하고 새롭게 신식 군대(별기군)를 편성하자는 주장을 했다. 그러자 5군영에 배치되었던 구식 군인들이 항거하여 일어났는데, 이들은 일본 영사관을 불태우고 일본인 고관을 살해하였다. 이 사건이 '임오군란' 이다. 이때 반란 세력을 등에 업고 궁궐에 들어오게 된 흥선대원군 때문에 개화 정책이 일시 정지되는 듯하였지만, 흥선대원군은 다시 청군에 의해 납치되었다.

이후 청군에 의해 정권을 다시 잡게 된 민씨 세력은 청에 의존하여 서서히 신문물을 받아들이자는 온건 개화파와 손을 잡게 된다. 그런데 이에 불만을 품은 급진 개화파 김옥균, 박영효 등은 일본을 등에 업고 변란을 꾸미는데, 이것이 1884년에 일어난 '갑신정변'이다. 이들은 결국 정권을 장악했다가 3일 만에 다시 청군에 의해 밀려났는데 이 사건으로 조선 땅에서 청과 일본이 세력 다툼을 벌여 조선의 자주권은 치명적인 손상을 입게 된다.

그러자 사회 혼란은 점차 가중되었고 전국 곳곳에서 반봉건, 반외세를 내건 농민 봉기가 일어났다. 이는 결국 1894년 3월 '동학 농민 운동'으로 폭발하였다. 관군과 농민 사이의 전면전이 거세지자 급기야 민씨 세력은 청에 원병을 요청하고, 일본 역시 그들 간의 조약에 따라 군대를 동원했다. 이렇듯 외세의 개입으로 농민군과 관군은 화의를 약속하고 동학 농민 운동은 중단되기에 이른다.

한편, 일본과 청은 조선의 내정 개혁의 주도권을 놓고 다툼을 벌이다가, 먼저 일본이 민씨 정권을 몰아내고 흥선대원군을 궁궐에 들여 꼭두각시 정권을 탄생시켰다. 그 뒤 군국기무처가 설치되고 김홍집 중심의 내정 개혁이 단행되었는데, 이것이 '갑오개혁'이다.

● 갑오개혁
갑오개혁은 정치·경제·사회의 각종 제도를 근대적으로 개혁했다는 의의가 있다. 그러나 일본의 침략적 간섭에 의해 추진되었으며, 일본의 조선 침략에 유리한 내용을 제공했다는 한계를 갖는다.

또한 일본은 조선에 주둔해 있던 청군을 공격하기에 이른다. 이렇게 시작된 청·일 전쟁은 두 달 만에 일본의 승리로 끝나고, 이로써 일본은 본격적인 조선 정복을 위한 내정 간섭을 시작하게 된다. 이처럼 일본의 침략 행위가 노골화되자 동학 농민군은 일본군 타도를 내세우며 다시 봉기하였다. 하지만 근대적인 무기로 무장한 일본군에 밀려 결국 실패로 끝나고 만다.

이후 일본의 조선에 대한 내정 간섭은 더욱 강화되었다. 이에 조선은 친러 정책을 실시하여 일본군을 몰아내고자 하였다. 이때 러시아에 손을 뻗는 데 주도한 사람이 명성황후였다. 이런 상황을 감지한 일본은 1895년 명성황후를 시해하고 친일 세력에게 조정을 장악하게 한다. 이 사건이 '을미사변'이다.

한편 고종은 을미사변 후 신변에 위협을 느끼고 은밀히 러시아와 내통하며 1896년 러시아 공사관으로 몸을 옮긴다(아관파천). 고종은 이곳에서 친러 정권을 수립하여 친일 내각의 요인들을 단죄하였고, 갑오개혁 때 실시된 단발령을 철폐하였다. 그러나 친러 내각이 집권할 무렵에는 이미

▪ 만국평화회의
러시아 황제 니콜라이 2세가 제창하여 1899년, 1907년에 열린 국제 회의이다. 1차는 26개국, 2차는 46개국이 참가하여 헤이그에서 군비 축소와 세계 평화 유지 등을 협의했다.

나라의 위신이 추락하고 국권의 손상이 극심한 상태였다. 이에 독립협회와 국민들은 고종의 환궁을 요구하는 목소리를 높인다. 그리하여 결국 고종은 1897년 1년 만에 다시 환궁하여 국호를 '대한제국'으로 고치고 연호를 '광무'로 정하였으며, 황제 즉위식을 거행하였다.

이후 일본은 러·일 전쟁을 벌여 승리를 거둔다. 이 전쟁에서 승리한 일본은 고종에게 노골적인 압력을 가하여 제1차 한·일 협약을 강요하였고, 1905년에는 을사조약을 체결하고 만다. 일본이 설치한 통감부에 의해 외교권이 박탈당하자 고종은 대한제국의 문제를 국제 사회에 알리기 위해 네덜란드 헤이그에서 개최된 제2차 만국평화회의에 특사를 파견하는 계획을 세우는 등 수차례 지원 요청을 하려 했지만 모두 실패로 돌아간다. 결국 헤이그 밀사 사건을 빌미로 고종은 이완용李完用, 송병준宋秉畯 등 친일 세력과 일본의 강요에 의해 1907년 7월 퇴위하게 된다.

고종은 사실상 조선의 마지막 왕이나 다름없었으며, 나라를 빼앗기는 비운을 맞은 왕이었다. 일본에 의해 강제로 을사조약이 체결되고, 황제 자리에서도 물러난 뒤에도 '일본의 국권 침탈'을 지켜볼 수밖에 없는 처지였다.

KBS 도전! 골든벨

220회 기출 문제

조선에 대한 지배권을 두고 청나라와 일본이 벌인 청·일 전쟁에서 일본은 압도적인 승리를 거두었습니다. 이로 인해 두 나라 사이에 이 조약이 체결되었습니다. 이 조약은 제1조에서 조선은 독립국임을 밝히면서 일본의 조선에 대한 간섭을 더욱 강화시키는 계기를 만들었습니다. 조약이 체결되었던 일본 지역의 이름과도 같은 이 조약은 무엇일까요?

답 : 시모노세키 조약

220회 기출 문제

1865년 고종의 명으로 영의정 조두순, 좌의정 김병학 등이 편찬한 조선 시대 마지막 법전입니다. 《경국대전》을 기본으로 하고 있지만, 격동기였던 당시의 정치적·사회적 현실에 맞게 보완해야 할 입법 규정을 보충적으로 첨가했습니다. 그러나 이 시기는 국권이 일본에 강탈당하는 시점이라 근대적·자주적인 법체계의 수립까지는 나아가지 못했습니다. 이 법전은 무엇일까요?

답 : 대전회통

240회 기출 문제

"동양 3국의 평화를 솔선수범하기로 나선 이토가 천만 꿈밖에 어찌 5조약을 내놓았는가. 일신의 영달을 위해 황제 폐하와 2천만 동포를 배반하고 4천 년 강토를 외인에게 주었도다. 슬프다! 우리 2천만 동포여, 살아야 할 거나, 죽어야 할 거나!"

위 글은 1905년 11월 20일 〈황성신문〉에 실린 논설의 요약문입니다. 이 논설을 쓴 사람은 누구일까요?

답 : 장지연

243회 기출 문제

1894년 6월 6일, 고종이 내정 개혁에 관한 정책 입안을 위하여 설치한 관청입니다. 이것을 두게 된 것은 일본이 강압적으로 요구한 5개조의 내정 개혁안을 물리치고 자주적인 내정 개혁을 시도하기 위한 것입니다. 하지만 일본에 의해 이 관청이 없어지고, '군국기무처'가 생겼습니다. 농민을 위한 개혁에 중점을 두었던 이 관청의 이름은 무엇일까요?

답 : 교정청

249회 기출 문제

전봉준을 중심으로 고부에서 봉기한 동학 농민군은 정부에 폐정개혁 12개조를 건의하고, '이것'을 설치하여 개혁을 실천해 나갔습니다. 여기서 '이것'은 동학 농민군이 전주성을 점령한 뒤 호남 각 지방 군현에 설치했던 농민 자치 기구입니다. 각 지방의 재정과 치안을 맡아본 이 기관은 무엇일까요?

답 : 집강소

명성황후의 죽음

조선에서 주도권을 잡은 일본은 청군을 조선에서 철수시키는 것이 급선무였다. 이것을 관철시키지 못하면 조선 정권을 마음대로 다룰 수 없다는 판단에서였다. 일본은 청군을 공격하여 그들을 완전히 퇴치시키는 데 성공했다.

그러나 일본의 청군 공격은 끝나지 않았다. 미국 등 구미 열강들의 지원을 약속받고 청나라에 선전 포고를 했다. 이어서 일본은 청나라 본토로 쳐들어갔고, 청·일 전쟁은 결국 일본의 승리로 끝났다. 청·일 전쟁에서 승리한 일본은

ㅣ명성황후

미국 등 구미 열강에 비굴할 정도로 아부했다. 그러나 동남아시아에서는 세력을 과시하였고, 이때부터 본격적으로 조선을 침략하기 시작했다. 일본은 대원군을 꼭두각시로 만들어 놓고 하나둘씩 내정에 깊이 관여했다. 이에 잠시 조용하던 동학 농민군이 일본의 비굴한 야욕을 보고 다시 일어났다.

동학 농민군이 봉기한 것은 일본 세력을 한반도에서 몰아내려는 것이 목적이었

명성황후의 죽음을 알린 대한제국 관보 호외(1894년 10월 15일)

다. 그런데 대원군이 동원한 관군과 일본군이 연합 전선을 형성하여 동학군을 진압하였다. 결국 동학군의 봉기는 실패로 돌아갔고, 일본의 내정 간섭은 더욱 강화되었다. 이때 일본은 청 · 일 전쟁에서 승리하고 승리의 대가로 요동 반도를 받아놓은 상태였다.

그러자 독일, 프랑스, 러시아가 일본의 부당한 전쟁을 문제 삼고 요동 반도를 청에 돌려주라고 했다. 일본이 스스로 판단하기에도 삼국이 합세할 경우 승리할 자신이 없었다. 일본은 결국 삼국의 압력에 굴복하여 요동 반도를 청에 되돌려주었다.

명성황후는 이와 같은 삼국의 세력 판도를 활용하려고 했다. '배일친러' 정책을 본격적으로 추진하여 러시아 세력을 끌어들인 뒤 흥선대원군과 일본 세력을 몰아내려고 한 것이다.

명성황후의 주도로 진행 중인 일본 세력 퇴치 전략에 위기감을 느낀 일본은 명성황후를 무자비하게 시해하기로 했다. 그리하여 명성황후는 일본군과 일본인 불량배들에 의해 무참히 살해되었다. 이에 따라 조선에서 일본 세력은 더욱 확고해졌는데, 이 사건이 '을미사변(1895년)'이다. 이 사건이 국제 사회에 알려지자 서방 각국에서 일본에 많은 지탄과 비난을 하였다. 그러자 일본은 형식적으로 사죄를 하고 폐위된 명성황후의 서인 신분을 회복하였다.

제27대 순종 純宗

무너진 조선왕조

순종(1874~1926)은 고종과 명성황후 사이에서 태어났다. 이름은 척拓, 자는 군방君邦이다. 2세 때 왕세자에 책봉되고 1897년 대한제국이 성립되자 왕위에 올랐다. 부인은 순명효황후純明孝皇后 민씨와 순정효황후純貞孝皇后 윤씨이고, 자녀를 두지 않았다.

1909

안중근
이토 히로부미 사살

1910

국권 침탈

마지막 황제의 등극

순종은 헤이그 특사 사건(1907년)으로 고종이 일본에 의해 강제로 퇴위당하자, 왕위에 올랐다. 일본은 고종과 마찬가지로 순종에게도 심한 압력을 가했다. 그 때문에 그가 아무리 훌륭한 성군의 자질을 가졌다 하더라도 정치적인 능력은 조금도 발휘할 수 없는 처지가 되었다.

그는 황제 즉위 후 이복동생 영친왕英親王 이은李垠을 황태자로 책봉하고 거처를 덕수궁에서 창덕궁으로 옮겼다. 이후 일본의 한반도 무력 침탈 행위는 구체적이고 노골적으로 전개되었다. 그리고 마침내 이완용, 송병준 등 친일파 매국노 정객들이 일본 정부와 야합하여 조선의 주권은 침탈당하고 만다. 이로써 조선의 역사는 막을 내리게 된다.

일본은 순종을 허수아비로 앉혀 놓고 사이토 총독이 본국으로 돌아간 뒤 군부 출신의 데라우치 마사타케[寺内正毅]가 총독으로 들어와 무력에 의한 식민 통치가 본격화되었다. 데라우치가 무

- **영친왕(1897~1970)**
고종과 엄귀비嚴貴妃 사이에서 태어났다. 11세 때 이토 히로부미에 의해 강제로 일본에 끌려가 교육을 받고 일본의 내선일체 정책에 따라 정략 결혼을 강요당했다. 1910년 순종이 폐위되자 왕세제王世弟로 불렸고, 1926년 순종이 승하하자 이왕李王이라 하였다. 1963년 11월 56년 만에 고국에 돌아왔지만 7년 동안 병상에 있다가 사망했다.

- **안중근(1879~1910)**
황해도 해주에서 태어났다. 14세 때 프랑스 신부와 알게 되어 천주교 신자가 되었다. 1910년 10월 이토 히로부미가 만주 하얼빈에 온다는 소식을 듣고 그를 사살하기로 결심했다. 일본인으로 가장하여 하얼빈 역에 잠입한 후 이토 히로부미를 사살하고 여러 대신들에게 중상을 입혔다. 그러나 현장에서 체포되었다. 뤼순[旅順]의 일본 감옥에 수감되고 1911년 재판에서 사형이 선고되었다. 그해 3월 26일 형장의 이슬로 사라졌다.

력 통치를 강화한 것은 안중근安重根 의사가 만주 하얼빈에서 이토 히로부미伊藤博文를 사살한 뒤부터이다.

강탈당한 주권을 회복하고 일본의 철수를 요구하는 애국 계몽 운동이 곳곳에서 벌어졌다. 그러나 이런 주권 회복 운동은 강경파와 온건파로 분리되어 민족 저항의 역량이 하나로 결집되지 못했다. 친일 매국노의 음모로 망국을 막지 못한 원인의 하나도 운동파의 분열이었다. 순종의 주변은 온통 친일파였으므로 조선 왕으로서 권리 행사는 원천 봉쇄당하였다.

일제는 항상 무력을 뒤에 숨겨 놓고 교묘한 수단으로 친일 매국노를 앞세웠다. 이들을 매수하여 악랄한 행위를 자행하도록 하였기 때문에 엄청난 사건이 벌어져도 조선인이 조선인에게 가한 일이라고 하면서 직접적인 책임을 비켜가는 수법을 써왔다.

일제 협력에 앞장서다

일진회一進會는 일본의 꼭두각시처럼 행동한 친일 단체이다. 러·일 전쟁(1904년) 당시 일본군의 통역을 맡은 송병준은 일본군의 힘을 배경삼아 조선에서 정치 활동을 하더니 1904년 8월 18일 독립협회 잔당인 윤시병尹始炳, 유학주兪鶴柱 등과 유신회維新會를 조직했다가 이것을 일진회로 바꾸었다. 일진회는 회장에 윤시병, 부회장에 유학주를 추대하고 발족과 동시에 4대 강령을 내걸었다.

첫째, 왕실 존중

둘째, 백성의 재산과 생명 보호

셋째, 시정施政 개혁

넷째, 군정과 재정 정리

이들은 자발적으로 단발을 하고 양복을 입었다. 주로 한양에서만 활동하였으므로 지방 조직은 없었다. 그럴 때 이용구李容九가 일진회와 성격이 비슷한 동학당 잔당을 규합하여 진보회進步會라는 단체를 만들어 전국적으로 정치 활동을 전개하자, 일진회와 진보회 두 단체가 통합했다.

이들은 일본군의 자금 지원을 받아 조직이 막강해졌는데, 진보회 고문으로는 일본인 모치즈키 유타로望月龍太郎를 추대했다. 이때부터 송병준이 앞장서서 전국적인 친일 매국 활동을 전개해 나갔다. 그러다가 그해 11월 17일 을사조약 때 매국적인 지지 세력을 규합했다. 이들은 〈국민신보國民新報〉 기관지를 통해 "한국의 외교권을 일본에게 위임해야 국가 독립을 유지할 수 있고 복을 누릴 수 있다"며 거침없이 친일 찬양의 망발을 연일 떠들어 댔다. 송병준은 이완용 친일 매국노 내각과 깊이 결탁하여 농상공부 대

▪ 국민신보
1906년 광무 10년 1월 6일 발행된 친일파 일진회의 기관지이다. 당시의 민족지인 〈대한매일신보〉의 호된 비판을 받고 여러 차례 논쟁을 벌이기도 했으며, 국권 침탈 무렵에 폐간되었다.

신으로 입각까지 했다. 이들은 헤이그 특사 사건을 계기로 고종이 물러나는데도 앞장섰다.

1907년 고종이 물러나고 조선 군대가 해산되자 전국적으로 의병이 일어났다. 의병들은 일진회 관련자들을 닥치는 대로 죽이고, 국민신보사를 기습하여 불태웠다. 1909년 10월 이토 히로부미가 하얼빈에서 암살당하자 이들의 매국 행위는 더 극성을 부렸다. 이에 중추원 의장 김윤식金允植 등이 송병준, 이용구의 처형을 주장했으나 실패했다. 일진회는 1910년 9월 26일 7년간의 매국노 짓을 하다가 결국 해산되었다.

역사의 한 페이지
조선의 토지를 빼앗다

1908년 12월 28일, 일본은 자국의 농민들을 조선에 이주시킬 목적으로 동양 척식주식회사를 설립했다. 조선을 돕는다는 목적이 부가되었지만, 사실상은 식민지 착취 기관이었다. 토지 조사 사업을 벌인 일본은 엄청난 땅을 소유하게 되었고, 조선 농민들에게 막대한 이자를 붙여 소작료를 요구했다. 일본의 악랄한 경제적 수탈이 시작된 것이다.

ㅣ나석주

동양척식주식회사는 강제로 빼앗은 토지를 소작인에게 빌려주어 절반이 넘는 소작료를 징수하고, 소작농에게 빌려준 곡물에 대해서는 20퍼센트 이상의 높은 이자를 추수 때 현물로 거둬들였다. 또한 그 소유지는 일본인 이주자에게 싼 값으로 넘겨주어 일본인들이 많은 토지를 소유할 수 있는 여건을 만들어 주었다. 토지를 빼앗긴 많은 농민들은 북간도로 살기 위해 주로 이주하였다.

1920~30년대에 농민들은 소작쟁의를 일으켰고, 시위를 벌이기도 했다. 1926년 1월에는 의열단 단원인 나석주羅錫疇가 동양척식주식회사에 폭탄을 투척하고 직원을 살해하고 나서 자신은 스스로 목숨을 끊기도 했다. 이는 동양척식주식회사의 수탈에 대한 민족적 증오의 한 표현이었다.

부 록

조선의 왕, 그들의 생로병사

조선의 왕대별 주요 사건 일지

〈부록 1〉조선의 왕, 그들의 생로병사

제1대 태조(1335~1408)

1402년 한양으로 돌아온 태조는 불도에 정진하였다. 그리고 1408년 5월 24일 74세의 일기로 세상을 떠났다. 《태종실록》의 기록을 보면, 태종이 임종 직전에 태조에게 청심환을 먹였으나, 그것을 삼키지 못하고 조용히 눈을 감았다고 한다. 당시 태조는 중풍을 앓고 있었다.

제2대 정종(1357~1419)

어릴 적부터 허약하고 몸이 좋지 않았던 정종은 격구擊毬로 심신을 단련시켰다. 그는 매일 격구로 소일을 했는데, 일설에는 지나치게 그것에 집착했다고 한다. 임금의 자리에서 물러난 그는 재위 기간의 열 배에 해당되는 20여 년 동안 상왕 자리에 머물러 있었다. 개성 인덕궁人德宮에서 64세의 나이에 사망했다.

제3대 태종(1367~1422)

태종은 사냥을 나가서 돌아온 후 고열에 시달리다가 혼수상태에 빠졌다. 그것이 그의 마지막이 되었다. 그날 비가 내렸는데, 그때까지 가물어 농작물이 말라죽었으나 이 비로 해갈되었다고 한다. 그래서 사람들은 그날 내린 비를 '태종우太宗雨'라고 했다. 태종은 이전에 안질眼疾과 풍질風疾로 심한 고생을 한 이력을 갖고 있었다.

제4대 세종(1397~1450)

세종은 유독 잔병치레를 많이 했다. 다리가 불편하기도 했고, 소갈증, 임질, 눈병으로 정사를 돌보지 못하는 때가 많았다. 어느 때는 심한 당뇨병으로 고생을 한 적도 있었다. 그는 병이 나으면 다른 병으로 고생을 했다. 그러다가 1450년 동별궁에서 숨을 거두었다.

제5대 문종(1414~1452)

문종은 어릴 적부터 쇠약했으며 심각한 피부질환을 앓았다. 아버지 세종을 닮아 몸이 무거웠으며, 병치레를 많이 했다. 문종이 사망하게 된 결정적인 요인은 부스럼이었다. 당시 의관들이 왕의 병을 제대로 알지 못해 치료 시기를 놓치고 만 것이다. 1452년 5월 재위 2여 년 만에 문종은 사망했다.

제6대 단종(1441~1457)

세조의 명령으로 금부도사 왕방연이 사약을 가지고 갔으나 감히 그것을 단종에게 건네주지 못했다. 이때 화득이라는 자가 처소에 들어가 단종의 목을 졸라 사망케 했다. 이렇게 단종은 한 많은 세월을 유배지 청령포에서 마감해야 했다. 그를 모시던 하인들도 동강에 몸을 던져 스스로 목숨을 끊었다.

제7대 세조(1417~1468)

세조는 조카 단종을 죽이고 왕권을 잡았기 때문에 심한 불면증을 앓았다고 한다. 정신적인 죄책감은 늘 그를 괴롭혔다. 또한 단종의 어머니 현덕왕후 권씨가 꿈에 나타나 침을 뱉어 그 침이 묻은 곳마다 종기가 생겨 고생을 했다고 한다. 결국 그는 문둥병이라는 병을 안은 채 52세의 나이에 세상을 떠났다.

제8대 예종(1450~1469)

예종은 발목 아래가 썩어 들어가는 병으로 고생했다. 그러다가 재위 14개월 만에 사망했다. 일설에는 예종이 급작스럽게 죽음을 맞았다고 한다.

제9대 성종(1457~1494)

최초의 폐비廢妃를 만든 성종은 날마다 술로 스트레스를 풀었다. 술을 잘 하지 못한 그는 갈수록 술에 의지하면서 지냈다. 그럴수록 그의 건강은 악화되었고, 방광염이나 소갈증 때문에 고통을 받기도 했다. 많은 약을 복용했지만, 소용이 없었다. 결국 식사도 제대로 하지 못하고 1494년 12월 24일 숨을 거두었다.

제10대 연산군(1476~1506)

연산군은 폐출된 지 2개월 만에 유배지 강화도에서 쓸쓸하게 죽었다.《중종실록》의 기록에 따르면, "학질로 몹시 괴로워하다가 물을 마실 수 없을 뿐만 아니라, 눈도 뜨지 못했다"고 한다. 어머니의 죽음을 알고 괴로워했으며, 아들이 사사되었다는 소식을 듣고 식음을 전폐하기도 했다.

제11대 중종(1488~1544)

중종은 여러 가지 병으로 갖은 고생을 했다. 일년 내내 감기에 시달렸고, 어깨 통증을 호소하는가 하면, 치통과 종기로 괴로워했다. 배가 자주 아프고, 식욕이 없어 몸은 허약해질 대로 허약해졌다. 중종은 왕위를 물러준 그날 창경궁 환경전歡慶殿에서 등창과 노환으로 숨을 거두었다.

제12대 인종(1515~1545)

인종은 세자 때부터 잔병치레가 많았다.《인종실록》에는 원인 모를 병을 앓아 시름시름 죽어갔다고 기록되어 있다. 부왕의 죽음으로 그가 느꼈을 상실감은 이루 말할 수 없었다. 그러나 일설에는 문정왕후의 독살설을 들고 있다. 문정왕후가 인종에게 떡을 주었는데, 그것을 먹고 앓아 눕게 되었다는 것이다.

제13대 명종(1534~1567)

명종은 외척 세력 때문에 홧병을 얻었다. 특히 임꺽정이 온 나라를 뒤흔들어 놓았기 때문에 한시라도 마음을 편히 할 수 없었다. 자신의 후사를 보지 못한 명종은 핏줄을 보기 위해 무진 애를 썼으나, 이것도 여의치 않았다. 결국 34세의 나이에 사망했다.

제14대 선조(1552~1608)

선조는 전란으로 스트레스를 받아 성격이 급해지고, 신경쇠약 증세까지 보였다. 그 후 중풍으로 쓰러져 다시는 일어나지 못하고, 죽음을 맞았다. 일설에는 찹쌀로 만든 약과를 먹다가 사망했는데, 이것으로 선조가 독살되었다고 주장하는 사람도 있다.

제15대 광해군(1575~1641)

인조반정으로 광해군은 강화도로 유배되었다. 19년이라는 오랜 유배생활로 그는 심신이 약해졌으며, 우울증과 스트레스로 건강이 점차 악화되었다. 그리고 1641년 7월 1일 "내가 죽으면 어머니 발치에 묻어달라"는 유언을 남기고 세상을 떠났다.

제16대 인조(1595~1649)

병자호란으로 삼전도의 굴욕을 겪은 인조는 툭하면 화를 자주 냈다. 그 후 울화병으로 발전하여 사소한 일에도 짜증을 부리고 피해망상증 환자처럼 밤마다 시달렸다. 이처럼 그는 성격이 다혈질로 변했으며, 정신적으로 문제가 많았다. 그는 잔병치레 없이 죽는 날에는 조용히 눈을 감았다.

제17대 효종(1619~1659)

귀밑에 종기를 가지고 있던 효종은 당시 북벌론으로 자신의 몸을 돌볼 겨를이 없었다. 또한 말에서 떨어지는 바람에 부상을 입었고, 인평대군의 죽음은 더욱더 그의 상실감을 돋웠다. 그런데 종기가 머리까지 올라가자 어의가 침을 놓다가 혈관을 잘못 건드려 죽었다고 《효종실록》은 전하고 있다. 일설에는 그가 독살되었다고 한다.

제18대 현종(1641~1674)

현종은 어릴 적부터 학질을 여러 번 앓아 몸이 몹시 쇠약했다. 더군다나 눈병과 피부병으로 평생을 고생하여 자주 온천에 가기도 했다. 허리 통증에 시달리기도 하고 고열로 의식을 잃기도 했다. 결국 1674년 8월 18일 의식이 혼미해지자, 사망했다.

제19대 숙종(1661~1720)

숙종은 천연두로 고생을 했다. 고열로 시달리던 그는 밤마다 흉한 꿈을 꾸며 몇날 며칠 동안 의식을 잃기도 했다. 한때는 안질 때문에 국사를 보지 못하기도 했다. 60세가 되어 사망했는데, 조선시대 왕 중에서 다섯 번째로 오래 살았다.

제20대 경종(1688~1724)

경종의 죽음은 게장과 감이 직접적인 관계를 맺고 있다. 이것을 먹고 시름시름 앓기 시작했다는 것이다. 게장과 감이 의학적으로 상극인 것을 감안하면, 어느 정도 신빙성이 있어 보인다. 그리고 그는 어머니인 장희빈이 사약을 받아 죽자 심한 스트레스 증상을 보였다고 한다.

제21대 영조(1694~1776)

영조는 평생 동안 질병을 앓은 적이 없었다. 다만 아들인 사도세자를 죽였다는 정신적인 죄책감은 있었다. 유독 건강관리에 신경을 많이 썼는데, 무슨 일을 하더라도 식사 시간만큼은 철저히 지켰다고 한다. 영조는 조선시대 왕 중에서 가장 장수를 누렸는데, 83세의 나이로 세상을 떠났다.

제22대 정조(1752~1800)

정조는 대단한 독서열 때문에 어릴 적부터 눈병을 앓았다. 그래서 그는 최초로 안경을 쓰게 되었다. 종기와 부스럼으로 고생을 한 그는 약을 써보았지만, 별 차도가 없었다. 매일같이 고름을 짜고 약을 발랐지만, 모두 허사였다. 그러기를 한 달. 정조는 투병 생활을 하던 중에 죽음을 맞았다.

제23대 순조(1790~1834)

순조가 집권하던 중에는 온 나라에 전염병이 돌아 백성들의 목숨을 빼앗아갔다. 그는 백성들의 죽음을 보고 비탄에 빠졌고, 자신도 원인 모를 병에 걸렸다. 이것은 스트레스가 원인으로 보인다. 결국 그는 1834년에 8세의 세손을 남기고 세상을 떠났다.

제24대 헌종(1827~1849)

헌종은 재위 15년 동안 방탕한 생활을 일삼았다. 그는 후사를 많이 두려고 했지만, 3명의 부인에게서 1명의 자식을 얻었을 뿐이다. 그는 원래 몸이 허약했으며, 폐결핵으로 목숨을 잃었다.

제25대 철종(1831~1863)

강화도에서 농사 짓고 살던 철종은 하루아침에 왕이 되었다. 그러니 엄격한 궁중 법도에 얽매여 사는 것에 마음고생이 이만저만 한 게 아니었다. 기침이 그치지 않았고, 가래도 몹시 끓었다. 어떤 때는 피를 쏟기도 했다. 폐결핵을 앓고 있었던 것이다. 시간이 갈수록 몸이 약해졌고, 그것으로 그는 일어나지 못했다.

제26대 고종(1852~1919)

고종은 하루에도 커피를 몇 잔씩이나 마실 정도로 좋아했다. 그런데 일본인들은 이 커피에 독을 타 고종을 독살하려고 했지만, 실패하고 만다. 그 후 고종은 뇌출혈로 죽음을 맞았지만, 사실은 윤덕영과 한상학이 궁녀를 사주해서 식혜에 독을 타 고종을 독살했다고 한다.

제27대 순종(1874~1926)

순종은 황태자 시절 아편이 든 커피를 마시고 죽다가 살아났다. 그 후유증으로 앞니가 빠지고 심한 근시가 생겼다. 그리고 위장은 거의 제 기능을 하지 못했다. 결국은 심장병을 얻어 사망했다.

고려 말

1352 변발 금지. 예의추정도
　　　 감례의推正都監 설치
1354 왜구, 조운선 약탈
1356 정동행성 폐지
1359 홍건적, 서경 함락
1363 문익점, 원에서 목화씨
　　　 를 가져옴
1367 호복제 폐지, 국학 다시
　　　 설치
1368 원나라 멸망하고 명나라
　　　 개국
1371 신돈 처형
1372 제주도 민란
1374 공민왕 사망
1375 우왕 즉위
1377 화통도감 설치
1380 이성계, 운봉에서 왜구
　　　 격파
1387 원나라 복제服制를 폐하
　　　 고 명나라 복제를 따름
1388 최영 요동 정벌. 이성계
　　　 위화도 회군으로 정권
　　　 장악
1389 이성계, 우왕과 창왕 죽
　　　 임. 관제 개혁
1390 토지 문서 불태움
1391 과전법 제정

태조

1392 고려 멸망, 이성계 왕으
로 추대. 조선 건국, 문무
백관 제도 정비
1393 국호를 '조선'으로 결정.
　　　 식년문과式年文科 실시
　　　 (33인 급제)
1394 한양으로 천도. 정도전,
　　　《조선경국전》편찬. 시
　　　 중侍中을 정승政丞으로
　　　 개칭
1395 정도전 등이《고려사》
　　　 37권을 간행. 예문춘추
　　　 관 설치. 중앙군 10위衛
　　　 를 10사司로 고쳐 의흥
　　　 삼군부에 소속. 노비변
　　　 정도감 설치
1398 제1차 왕자의 난, 정종
　　　 즉위

정종

1399《향약제생집성방》편찬,
　　　 분경금지법 제정
1400 제2차 왕자의 난, 태종
　　　 즉위

태종

1401 증광문과增廣文科 실시.
　　　 신문고 설치
1402 무과의 과거 실시
1403 주자소 설치(계미자癸未字
　　　 주조). 명나라에서 고명告
　　　 命 · 인장印章 · 조칙詔勅
을 보내옴
1406 사사寺社 242개만 남기
　　　 고 나머지는 없앰. 사찰
　　　 의 토지와 노비를 제한
　　　 하고, 나머지는 몰수함
1408 태조 사망
1413 팔도 지방 행정 조직 완
　　　 성(도都 · 군郡 · 현縣)과 칭
　　　 호 개정.《태조실록》편
　　　 찬. 호패법 실시
1415 시장세와 상인세를 저화
　　　 楮貨로 징수. 장인세匠人
　　　 稅 신설
1416 승려들에게 도첩을 지급
　　　 함(도첩제 실시)
1417 각 도에 잠소蠶所 설치.
　　　《향약구급방》중간
1418 세종 즉위

세종

1419 정종 사망. 이종무, 왜구
　　　 의 근거지인 쓰시마 섬
　　　 정벌. 제주에 양전量田
　　　 시행
1420 집현전 설치. 경연청經筵
　　　 廳 설치
1422 태종 사망
1423 한성의 남산에 봉수대
　　　 축조. 불교를 선교禪敎
　　　 양종兩宗으로 정리. 조선
　　　 통보朝鮮通寶 주조《고려

사》편찬

1425 저화 사용을 금지하고 동
전만 사용하도록 함

1429 정초, 《농사직설》 저술.
경상도 · 충청도에서 양
전 사업 진행

1432 《세종실록지리지》 편찬

1433 압록강변의 여진족 토
벌. 화포전火砲箭 발명

1434 갑인자甲寅字 주조, 갑인
자로 《자치통감資治通鑑》
간행. 북동 · 북서에 6진
설치. 장영실 등이 경복
궁에 자격루 설치

1435 화약 무기인 비격진천뢰
飛擊震天雷 발명. 함경도
에 목화를 심게 함

1436 납활자 병진자丙辰字 주
조

1437 4군 설치, 물시계인 행루
行漏 제조. 간의대簡儀臺
설치

1438 왜선의 삼포평균분박三
浦平均分泊 엄수를 지시.
장영실, 옥루玉漏 제작

1441 장영실 등이 세계 최고最
古의 측우기를 설치하고,
양수표量水標를 세움

1443 훈민정음 창제, 통신사
와 쓰시마 섬 도주가 계
해조약癸亥條約 체결

1444 양전산계법量田算計法 제
정. 무과삼관법武科三官法
실시

1445 정인지, 권제 등 《용비어
천가》 10권 편찬

1446 훈민정음 반포

1447 《용비어천가》의 주해 완
성. 《월인천강지곡》 완성

1450 동활자 경자자庚子字 주
조. 정음청正音廳 설치.
세종 사망, 문종 즉위

문종

1451 국방 강화를 위해 군사
를 늘림. 문종이 창안한
화차火車를 제작하여 배
치. 김종서 등이 《고려
사》 136권 개찬

1452 김종서 등이 《고려사절
요》 편찬. 문종 사망, 단
종 즉위

단종

1453 계유정난癸酉靖難 발생.
수양대군이 김종서 · 황
보인 등을 죽이고 정권
장악. 안평대군 사사됨.
이징옥의 난 발생

1455 단종, 수양대군(세조)에
게 왕위를 물려주고 상
왕이 됨

세조

1456 사육신 사건

1457 단종 사망

1460 하삼도민下三道民 4,500
호를 평안 · 강원 · 황해
도에 이주시킴. 신숙주,
여진 정벌

1461 간경도감 설치

1463 홍문관 설치

1464 전폐箭幣 주조

1466 과전법 폐지하고 직전법
실시

1467 이시애의 난. 규형窺衡과
인지의印地儀를 이용한
삼각측량법 발명

1468 남이 · 강순 등이 반역으
로 사형. 세조 사망, 예종
즉위

예종

1469 《경국대전》 찬진. 예종
사망, 성종 즉위

성종

1470 《경국대전》 교정, 완성

1474 개찬한 《경국대전》과
《속록》 반포

1478 서거정, 《동문선》 편찬

1481 서거정 등이 《동국여지
승람》 50권 찬진

1482 폐비 윤씨에게 사약을

내림
1484 성균관에 학전學田 400
    결을 줌. 서거정 등이《동
    국통감》찬진
1489 유교의 전적典籍을 각 향
    교鄕校에 배포
1490 울산·거제·동래·남
    해 등지에 축성. 순천에
    전라좌수영 설치
1491 북방 정복 결의. 두만강
    방면의 여진족 정벌
1493 성현 등이《악학궤범》9
    권 완성
1494 성종 사망, 연산군 즉위

연산군
1496 유자광 등의 무고로 김
    일손·권오복 등 처형,
    김종직 부관참시
1498 상평창常平倉 설치
1504 갑자사화
1506 중종반정.연산군 사망,
    중종 즉위

중종
1507 이과李顆 등이 반란을 꾀
    하다 발각되어 옥사
1510 삼포왜란, 황형黃衡·유담
    년柳聃年 등이 평정
1512 일본과 임신조약壬申條約
    체결

1515 을해동활자乙亥銅活字 주
    조
1517 김안국이《여씨향약》을
    간행하여 반포. 축성사築
    城司를 비변사로 개칭
1518 소격서를 혁파하고, 소
    장한 그림을 도화서圖畵
    署에 이장移藏
1519 기묘사화, 조광조의 건
    의에 따라 현량과賢良科
    실시
1520 제주의 한지閑地에 군량
    을 마련하기 위해 둔전屯
    田 설치
1527 작서의 변. 최세진,《훈
    몽자회》출간
1530 이행李荇,《신증동국여
    지승람》편찬
1532 조정 관리의 녹봉을 감
    하여 구황救荒에 충당
1539 영조문迎詔門을 영은문迎
    恩門으로 개칭
1543 주세붕, 백운동 서원 건
    립
1544 사량진왜란 발생. 중종
    사망, 인종 즉위

인종
1545 을사사화. 조광조가 복
    관復官되고, 현량과 다시
    실시. 왕대비 문정왕후

윤씨가 섭정. 인종 사망,
    명종 즉위

명종
1547 정미사화丁未士禍(양재역
    벽서사건). 일본과 정미약
    조 체결(수호조약 개정)
1549 이홍윤李洪胤의 옥獄
1550 풍기군수 이황의 요청에
    따라 백운동 서원에 소수
    서원의 편액을 하사함(사
    액서원의 시초). 선교 양종
    을 다시 둠
1551 양종선과兩宗禪科를 설치
    하고 시경승試經僧에게
    도첩度牒 발급
1555 을묘왜변
1559 임꺽정의 난. 이황과 기
    대승, 사단칠정四端七情
    논쟁
1561 이정李楨이 경주에 서악
    서원西岳書院을 세우고
    설총薛聰·김유신·최
    치원을 향사享祀. 이지함
    이《토정비결》을 지음.
1567 명종 사망, 선조 즉위

선조
1574 안동에 도산서원을 세우
    고 이황을 향사(1575년에
    사액)

408

1575 심의겸 · 김효원이 논쟁
하여 동인과 서인 분열
1577 이이, 《격몽요결擊蒙要
訣》 간행
1580 정철鄭澈, 《관동별곡關東
別曲》 지음
1583 이이, 십만양병설 건의
1589 정여립 모반 사건
1590 황윤길 · 김성일을 일본
통신사로 파견
1592 임진왜란 시작. 한산도
대첩, 진주 대첩
1593 행주대첩. 왜군이 경상
도 지역으로 철수. 선조
가 한성으로 귀환
1594 훈련도감 설치
1597 정유재란, 원균元均 휘하
의 수군이 칠천漆川 · 고
성固城에서 대패
1598 이순신이 노량해전에서
전사. 왜란 종결
1601 한성에 동묘東廟 건립
1603 이광정李光庭 · 권희權憘,
연경에서 마테오리치가
제작한 《곤여만국전도》
를 가져옴
1604 유정惟政을 쓰시마 섬과
일본에 보내어 그곳 사
정을 알아보게 함
1605 유정이 포로 3,000여 명
을 데리고 일본에서 귀국

1607 허균, 《홍길동전》 지음
1608 경기도에 대동법 실시.
선조 사망, 광해군 즉위

광해군

1609 기유조약
1610 허준, 《동의보감》 25권
찬진
1618 인목대비의 호를 삭탈하
고 서궁西宮이라 칭함
1619 명나라에 1만 명의 원군
을 파견하였으나 패배,
도원수 강홍립은 금에
항복
1623 인조반정. 광해군 폐하
고 인조 즉위

인조

1624 이괄의 난
1626 호패법 시행. 남한산성
을 쌓고 수어청을 둠
1627 정묘호란, 인조가 강화
로 피신
1628 명나라의 숭정崇禎 연호
사용
1630 무감武監 설치
1633 척화斥和의 교를 내리고,
후금의 침략에 대비케
함. 임경업林慶業을 청북
방어사淸北防禦使에 임
명. 상평청에서 상평통

보 주전
1636 병자호란
1637 강화도 함락. 인조, 삼전
도에서 청 태종에게 항
복. 명나라 연호를 폐지
하고 청나라 연호를 씀
1640 세자, 심양瀋陽에서 돌아
옴
1641 광해군 사망
1645 소현세자, 독일인 신부
아담 샬Adam Schall에게
서 천문 · 산학算學 · 천
주교에 관한 서적 등을
받아 한성으로 돌아온
후 사망. 봉림대군, 한성
으로 돌아와 세자로 책
봉됨
1649 인조 사망, 효종 즉위

효종

1652 연경에 천문학관을 보내
어 시헌력법時憲曆法을
배워오게 함. 어영청 설
치. 북벌 정책 본격적으
로 추진
1653 제주 목사, 네덜란드인
하멜 일행의 화순포和順
浦 표착 보고
1654 제1차 나선정벌
1655 추쇄도감推刷都監 설치
일본통신사로 조형趙珩

일행 파견
1658 제2차 나선정벌
1659 효종 사망, 현종 즉위

현종

1660 남인·서인 간에 예론시
비禮論是非 시작됨
1662 현종 창덕궁으로 옮김.
전라도 산간군山間郡에
대동법 실시. 제언사 설
치
1671 현종, 경덕궁으로 옮김.
전국적으로 대기근. 경
기·충청도에서 민란 일
어남
1674 현종 사망, 숙종 즉위

숙종

1678 전국에 상평통보 유통
1679 강화에 돈대墩臺 축조
1680 경신환국
1682 악기조성청, 악기도감,
악기수개청 설치
1687 금위영禁衛營 폐지. 숙종,
탕평책 지시
1689 기사환국. 인현왕후 민
씨 폐출. 송시열, 사약을
받음
1690 장희빈을 왕비로 책봉
1693 안용복, 울릉도와 독도
가 조선 땅임을 일본에

주장
1694 갑술환국. 폐비 민씨를
복위하고 왕후 장씨를 다
시 희빈으로 강등
1697 장길산이 이끈 농민군
봉기.
1701 장희빈, 사약을 받음
1702 백두산 화산 폭발. 이준
명李浚明 울릉도 답사, 지
도 작성
1708 전국적으로 대동법 실시
1711 평양성과 안주성을 개축
하게 함. 북한산성 축성
시작. 조태억趙泰億 등을
일본에 통신사로 보냄
1712 청나라 오라총관 목극등
穆克登이 백두산 정계비
를 세움. 북한산성 완성
1713 중인·서얼 출신에게 죽
은 뒤 벼슬을 주는 규정
제정
1720 숙종 사망, 경종 즉위

경종

1723 서양의 수총기(소화기)와
문진종(시계)을 만들게
함
1724 경종 사망, 영조 즉위

영조

1725 탕평책 실시

1728 이인좌의 난
1729 삼복제三覆制 실시
1732 청나라에서 《만년력萬年
曆》을 가져옴
1740 각 지방의 도량 형기를
통일시키도록 함
1741 난전亂廛 금지
1745 《속대전》 간행
1750 균역청 설치
1756 금주령 선포. 흉년으로
기아민 다수가 도성에
들어옴
1758 해서·관동 지방에 천주
교가 크게 보급됨
1760 《일성록日省錄》 기록 시
작
1761 노비에 대한 상전의 사
형 금지
1762 사도세자, 뒤주 속에 갇
혀 죽음
1763 김수장金壽長, 《해동가
요》 편찬. 장안의 승려들
을 추방함. 통신사 조엄
이 쓰시마 섬에서 고구
마 종자를 가지고 들어
옴
1765 홍계희洪啓禧 등이 《해동
악장》을 편찬
1768 각 도의 성곽 시설과 장
비를 수리토록 함
1769 청천강을 따라 남당성(토

성)을 쌓음

1770 전국의 방죽을 수축.《동국문헌비고》100권 40책을 완성

1772 갑인자를 개수하여 활자 15만 자를 주조(임진자)

1773 한성 청계천 둑을 돌로 쌓기 시작함. 총융청에서 조회포·일화봉 등 새로운 포탄을 만들어 사격 실험

1774 종1품에서 당상 정3품을 대상으로 등준시登俊試 실시(15인 급제)

1776 영조 사망, 정조 즉위. 홍국영洪國榮, 도승지로서 세도를 부림. 규장각奎章閣 설치

정조

1777 고쳐 주조한 갑인자 15만 자를 주조(정유자)

1779 내각검서관內閣檢書官 설치

1780 《문헌비고文獻備考》수정에 착수(1796년 완성)

1781 정조, 개혁 정치의 선봉. 규장각 이전

1783 승려의 장안 입성 금지. 이승훈이 동지겸사은사 일행을 따라 연경으로 떠남. 박지원이 《열하일기》를 지음

1784 유득공《발해고》편찬·이승훈이 연경 남천주당에서 그라몽 신부에게서 영세를 받음. 천주교 관련 서적을 가지고 귀국. 이벽李蘗·권철신權日身 등이 이승훈에게서 세례를 받음.

1785 한성에 천주교 교회가 생김(진고개 김범우의 집)

1786 천주교 금지, 연경에서 서양 서적의 구입을 금함. 검서시예檢書試藝의 규정을 정함

1787 프랑스 함대 페루즈 일행 제주도를 측량하고 울릉도에 접근. 책문후시柵門後市 금지

1788 천주교 관련 서적을 대량 불태움

1790 안정복,《동사강목》간행

1791 박필관朴弼寬 격고擊鼓 사건. 신해박해

1792 정약용, 기중기 발명. 북경 주교 구베아가 교황에게 조선 교회 창립을 보고

1794 수원성을 쌓기 시작함. 울릉도 지도를 제작하게 하고 토산물을 조사함

1795 혜경궁홍씨,《한중록》지음

1797 이긍익,《연려실기술》편찬

1800 정조 사망, 순조 즉위

순조

1801 오가작통법 실시. 서얼 소통 시행, 내사노비內寺奴婢 폐지 등 제도 개혁. 신유박해와 황사영 백서 사건 일어남

1804 순조 친정 시작, 평양에 대화재

1805 안동김씨安東金氏의 세도 정치 시작.《한중록》완간

1806 전라도 40여 군현에 흉년. 기아자 약 50여 만 명 발생.

1807 쓰시마 섬에 통신사 파견 요청 거절하자, 왜관의 왜인들 난동을 일으킴

1808 북청北靑·단천端川에서 민란 발생.《만기요람萬機要覽》완성

1809 함흥에 대화재.

1811 곡산 등 민란 일어남. 홍경래의 난(평안도 농민전쟁) 일어남. 역법曆法을

개정, 시행
1812 홍경래 전사, 난이 평정
    됨. 왕자 호봉, 왕세자에
    책봉됨(훗날의 익종)
1813 공충도公忠道를 다시 충
    청도로 개칭. 제주도 토
    호 양제해梁濟海 등의 민
    란 일어남
1815 경상도 함안咸安 등지에
    대홍수. 정약전丁若銓의
    《자산어보玆山魚譜》, 남
    공철南公轍의 《금릉집金
    陵集》24권 121책 완간
1816 영국 군함 알세스토호 ·
    리라호가 충청도 마량진
    馬梁津에 옴. 한성과 경상
    도 일대에 홍수
1817 삼남 지방에 대홍수. 김
    정희, 신라 진흥왕의 북
    한산순수비 발견. 해인사
    에 대화재
1818 경상도 유생들, 상소로
    채제공蔡濟恭의 신원을
    요구. 정약용, 유배지에
    서 《목민심서》 완성
1821 평양 지방에 괴질 발생.
    국가 재정 궁핍 상태에
    빠짐
1822 호적법 강화. 인삼 밀수
    출 엄금, 위반자 사형에
    처함

1823 경기 · 충청 · 황해도 등
    5도 유생들이 '만인소萬
    人疏'를 올려 서얼의 임
    용을 요청
1824 감자씨가 전해짐
1827 한성, 야간통행금지 실시
1830 효명세자 사망
1831 경희궁 중건 완료. 로마
    교황청이 천주교 조선
    교구 창설
1832 순조, 경희궁으로 천궁
1834 폐습 · 사치를 금함. 순
    조 사망, 헌종 즉위

헌종
1835 전국에 전염병 발생. 청
    주성 화약고에 낙뢰. 세
    곡방납稅穀防納의 폐를
    바로잡음.
1836 프랑스인 신부 모방, 의
    주를 거쳐 밀입국. 소의
    밀도살, 금광金鑛의 잠채
    潛採를 금함
1839 유진길 · 정하상 등 천주
    교도 다수 처형됨. 평
    안 · 황해 · 경상도에 홍
    수. 조인영趙寅永이 제진
    한 '척사윤음斥邪綸音'을
    헌종이 반포함. 오가작
    통법 실시
1840 양반들의 상민 착취 엄

금. 영국선 2척, 제주도
    에서 소 등 가축을 약탈
    해 감. 풍양조씨豊陽趙氏
    의 세도 정치 시작됨
1845 김대건 신부 밀입국
1846 프랑스 세실 해군 소장,
    천주교 탄압을 구실로
    군함 3척이 끌고 충청도
    외연도外煙島 정박, 왕에
    게 항의 서한 전달. 김대
    건 신부, 새남터에서 순
    교
1847 프랑스 군함 글로아르
    호, 서해안으로 들어오
    다가 고군산열도古群山列
    島에서 좌초
1848 정부, 아편 금지. 안동김
    씨의 세도 정치 재개. 이
    양선이 경상, 전라, 황해,
    강원, 함경 등지에 계속
    나타남.
1849 헌종 사망, 철종 즉위

철종
1850 개성에서 사적인 인삼
    재배 성행
1851 김문근의 딸이 철종비가
    됨. 철종의 친정 시작됨
1852 김흥근金興根, 영의정이
    됨. 오위장五衛將의 임명
    을 엄정, 진장鎭將도 매

412

관매직 엄금
1854 러시아 선박 함경도 덕
　원·영흥 해안에 침입,
　어민 살상
1855 영남의 유생들 '만인소'
　를 올려 장헌세자莊獻世
　子의 추존追尊을 상소. 영
　국 흐네트호와 프랑스
　비르지니호가 각각 독도
　와 동해안 일대 측량
1857 최한기崔漢綺, 세계지리
　서《지구전요地球典要》
　저술 완료
1859《대명률大明律》,《대전통
　편大典通編》등 간행. 원
　자元子 죽음. 서울 근교
　사찰들을 철폐.
1860 최제우, 경주에서 동학東
　學 창시
1861 김정호의《대동여지도》
　완성, 간행. 러시아 함대,
　함경도 원산항에 들어와
　통상 요구
1862 충청·전라·경상도 곳
　곳에서 농민 봉기 일어
　남. 1850년 이후에 세운
　서원을 모조리 철폐
1863 금위영禁衛營 군졸 반란.
　최제우 체포. 남해에 농
　민 봉기. 흥선군을 대원
　군으로 봉하고, 대왕대

비 조씨가 수렴청정
1863 철종 사망, 고종 즉위

고종
1864 북인·남인을 등용하고,
　비변사와 의정부의 업무
　분담. 최제우, 사형. 대
　원군의 서원 철폐 정책
　시작
1865 경복궁 중건 지시
1866 대왕대비의 수렴청정 끝
　내고 왕에게 환정還政.
　민치록閔致祿의 딸이 왕
　비가 됨. 미국 상선 제네
　럴 셔면호, 군민軍民에
　의해 불탐. 척사윤음 발
　표. 프랑스 함대, 양화진
　楊花津에 내침. 해군대령
　올리비에가 이끄는 프랑
　스군 재차 내침, 강화도
　점령, 양헌수 등이 대파
1867 서울 각 성문에서 통과
　세通過稅 징수. 신관호申
　觀浩가 수뢰포水雷砲를
　만듦. 근정전·경회루
　완공
1868 당백전의 통용을 명령
1869 전라도 광양현光陽縣에
　서 민란 발생. 원납전 강
　제 징수
1870 일본 주재 독일 공사 브

란트, 일본 외무서기 하
나부사花房義質 등 부산
에 입항, 통상 요구. 청국
인 7,000여 명이 평안도
후창군厚昌郡 일대에 침
입, 벌목 시도하다 축출
1871 사액 서원 47곳만 남기
　고 전국의 서원 철폐. 신
　미양요
1873 선혜청 별창別倉 화재.
　최익현, 대원군을 배척
　하고 폐단을 지적하여
　호조참판에 특임. 그러
　나 상소문이 과격하다
　하여 제주에 유배. 국왕,
　친정 선포(대원군 실각)
1874 강화도 연안 포대 축조
　완성. 일본의 '정한설征
　韓說'로 각 군영에 엄중
　경계령 내림. 병조판서
　민승호閔升鎬의 침실 화
　약 폭발로 일가족 폭사.
　프랑스 신부 달레의《한
　국교회사》발간
1875 울산에서 민란 일어남.
　왕이 경복궁으로 옮기
　고, 양주楊州에서 은거하
　던 대원군 운현궁으로
　환거. 일본 군함 운요호
　를 포격, 퇴각
1876 강화도조약 체결, 강화

에서 조일수호 회담

1877 제생의원濟生醫院, 종두種痘 실시. 천주교 조선 교구 주교 리델과 두 새·로베르 신부 등 체포

1878 청의 요청으로 리델 등 프랑스 신부를 베이징으로 귀환 조처. 일본 대리 공사 하나부사가 부산 해관의 철폐를 요구하는 무력시위 감행

1879 강수관講修官·홍우창洪祐昌, 일본 대리공사 하나부사와 원산 개항 예약 의정서議定書에 조인. 지석영池錫永이 충주 덕산에서 처음으로 40여 명에게 종두법 실시

1880 김홍집을 일본 수신사에 임명. 원산에 일본 영사관 개관. 하나부사, 일본 국왕의 친서 고종에게 전달. 삼군부三軍府 폐지 하고 통리기무아문을 설치.《동경대전東經大典》등 출간.

1881 박정양 등 10여 명을 신사유람단에 임명. 별기군을 두고 신식 군사 훈련 실시

1882 조·미 수호조약, 조·영 수호조약 조인. 원산·부산·인천 개항. 조·독 수호통상조약 조인. 임오군란. 대원군, 청군에 의해 납치, 청국으로 호송. 제물포조약과 수호조규속약修好條規續約 체결. 박영효朴泳孝를 일본 특사 겸 수신사로 파견

1883 태극기를 국기로 정함. 당오전當五錢 주조. 초대 미국 공사 푸트 수호조약 비준·교환. 기기국機器局 새로 설치. 최초로 영어 교육 실시. 조·영 수호통상 조약, 조·독 수호통상조약 조인.〈한성순보〉발간

1884 부산과 나가사키 간 해저전선 개통. 우정총국郵政總局 개설. 이탈리아·러시아와 수호조약에 조인. 갑신정변. 한성조약 체결

1885 거문도 사건, 서울과 인천 간 전신개통. 광혜원을 설립. 미국인 의사 알렌 진료 실시. 영국 함대 거문도 불법 점령. 미국

인 선교사 언더우드 등 내한. 최초의 개신교회(소래교회) 창립. 배재학당 설립. 대원군 귀국.〈한성주보〉발간

1886 이헌영을 초대 주일공사에 임명. 수력화약공장 건설. 스크랜튼, 최초의 여성교육기관 설립(이화학당). 한·불 수호조약 조인. 언더우드, 학당 개설(경신학교). 육영공원 설립

1887 영국 함대 철수. 광무국鑛務局 설치. 최초의 감리교회 정동교회 창립. 김 홍집을 좌의정 겸 총리 내무부사에 임명. 새문 안교회 창립. 상공회의 소 개설

1888 이화학당에서 최초로 주일학교 시작. 군제 개편, 삼남지방에 큰 흉년

1889 함북 길주와 강원 정선 군 등지에서 농민 봉기 발생. 함경도에 방곡령 실시. 언더우드, 조선야 소교서회朝鮮耶蘇敎書會(현 대한기독교서회) 창립. 부산에 최초의 기선회사 설립

1890 부산·인천의 25객주客主 철폐. 침례교회 선교 시작. 커피·홍차 등이 소개되고 서양의 배·사과·복숭아 등이 원산·길주·대구 등지에서 재배됨

1891 제주민란

1892 일본 어선, 제주 성산포에 상륙, 정부, 김옥균金玉均 암살 계획을 세워 이일식李逸植 등을 일본에 파견. 현대식 화폐 주조. 동학교도 삼례 집회 개최

1893 동학교도 2만여 명, 충청도 보은군報恩郡 장내帳內에 모여 '척왜척양斥倭斥洋', '창의倡儀'의 기치 아래 집회. 지석영, 교동校洞에 우두보영당牛痘保嬰堂 설립. 전봉준全琫準 등 학정 시정을 진정. 최초로 전화기 들어옴. 최초의 시계포, 구리개(을지로 입구)에 등장

1894 김옥균, 상하이上海에서 홍종우洪鍾宇에게 암살. 갑오개혁 시작. 과거제도 폐지. 김홍집내각 성립. 경북 안동安東에서 서상철徐相轍 의병 봉기

(최초의 반일의병운동). 동학교주 최시형崔時亨, 무장봉기 선포. '홍범 14조'와 '독립선고문'을 종묘에 고함. 일본, 조선에 내정개혁 강요

1895 전봉준 사형. 을미개혁 단행, 재판소(법원) 구성법 등 34건의 개혁안 의결. 군제개혁 단행, 훈련대 등 설치. 일본공사 미우라三浦梧樓 부임. 소학교령小學校令 공포. 유길준, 《서유견문》 지음. 을미사변 발생. 제3차 김홍집내각 성립. 단발령 선포

1896 연호 건양建陽, 태양력 사용. 아관파천. 서재필, 〈독립신문〉 창간. 독립협회 설립

1897 대한제국 성립, 연호를 광무光武로 고침. 국호를 '대한제국大韓帝國', 왕의 호칭을 '황제'로 정함. 경인선 철도 기공

1898 한성전기회사 설립. 독립협회, 종로 네거리에서 만민공동회 개최. 흥선대원군 사망. 동학교주 최시형 처형. 농상공

부農商工部에 철도사 설치. 〈제국신문〉, 순한글 신문으로 창간. 〈황성신문〉 발행. 서울 종현鐘峴에 천주교회당 건립. 〈매일신문〉 창간

1899 정선·제주 등지에서 농민 봉기 발생. 광제원廣濟院 개설. 서울에서 전차 운행 시작. 대한국 국제國制議定 반포. 경인선 완성. 〈독립신문〉 폐간. 관립경성의학교부속병원(현 서울대 부속병원) 설립

1900 만국우편연맹 가입. 의사·약제사·약품순시 규칙 등 공포. 한성전기회사가 최초로 종로에 가로등 3개 가설. 한강철교 준공, 경인선 철도 완전 개통. 태극기 규정 발표

1901 신식 화폐조례 공포, 금본위제도 실시. 최초의 안남미 수입. 흥선대원군을 왕으로 추봉. 활빈당원 하원홍河元泓 등 참형. 혜민원惠民院 설치.

1902 갑산甲山 동광銅鑛의 갱도坑道 무너져 광부 600여 명 참사. 일본 제일 은

행 부산지점, 1원권을 발행, 한국에서 강제유통시킴. 이상재李商在 등 개혁당 관련 인물 구속. 황제 등극 40주년 칭경식稱慶式 거행. 국가 제정. 제1차 하와이 이민단 100여 명 출발

1903 개성과 평양 간 전화 개통. 주한 외국공사들, 러시아 공사관에서 비밀회담. 장지연張志淵《대한강역고大韓疆域考》 등 편찬. YMCA 발족, 한·일 의정서韓日議定書 조인. 이토 히로부미, 특파대사로 내한. 송병준 등, 유신회 조직한 후 일진회로 개칭. 제1차 한·일협약 체결. 제중원(세브란스병원) 낙성식. 원직元稷·나유석羅裕錫, 보부상을 규합, 진명회進明會 조직(이후공진회와 통합). 미국인 친일외교관 스티븐스, 외교고문에 임명. 대한적십자사 발족, 세계적십자사에 가맹. 용암포龍巖浦 사건 발생.

1904 일본 독도 강점, 다케시마(竹島)로 명명. 황제, 러시아 정부에 밀서. 이용익李容翊, 보성학교普成學校 설립(현 고려대학교). 박제순과 일본공사 하야시, 제2차 한·일협상조약 조인. 일본, 한국 통감부와 이사청理事廳 관제 공포 시행. 초대 통감에 이토 히로부미가 부임. 러·일전쟁 발발

1905 엄비嚴妃, 진명여학교 설립. 최익현·신돌석 등 의병 일으킴. 일본 경찰, 경운궁(덕수궁)의 경비권을 강탈. 최익현·임병찬 등 9명 쓰시마 섬에 유배. 〈한성신보〉 폐간. 통감부의 기관지로 〈경성일보京城日報〉 창간. 지방행정구역 개편. 한국 최초의 기념우표 발행. 가톨릭교에 주간지로 〈경향신문〉 창간. 최초의 소년잡지 〈소년한반도〉 창간. 최초의 호구조사 실시. 을사조약. 손병희, 동학을 천도교로 개칭. 민영환, 을사조약에 반대하여 자결

1906 이인직李人稙, 신소설 《혈의 누》를 〈만세보〉에 연재 시작

1907 서상돈 등 국채보상운동 전개. 이완용 내각 성립. 한글판 〈대한매일신보〉 창간. 헤이그특사사건. 총리대신 이완용, 황제에게 양위 강요. 한·일신협약(정미7조약)과 비밀부 각서 조인. 연호를 융희隆熙로 함. 서울에서 최초의 박람회 개최. 국채보상운동. 군대 해산. 신민회 설립. 전국 각지에서 항일의병봉기(정미의병). 경운궁에서 순종, 황제 즉위식.

순종

1908 청진항淸津港 개항. 관립한성고등여학교(현 경기여고) 설립. 부산역 개설. 전명운田明雲·장인환張仁煥, 스티븐스 사살. 안창호安昌浩 등 대성학교 설립. 최남선崔南善, 최초의 월간종합지 〈소년少年〉 창간. 최초의 신극 이인직의 〈은세계〉, 원각사에서 공연. YMCA회관 개관식 거행. 동양척식주식회사 설립

1909 나철羅喆, 대종교大倧教 창시. 미주美洲 한인 단체들, 통합해 국민회로 발족, 〈대한민보〉 창간. 안중근安重根, 하얼빈에서 이토 히로부미 사살. 조선은행(현 한국은행) 창립. 최초의 서양화가 고희동高義東, 화가로 데뷔

1910 안중근, 뤼순(旅順) 감옥에서 사형당함. 이완용·조중응趙重應, 통감 데라우치 방문 합방에 관한 각서 교부. 이완용·데라우치, 한일합병 조약에 조인. 총독에 데라우치 임명. 데라우치 암살계획을 추진 중이던

안명근安明根 체포, 105인 사건으로 확대. 주시경周時經《국어문법》간행. 황현黃玹 자결. 〈황성신문〉, 〈대한민보〉 폐간됨. 〈대한매일신보〉는 총독부 기관지로 전락.

| 참고문헌 |

강명관, 《조선의 뒷골목 풍경》, 푸른역사, 2003.

강영민, 《조선시대 왕들의 생로병사》, 태학사, 2002.

고권삼, 《조선 정치사》, 을유문화사, 1948.

고영진, 《조선 중기 예학 사상사》, 한길사, 1995.

───, 《조선시대 사상사를 어떻게 볼 것인가》, 풀빛, 1999.

교양국사회, 《이야기 조선왕조사》, 청아, 1997.

권우상, 《한양 오백년가》, 성도사, 1947.

김건태, 《조선시대 양반가의 농업경영》, 역사비평사, 2004.

김광철, 〈정암 조광조의 정치사상〉, 《부산사학》 7, 부산경남사학회, 1983.

김길환, 《한국 양명학 연구》, 일지사, 1981.

김만중, 《조선 군주의 정치기술》, 거송미디어, 2003.

김삼웅, 《을사늑약 1905, 그 끝나지 않은 백년》, 시대와창, 2005.

김윤희 외, 《조선의 최후》, 다른세상, 2004.

김제방, 《흥선대원군 · 명성왕후》, 지문사, 2003.

김주영, 《이것이 일본이다》, 산과들, 2001.

김태영, 〈조선 초기 세조왕권의 전제성에 대한 일고찰〉, 《한국사연구》 87, 1994.

김태욱, 《건건록》, 명륜당, 1988.

김현영, 《고문서를 통해 본 조선시대 사회사》, 신서원, 2003.

나카츠카 아키라, 박맹수 옮김, 《1894년, 경복궁을 점령하라!》, 푸른역사, 2002.

목정균, 《조선 전기 제도 언론연구》, 고려대학교 민족문화연구소, 1985.

민문고 편찬, 《연산군과 사화》, 민족문화추진회, 1985.

민족문제연구소, 《친일파란 무엇인가》, 아세아문화사, 1997.

박광용, 《영조와 정조의 나라》, 푸른역사, 1998.

박성순, 《선비의 배반》, 고즈원, 2004.

박영규, 《세종대왕과 그의 인재들》, 들녘, 2002.

───, 《한권으로 읽는 조선왕조실록》, 들녘, 1998.

박은경, 《일제하 조선인 관료 연구》, 학민사, 1999.

오갑균, 《조선시대 사법제도 연구》, 삼영사, 1995.

윤국일, 《경국대전 연구》, 과학백과사전출판사, 1986.

윤태현, 《노자 도덕경의 비밀》, 백암, 2003.

이규태, 《죽어도 나는 양반 너는 상놈》, 조선일보사, 2000.

이민원, 《명성황후 시해와 아관파천》, 국학자료원, 2002.

이병휴, 《조선 전기 기호사림파 연구》, 일조각, 1984.

이선근 외, 《대한국사》(전12권), 한국출판, 1980.

이성무, 《조선시대 당쟁사 1·2》, 동방미디어, 2000.

_____, 《조선의 부정부패 어떻게 막았을까》, 청아, 2000.

_____, 《한국의 과거제도》, 집문당, 1994.

이태진, 《조선 유교 사회사론》, 지식산업사, 1990.

이희환, 《조선 후기 당쟁사 연구》, 국학자료원, 1995.

정구선, 《공녀》, 국학자료원, 2002.

정두희, 《조선 초기 정치 지배세력 연구》, 일조각, 1983.

정성희, 《인물로 읽는 고려사》, 청아, 2000.

정용석, 《또다른 조선의 역사》, 동신출판사, 2003.

정진영, 《조선시대 향촌 사회사》, 한길사, 1998.

조유식, 《정도전을 위한 변명》, 푸른역사, 1997.

조윤선, 《조선 후기 소송 연구》, 국학자료원, 2002.

최범서, 《야사로 보는 고려의 역사 1·2》, 가람기획, 2005.

_____, 《이야기 고려왕조사》, 청아, 1999.

최승희, 〈세종조의 왕권과 국정운영체제〉, 《한국사연구》 87, 1994.

_____, 《조선 초기 언관언론 연구》, 서울대학교 한국문화연구소, 1976.

한국고문서학회, 《조선시대 생활사》, 역사비평사, 1996.

한영우, 《정도전사상의 연구》, 서울대학교출판부, 1983.

현상윤, 《조선유학사》, 민중서관, 1978.

청소년을 위한
조선 왕조사

지은이 | 이병권
발행처 | 도서출판 평단
발행인 | 최석두

신고번호 | 제2015-000132호
신고연월일 | 1988년 7월 6일

초판 1쇄 인쇄 | 2006년 7월 25일
초판 6쇄 인쇄 | 2016년 11월 25일

우편번호 | 10594
주소 | 경기도 고양시 덕양구 통일로140(동산동 376) 삼송테크노밸리 A동 351호
전화번호 | (02)325-8144(代)
팩스번호 | (02)325-8143
이메일 | pyongdan@daum.net

ISBN | 89-7343-234-6 03910

값 · 12,000원

ⓒ 이병권, 2016, Printed in Korea